教科書ガイド

光村図書 版　完全準拠

Here We Go!

ENGLISH COURSE

2

編集発行　光村教育図書

目　次

この本の構成　この本では，各教材で学習する以下の内容を載せています。

■ **Unit**
本文とその訳例／新出語句の発音と意味／設問の解答例／基本文の文法解説／本文の解説／音声の内容と訳例など

■ **You Can Do It!** ／ **Active Grammar** など
設問の解答例と訳例／新出語句の発音と意味／音声の内容と訳例など

■ **Let's Read** など
本文とその訳例／新出語句の発音と意味／設問の解答例／本文の解説など

詳しい内容については，本書のpp.4-5にある「この本の使い方」を見てください。
この本は，みなさんの自主学習の補助となるものです。まず自分で教科書を読み，問題を解いてみてから，この本を参考にするようにしましょう。
※著作権上の都合により，歌詞に関する設問の解答は略しています。

この本の使い方

本文のページ

教科書対応ページ

教科書の対応ページを表示しています。

本文

①，②，③，…の番号は，「本文の解説」の番号と一致しています。

訳例

英文のすぐ下にその訳例を付けてあるので，英文を読みながら意味をつかむことができます。

英語を日本語に訳すときは，男女の話し言葉の違いや敬語などにより，同じ英文でもいろいろな訳し方が考えられます。

単語・語句

新しく学習する単語や語句とその意味が示してあります。太字の単語は初出の必修語を表しています。

斜体字の単語は，既に習っているもので意味や品詞の異なるものを表しています。

本文解説 ／ 音声の内容のページ

文法解説

各Unitの新出の文法事項を表す基本文について解説しています。

本文の解説

本文の各文について文法事項や重要語句の用法などを解説しています。①，②，③，…の番号は，本文に付いている番号と一致しています。

音声の内容

各Unitでは本文の解説の後に，リスニング問題の音声内容を文字にし，訳例と合わせて載せています。内容をおおまかにつかみたいときに利用しましょう。

Goal ／ You Can Do It! などのページ

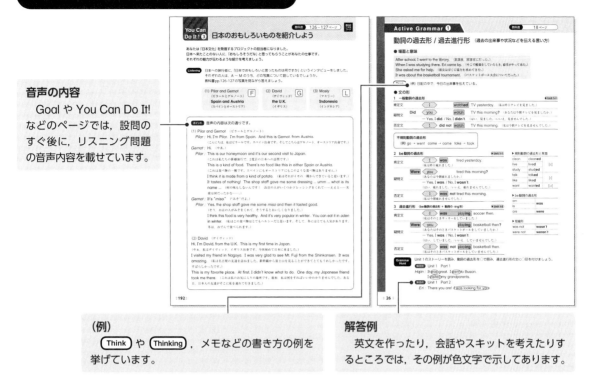

音声の内容

Goal や You Can Do It! などのページでは，設問のすぐ後に，リスニング問題の音声内容を載せています。

（例）

Think や Thinking ，メモなどの書き方の例を挙げています。

解答例

英文を作ったり，会話やスキットを考えたりするところでは，その例が色文字で示してあります。

● 本書で使用している主な記号

（ ） 省略できる場合や，訳例などに使われています。
  （例） 省略できる場合…See you (later).
  （例） 訳例…I like music.（私は音楽が好きです。）

［ ］ 言いかえができるときに使われています。
  （例） me「私を［に］」

〔 〕 説明を補足するときなどに使われています。
  （例） Excuse me.「〔話しかけるとき〕すみません。」

教科書二次元コード この印のあるページでは，教科書の二次元コードから，音声や動画などの資料を読み取ることができます。
  ※インターネットの環境によっては，通信料が発生する場合があるので注意しましょう。

解答例 設問の解答を示しています。

ポイント 解答するうえで参考となるヒントを載せています。

● 単語の品詞

名 名 詞　　代 代名詞　　動 動 詞　　助 助動詞　　形 形容詞　　副 副 詞　　前 前置詞

冠 冠 詞　　接 接続詞　　間 間投詞

音声のまとめ

教科書 150〜151ページ

教科書二次元コード

1 つづりと発音

❶ 子音字の発音

つづり	発音	単語	
p	[p]	pen (ペン)	cap (帽子)
b	[b]	beach (浜辺)	about (〜について (の))
c	[k]	cut (〜を切る)	car (車)
k	[k]	kind (親切な)	sky (空)
q	[k]	quiet (静かな)	question (質問)
g	[g]	gap (すき間)	bag (かばん)
t	[t]	tea (お茶)	meet (〜に会う)
d	[d]	dog (犬)	body (体)
s	[s]	say (〜を言う)	star (星)
z	[z]	zoo (動物園)	zip (〜のジッパーを開ける)
f	[f]	fish (魚)	life (命)
v	[v]	very (非常に)	love (〜が大好きである)
h	[h]	happy (うれしい)	head (頭)
w	[w]	water (水)	swim (泳ぐ)
m	[m]	May (5月)	some (いくらかの)
n	[n]	no (いいえ)	fun (楽しさ)
l	[l]	long (長い)	leg (脚)
r	[r]	rain (雨)	great (健康な)
j	[dʒ]	just (ただ〜だけ)	enjoy (〜を楽しむ)
y	[j]	you (あなた)	year (年)
x	[ks]	next (隣の)	box (箱)

❷ c と g の2種類の発音

つづり	発音	単語	
c	[k]	cat (ネコ)	cut (〜を切る)
	[s]	city (町)	bicycle (自転車)
g	[g]	game (試合)	bag (かばん)
	[dʒ]	gym (体育館)	stage (舞台)

▶ c と g の次に a / o / u がくるときは，c を [k]，g を [g] と発音します。また，e / i / y がくるときは，c を [s]，g を [dʒ] と発音します。
[例外] get (〜を得る) give (与える) など

❸ y の3種類の発音

つづり	発音	単語	
y	[j]	yes (はい)	year (年)
	[i]	happy (うれしい)	every (毎〜)
	[ai]	sky (空)	try (〜を試みる)

▶ y は子音字に分類されますが，[i] や [ai] などの母音を表すこともあります。

❹ 母音字の2種類の発音

つづり	発音	単語		発音のしかた
a	[æ]	ant (アリ)	cat (ネコ)	喉の奥のほうから「ア」と「エ」を同時に
	[ei]	able (できる)	name (名前)	「エ」は強く長めに，「イ」は弱く「エイ」
e	[e]	egg (卵)	pen (ペン)	口をやや大きく開いて「エ」
	[iː]	eve ((祝祭日・特別な日の) 前夜)	these (これら)	唇を横に引いて「イー」と長く
i	[i]	big (大きい)	fish (魚)	唇の力を抜いて「エ」に近い「イ」を短く
	[ai]	idea (考え)	time (時間)	「ア」は強く長めに，「イ」は弱く「アイ」
o	[ɑ]	box (箱)	soccer (サッカー)	大きく口を開いて，喉の奥のほうから「ア」
	[ou]	rope (ロープ)	hope (〜を望む)	「オ」は強く長めに，「ウ」は弱く「オウ」
u	[ʌ]	cup (〜を切る)	under (〜の(真)下に)	自然な口の開きで，短く「ア」
	[juː]	use (〜を使う)	music (音楽)	唇を丸く突き出して「ユー」

▶ 母音字は，それぞれのアルファベットの名前と同じ読み方をすることがあります。〈母音字 + 子音字 + e〉で終わる語の多くは，それぞれのアルファベットと同じように発音し，最後の e は発音しません。
[例] cake (ケーキ) eve ((祝祭日・特別な日の) 前夜)
nine (9) home (家) cute (かわいい)
[例外] have (〜を持っている) give (与える)
come (来る) love (〜が大好きである) など

❺ 2文字（または3文字）の子音字の発音

つづり	発音	単語	
ch	[tʃ]	**ch**eese (チーズ)	lun**ch** (昼食)
sh	[ʃ]	**sh**oe (靴)	fi**sh** (魚)
th	[θ]	**th**ank (〜に感謝する)	mon**th** ((暦の) 月)
	[ð]	**th**is (これ)	mo**th**er (母親)
ph	[f]	**ph**oto (写真)	ele**ph**ant (ゾウ)
wh	[hw]	**wh**at (何の)	**wh**ite (白)
ck	[k]	clo**ck** (時計)	ra**ck**et (ラケット)
ng	[ŋ]	si**ng** (歌う)	bri**ng** ((物) を持ってくる)
tch	[tʃ]	ki**tch**en (台所)	wa**tch** (腕時計)

❻ 2文字の母音字の発音

つづり	発音	単語	
ai	[ei]	r**ai**n (雨)	m**ai**n (主な)
ay	[ei]	pl**ay** (〜を演奏する)	d**ay** (日)
ea	[iː]	s**ea** (海)	t**ea** (お茶)
ee	[iː]	s**ee** (わかる)	f**ee**l (〜だと感じる)
oa	[ou]	t**oa**st (トースト)	c**oa**ch (コーチ)
ow	[ou]	kn**ow** (〜を知っている)	sh**ow** (〜を見せる)
	[au]	n**ow** (今)	c**ow** (牛)
oo	[u]	b**oo**k (本)	f**oo**t (足)
	[uː]	c**oo**l (かっこいい)	f**oo**d (食べ物)
ue	[uː]	bl**ue** (青)	gl**ue** (のり)
ui	[uː]	fr**ui**t (果物)	j**ui**ce (ジュース)

2 発音のポイント

❶ 特に気をつけたい子音の発音のしかた

f [f]	v [v]	l [l]	r [r]	s [s]	sh [ʃ]	th [θ]	th [ð]
fan (扇子)	**v**an (小型トラック)	**l**eave (〜を去る)	**r**ead (〜を読む)	**s**ee (わかる)	**sh**e (彼女は)	**th**ank (〜に感謝する)	**th**at (それ)
下唇に上の前歯を当てて「フー」と息を出す。	下唇に上の前歯を当てて「ヴー」と声を出す。	舌先を上の歯茎に付けて舌の両側から声を出す。	唇をやや丸め，舌先を内側に反らしながら声を出す。	舌を上の歯の根元に近づけ，その隙間から息を出す。	舌を上の奥歯付近に近づけ，その隙間から息を出す。	舌先を上の前歯の裏に軽く当てて息を出す。	舌先を上の前歯の裏に軽く当てて声を出す。

❷ 音節とアクセントの違い

英語は日本語と音節（音のかたまり）の捉え方が異なります。また，強く読むところと弱く読むところがあります。

　　　ミルク　　▶ 日本語では，「ミ・ル・ク」と3拍からなり，強弱はありません。

　　　mi̇lk　　▶ 英語では，母音が1つなので1音節となり，iを強く，全体を1拍で読みます。

❸ 強勢とリズム

英語の文を音読するときは，強弱のリズムを意識し，伝えたい部分を強く読むようにします。

(1) 小さな・をほんの少し強く，大きな●を強く言いましょう。

　　I'm Tina. I'm in the drama club. I came from New York last year.

　　(私はティナです。私は演劇部に入っています。去年ニューヨークから来ました。)

(2) 特に伝えたい「意味内容」があるところを強く言いましょう。

　　That is Ms. Brown. She's our teacher.

　　(あちらはブラウン先生です。彼女は私たちの先生です。)

　　She teaches us English. Her class is very interesting.

　　(彼女は私たちに英語を教えています。彼女の授業はとてもおもしろいです。)

Play Back the Story

音声を聞いて，1年生のストーリーを振り返ろう。

1学期

Q. 1 Which season does Kota like?
（コウタはどの季節が好きですか。）

A.　（例）He likes fall.
（秋が好きです。）

ポイント　音声の内容は次の通りです。

Eri : Hello. Are you OK?　（こんにちは。大丈夫ですか。）

Tina : I'm lost. I want to go to Honcho Junior High School.

（迷ってしまいました。本町中学校へ行きたいのですが。）

Eri : I'm a student there. Let's go together.

（私はそこの生徒です。いっしょに行きましょう。）

Tina : Thanks. I'm Tina.　（ありがとう。私はティナです。）

Eri : I'm Eri. Nice to meet you.　（私は絵里。はじめまして。）

Kota : I'm Kotaro. Call me Kota.

（ぼくは光太郎です。コウタってよんでください。）

Tina : Look! Cherry blossoms. Beautiful.　（見て！　桜の花。きれい。）

Eri : Yes. I like spring.　（うん。春は好きだな。）

Tina : How about you, Kota?　（コウタはどう？）

Kota : I like fall. I don't like spring.　（秋が好きだよ。春は好きじゃない。）

Tina : Why not?　（どうしてダメなの？）

Kota : I .... Achoo!!　（ぼくは……。ハクション！！）

Tina : I see. Bless you.　（なるほどね。お大事に。）

〈In the classroom〉　（教室で）

Tina : Hello. I'm Tina.　（こんにちは。私はティナです。）

I'm from New York. I like music and sports.

（ニューヨークから来ました。音楽とスポーツが好きです。）

I can swim and play the drums.　（泳ぐこととドラムを演奏することができます。）

Eri : You can play the drums!　（ドラムを演奏することができるの！）

Tina : Yes. It's fun.　（うん。楽しいよ。）

Eri : I can't play the drums, but I can play the piano.

（ドラムは演奏できないけど，ピアノを弾けるよ。）

Tina : Cool.　（かっこいい。）

2学期

Q. 2 Where is Hajin from?
（ハジンはどこ出身ですか。）

A.　（例）He is from Korea.
（彼は韓国出身です。）

ポイント 音声の内容は次の通りです。

Hajin : Hello, I'm Hajin. I'm from Korea. （こんにちは，ハジンです。韓国出身です。）

Kota : Hi, nice to meet you. Call me Kota. （こんにちは，はじめまして。コウタってよんでね。）

Kota : That's Mr. Hoshino. He's our P.E. teacher.
（あちらはホシノ先生。ぼくらの体育の先生だよ。）
He's strict, but his class is fun. So he's popular.
（厳しいけど，授業は楽しいよ。だから人気なんだ。）

Hajin : I see. （そうなんだ。）

Kota : That's Ms. Brown. She's our English teacher. （あちらはブラウン先生。英語の先生だよ。）
Her class is interesting. （先生の授業はおもしろいよ。）

Hajin : I can't wait. （待ちきれないな。）

Tina : Eri, who's that? （絵里，あれは誰かな。）

Eri : Maybe he's a new student. （たぶん新しく来た生徒だね。）

Tina : Cool. He's a good basketball player, isn't he? （いいね。バスケットボールがうまいよね。）

Eri : Yes, he is. （うん，そうだね。）

Tina : Do you want to meet him? （彼に会いたい？）

Eri : Yes. Let's ask Kota. （うん。コウタに聞いてみよう。）

〈After the game〉 （試合の後）

Eri : Is he your friend? （彼は友達？）

Kota : Yes. That's Hajin. He's from Korea. （うん。ハジンだよ。韓国から来たんだ。）

Tina : Is he in the brass band? （彼は吹奏楽部に入っているの？）

Kota : No, he isn't. He's a classmate. （ううん，入ってないよ。同級生なんだ。）
Hey, Hajin. （おーい，ハジン。）

Hajin : Hi, I'm Hajin. （やあ，ぼくはハジン。）

Eri : Hi, Hajin. I'm Eri, Kota's neighbor. This is Tina.
（こんにちは，ハジン。私は絵里。コウタの家の近所に住んでいるの。こっちはティナ。）

Tina : Hi. Nice to meet you. （こんにちは。はじめまして。）

3学期

Q. 3 What did Tina think? （ティナは何を思いましたか。）

A. 　（例）The present was wonderful. （プレゼントがすばらしかったです。）

ポイント 音声の内容は次の通りです。

〈On the phone〉 （電話で）

Kota : Hello? （もしもし。）

Nick : Kota, it's Nick. How's everything? （コウタ，ニックだよ。調子はどう？）

Kota : Fine. We're making a special photo album for Tina. And you?
（順調だよ。ティナのために特別なアルバムを作っているところだよ。君のほうは？）

Nick : I'm baking a cake in the kitchen now. My mother's helping me.
（今，キッチンでケーキを焼いているよ。お母さんが手伝ってくれている。）

Kota : Cool. （いいね。）

Nick : Come to our house at three o'clock, OK? （3時にぼくらの家に来てね，いい？）

Kota : OK, see you later. （了解，またあとでね。）

Kota, Eri, and Hajin :
　　　Hello, Ms. Rios. Hi, Nick. （こんにちは，リオスさん。やあ，ニック。）

Ms. Rios : Come in. （入って。）

Eri : Where's Tina? （ティナはどこ？）

Nick : Don't worry. She went shopping with Dad.
（心配しないで。お父さんと買い物に行ったよ。）

Kota : OK. So far, so good. （よし。今のところ順調だね。）

Hajin : What are you doing? （何をしているんですか？）

Ms. Rios : We're decorating the cake now. （今はケーキの飾り付けをしているの。）

Eri : It's very pretty. （とてもかわいいですね。）

Kota : OK. Let's put up the decorations. （よし，飾り付けをしよう。）

Tina : Mom, we're home. （お母さん，ただいま。）

All : Surprise! （驚いたでしょう！）

Tina : Wow, I had no idea. You didn't tell me!
（うわぁ，まったく知らなかった。私に言わなかったね！）

Eri : Happy birthday, Tina! Here's a present for you.
（お誕生日おめでとう，ティナ！　これ，プレゼントだよ。）

Tina : Thank you so much, Eri. What's inside? （どうもありがとう，絵里。中は何かな？）

Eri : It's a special album. It was Kota's idea.
（特別なアルバムだよ。コウタのアイディアだったんだ。）

Hajin : And we all helped. （それでぼくたちみんなで手伝ったんだよ。）

Kota : What do you think? （どうかな？）

Tina : It looks wonderful! （すてき！）

Goal

Unit 1

Reading	Writing
日記から，出来事や感想などを読み取ることができる。	日記に，出来事や感想などを書くことができる。

ハジンの日記
Hajin's Diary

Check 教科書p.9の絵を見て，ストーリーの話題を予測する

- **About You** Do you usually keep a diary? （いつも日記をつけていますか。）

  （例）Yes, I do. （はい，つけています。）

- What is Hajin writing about? （ハジンは何について書いていますか。）

  （例）He's writing about his class. （彼のクラスついて書いています。）

Listen ストーリーのおおまかな内容をつかむ

Watch

1. 教科書p.9の絵を見て，音声を聞き，出来事の順に □ に数字を書きましょう。

   A 2   **B** 1   **C** 3

2. 映像を見て，内容を確かめましょう。

New Words 単語と語句 アクセントの位置に注意して，声に出して発音しよう。

□ *keep* [kíːp] 動 （日記・記録など）を（継続的に）つける
□ **diary** [dáiəri] 名 日記
□ keep a diary 日記をつける

春休みにしたこと

→ 本文の解説はpp.18-19にあります。

Q. Hajin は春休みに行った旅行の感想について何と言っていますか。

A. （例）すばらしかったと言っている。

Tina : ① We're all in the same class this year.
ティナ：　今年は私たち，みんな同じクラスだね。

Eri : ② Yeah. Isn't it great?
絵里：　うん。すごくない？

Kota : ③ Look! ④ Hajin's here.
コウタ：　見て！　　ハジンがいるよ。

Hajin : ⑤ Hi! ⑥ Long time no see.
ハジン：　やぁ！　　久しぶり。

Eri : ⑦ Good to see you.
絵里：　会えてうれしいな。

Tina : ⑧ How was your trip to Korea?
ティナ：　韓国旅行はどうだった？

Hajin : ⑨ It was great. ⑩ I went to Busan.
ハジン：　すばらしかったよ。　　プサンに行ったんだ。

⑪ I visited my grandparents.
おじいちゃんとおばあちゃんを訪ねたよ。

Eri : ⑫ What else?
絵里：　ほかには？

Hajin : ⑬ I saw my friends in Seoul.
ハジン：　ソウルで友達と会ったよ。

⑭ They were all interested in Japan.
彼らはみんな日本に興味があったよ。

◆ New Words **単語と語句** アクセントの位置に注意して，声に出して発音しよう。

□ Busan　プサン〔韓国の都市〕
□ Seoul　ソウル〔韓国の首都〕

Listen

Ms. Brown が Kota たちに春休みにしたことをたずねています。
会話を聞き，当てはまるものを線で結びましょう。

➡ 音声の内容は pp.21-22 にあります。

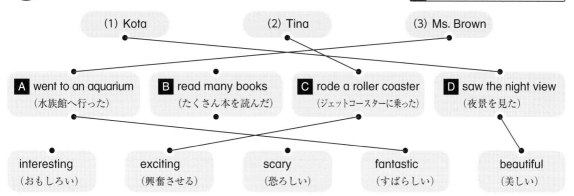

(1) Kota　　(2) Tina　　(3) Ms. Brown

A went to an aquarium （水族館へ行った）

B read many books （たくさん本を読んだ）

C rode a roller coaster （ジェットコースターに乗った）

D saw the night view （夜景を見た）

interesting （おもしろい）

exciting （興奮させる）

scary （恐ろしい）

fantastic （すばらしい）

beautiful （美しい）

 Speak

About You ペアになり，春休みにしたことをたずね合いましょう。
友達の答えが Yes なら，さらに質問をして，答えを表の＿＿に書きましょう。

解答例

質問	Your friend （あなたの友達）
(1) Did you go anywhere? （どこかへ行きましたか。）	Yes, I did. / No, I didn't. （はい，行きました。／いいえ，行きませんでした。）
→ Where did you go? （どこへ行きましたか。）	I went to _Yokohama_ . It was _interesting_ . （私は横浜に行きました。おもしろかったです。）
(2) Did you watch any movies? （何か映画を見ましたか。）	Yes, I did. / No, I didn't. （はい，見ました。／いいえ，見ませんでした。）
→ What did you watch? （何を見ましたか。）	I watched _Sister Act_ . It was _nice_ . （私は『天使にラブ・ソングを…』を見ました。すてきでした。）

 Write

About You 自分が春休みにしたことと，その感想を書きましょう。

［例］ I went to a zoo during the spring vacation. It was fun.
（私は春休みに動物園へ行きました。楽しかったです。）

解答例 I visited my friends in Kyoto during the spring vacation. It was great.
（私は春休みに京都の友達を訪ねました。すばらしかったです。）

基本文

過去の出来事や状態を言う。
I **went** to Busan. （私はプサンに行きました。）
I visit**ed** my grandparents. （私は祖父母を訪ねました。）
How **was** your trip to Korea? （韓国旅行はどうでしたか。）
They **were** all interested in Japan. （彼らはみんな日本に興味がありました。）

▶ Active Grammar　p.26

●New Words　**単語と語句** アクセントの位置に注意して，声に出して発音しよう。

□ **read** [ríːd] 動 〜を読む
→ read [réd] 動 read の過去形，過去分詞

□ **ride** [ráid] 動 〜に乗る
→ rode [róud] 動 ride の過去形

□ **roller coaster** [róulər kòustər]
名 ジェットコースター

□ **night** [náit] 名 夜

□ **view** [vjúː] 名 眺め，景色

□ **scary** [skéəri] 形 恐ろしい，怖い

□ **fantastic** [fæntǽstik] 形 すばらしい

□ **anywhere** [éni*h*wèər] 副 〔疑問文で〕どこかへ〔で〕

Hajin への頼みごと

教科書 12ページ

本文の解説は pp.19-20 にあります。

Q. Hajin は図書室で何をしていましたか。

A. （例）日本語を勉強していた。

Hajin is in the library:
ハジンは図書室にいます：

Eri : ① There you are! ② I was looking for you.
絵里：　　そこにいたんだ！　　　探していたよ。

③ What were you doing here?
ここで何をしていたの？

Hajin : ④ Oh, I was studying Japanese. ⑤ *Kanji* are really hard.
ハジン：　　ああ，日本語を勉強していたんだよ。　　　漢字は本当に難しい。

Eri : ⑥ I know. ⑦ By the way, the school basketball
絵里：　　そうだよね。　　ところで，学校のバスケットボール大会が

tournament is next month, right?
来月あるでしょう？

Hajin : ⑧ That's right.
ハジン：　　そうだね。

Eri : ⑨ Can you coach the other students in the class?
絵里：　　クラスのほかの生徒のコーチをしてくれない？

Hajin : ⑩ Me?
ハジン：　　ぼくが？

Eri : ⑪ Yes, you!
絵里：　　うん，ハジンが！

Hajin : ⑫ Sure. ⑬ What an honor!
ハジン：　　もちろん。　　なんて光栄なんだ！

◆ New Words **単語と語句** アクセントの位置に注意して，声に出して発音しよう。

☐ tournament [túəɾnəmənt] 名 トーナメント

☐ **coach** [kóutʃ] 動 ～に指導する，
　～のコーチをする

☐ honor [ánəɾ] 名 名誉なこと，光栄なこと

☐ look for ～　～を探す

☐ ～ , right?　～ですよね。

☐ Can you ～?　～してくれませんか。

Kotaたちが昨日の夜にしていたことについて話しています。
それぞれがしていたことを表す写真を選び，□に記号を書きましょう。

音声の内容はp.22にあります。

Tina [B] Eri [A] Hajin [C]

A listen to the radio
（ラジオを聞く）

B play basketball
（バスケットボールをする）

C have dinner
（夕食を食べる）

D watch TV
（テレビを見る）

About You ペアになり，昨日の夜8時に何をしていたかをたずね合いましょう。

[例]　A : What were you doing at eight last night?
　　　　（昨日の夜8時に何をしていましたか。）
　　　B : I was taking a bath. How about you?
　　　　（お風呂に入っていました。あなたはどうですか。）
　　　A : I was watching TV then.
　　　　（私はそのとき，テレビを見ていました。）
　　　B : What program were you watching?
　　　　（何の番組を見ていましたか。）

Word Board
・this morning　（今朝）
・yesterday　（昨日）
・two days ago　（2日前）
・last Sunday　（前の日曜日）

解答例　A : What were you doing this morning?
　　　　（今朝何をしていましたか。）
　　　B : I was reading a newspaper. How about you?
　　　　（新聞を読んでいました。あなたはどうですか。）
　　　A : I was running then.
　　　　（私はそのとき，走っていました。）
　　　B : Where were you running?
　　　　（どこで走っていましたか。）

About You 昨日の夜8時に友達がしていたことと，自分がしていたことを書きましょう。

解答例　Miki was studying English at eight last night. I was reading a book then.
（昨日の夜8時にミキは英語を勉強していました。私はそのとき，本を読んでいました。）

している最中だったことを言う。

基本文

What are you doing here?　（ここで何をしていますか。）
— I am studying Japanese.　（日本語を勉強しています。）
What **were** you do**ing** here**?**　（ここで何をしていましたか。）
— I **was** study**ing** Japanese.　（日本語を勉強していました。）

▶ Active Grammar　p.26

●**New Words** 単語と語句　アクセントの位置に注意して，声に出して発音しよう。

□ **radio** [réidiòu]　图 ラジオ（放送，番組）

□ **then** [ðén]　副 そのとき

□ **ago** [əgóu]　副 〔期間を表す語の後において〕〜前に

□ **last night**　昨夜

➡ 本文の解説はp.20にあります。

Q. Hajin は図書室で何をしていたでしょう。そのとき，誰が来たでしょうか。

A. （例）日本語を勉強していた。そのとき，絵里が来た。

① April 6　　Thursday　　sunny
4月6日　　　　木曜日　　　　晴れ

② It was a good day today.
今日はよい日だった。

③ Kota, Tina, Eri, and I are all in the same class.
コウタ，ティナ，絵里，そしてぼくはみんな同じクラスだ。

④ Everyone liked my gifts from Korea.　⑤ Awesome!
みんな韓国のお土産を気に入ってくれた。　　　　　　　最高！

⑥ After school, I went to the library.
放課後，図書室に行った。

⑦ When I was studying there, Eri came by.
そこで勉強をしていたとき，絵里がやって来た。

⑧ She asked me for help.
彼女はぼくに協力を求めてきた。

⑨ It was about the basketball tournament.
バスケットボール大会についてだった。

⑩ I'm excited about it.
ぼくはそれにわくわくしている。

Think Eri はどうして Hajin に助けを求めたのでしょうか。
（例）ハジンがバスケットボールが得意なことを知っていたから。

New Words **単語と語句** アクセントの位置に注意して，声に出して発音しよう。

□ **sunny** [sʌ́ni] 形 明るく日の照る，晴れた

□ **today** [tədéi] 副 今日 (は)

□ *from* [frʌ́m/frəm] 前 〔出所を示して〕〜から

□ **gift(s)** [gíft(s)] 名 贈り物，土産物

□ **awesome** [ɔ́ːsəm] 形 すごい，とてもいい

□ *when* [hwén] 接 〜するとき

come [kʌ́m] 動 〔話し手の方へ〕(やって) 来る，
〔聞き手の方へ〕行く
→ □ **came** [kéim] 動 come の過去形

□ *by* [bái] 副 (人の家などに) 立ち寄って

□ **excited** [iksáitid] 形 興奮させる，
胸をわくわくさせる，刺激的な

□ **come by** (ちょっと) 立ち寄る

□ **ask 〜 for ...** 〜に…を頼む

Hajin が3人に，時間のあるときや悲しいときに何をするのかたずねています。
会話を聞き，当てはまるものを選んで表に記号を書きましょう。

➡ 音声の内容はpp.22-23にあります。

	Tina	Kota	Eri
(1) free （時間のある）	D	A	C
(2) sad （悲しい）	F	H	E

A read comic books
（漫画を読む）

B watch videos
（動画を見る）

C go shopping
（買い物に行く）

D play video games
（ゲームをする）

E play with my dog
（犬と遊ぶ）

F eat sweets
（甘い物を食べる）

G talk with my friend
（友達と話す）

H listen to music
（音楽を聞く）

About You ペアになり，時間のあるときや悲しいときに何をするかたずね合いましょう。
下線部を入れ替えて，いろいろなことをたずねてみましょう。

［例］ A : What do you do when you're <u>free</u>?
（時間のあるとき，何をしますか。）
B : I usually <u>read books</u> when I'm <u>free</u>.
（時間のあるとき，いつも本を読みます。）
How about you? （あなたはどうですか。）
A : I <u>watch TV</u> when I'm <u>free</u>.
（時間のあるとき，テレビを見ます。）

Word Board
・angry （怒った）
・nervous （緊張して）
・tired （疲れた）

解答例 A : What do you do when you're tired? （疲れたとき，何をしますか。）
B : I usually drink coffee when I'm tired. （疲れたとき，いつもコーヒーを飲みます。）
How about you? （あなたはどうですか。）
A : I listen to music when I'm tired. （疲れたとき，音楽を聞きます。）

About You あなたが時間のあるときにすることを，1文で書きましょう。

解答例 I usually play video games when I'm free.
（時間のあるとき，いつもゲームをします。）

基本文

いつのことかを示して言う。
I was studying there. Eri came by. （私はそこで勉強していました。絵里がやって来ました。）
When I was studying there, Eri came by. （私がそこで勉強していたとき，絵里がやって来ました。）
Eri came by **when** I was studying there. （私がそこで勉強していたとき，絵里がやって来ました。）

▶ Active Grammar p.133

● New Words 単語と語句 アクセントの位置に注意して，声に出して発音しよう。

□ **free** [fríː] 形 手が空いている，暇な

□ **comic book(s)** [kámik bùk(s)]
名 漫画雑誌［本］

□ **sweet(s)** [swíːt(s)] 名 〔複数形で〕甘い菓子

□ **angry** [æŋgri] 形 怒った，腹を立てた

□ **nervous** [nə́ːrvəs] 形 不安で，緊張して

□ **talk with～** ～と話す，～に相談する

Part 1

基本文

過去の出来事や状態を言う。

① **I went to Busan.**
（私はプサンに行きました。）

② **I visited my grandparents.**
（私は祖父母を訪ねました。）

③ **How was your trip to Korea?**
（韓国旅行はどうでしたか。）

④ **They were all interested in Japan.**
（彼らはみんな日本に興味がありました。）

学習のポイント

動詞の過去形
一般動詞の過去形は不規則に変化するものと語尾に **-(e)d** を付けるものとがあります。
be動詞は **was** と **were** を使います。
・am，is の過去形 → was（主語が I や3人称単数のとき）
・are の過去形 → were（主語が you や複数のとき）

本文の解説

教科書 p.10

② **Yeah. Isn't it great?** （→教科書p.10　KEY）
Isn't it great? で「すばらしいよね。」と同意を求める表現です。

⑥ **Long time no see.** （→教科書p.10　表現）
しばらく会っていない相手に「久しぶりですね。」というときに使います。

⑦ **Good to see you.** （→教科書p.10　表現）
「お会いできてうれしいです。」と，会えてうれしい気持ちを伝えるときに使います。

⑧ **How was your trip to Korea?**
was は am，is の過去形です。疑問詞 how で始まる be動詞の過去の疑問文で，〈How + was [were] + 主語〜？〉
の形になります。疑問詞疑問文なので，文の最後をしっかり下げて言いましょう。

⑩ **I went to Busan.**
went は go の過去形です。go は，不規則な変化をして過去形をつくる不規則動詞です。
go to〜 で「〜へ行く」の意味を表し，〜には場所を表す語句がきます。

⑪ **I visited my grandparents.**
visit は，語尾に **-(e)d** を付けて過去形をつくる規則動詞です。「（人）を訪問する［訪ねる］，（場所）へ行く」という意味
があります。

⑫ **What else?** （→教科書p.10　表現）
「ほかに何かありますか。」と相手の話を引き出すときに使います。

⑭ **They were all interested in Japan.**
were は are の過去形です。 be interested in〜 で「〜に興味 [関心] を持っている」という意味です。

Part 2

基本文

している最中だったことを言う。

① **What are   you doing here?**
（ここで何をしていますか。）

② **— I am studying Japanese.**
（日本語を勉強しています。）

③ **What were you doing here?**
（ここで何をしていましたか。）

④ **— I was studying Japanese.**
（日本語を勉強していました。）

！学習のポイント

過去進行形

過去のある時点でしている最中だったことを言うときは，〈**be動詞の過去形 ＋ 動詞の -ing形**〉で表します。主語によって，**was** と **were** を使い分けます。

現在進行形：I am studying Japanese.
　　　　　　↓
過去進行形：I was studying Japanese.

本文の解説

教科書 p.12

① **There you are!** （→教科書p.12　表現）
「そこにいたのですね。」と，探していた人を見つけたときなどに使います。

② **I was looking for you.**
was は am の過去形です。〈**be動詞の過去形 ＋ 動詞の -ing形**〉の形の文なので，「〜していました」という過去のある時点でしていたことを表す過去進行形の文です。**look for 〜** で，「**〜を探す**」という意味を表します。

③ **What were you doing here?**
疑問詞 what で始まる過去進行形の疑問文で〈**What ＋ be動詞の過去形 ＋ 主語 ＋ 動詞の -ing形〜?**〉の形になります。

④ **Oh, I was studying Japanese.**
was は am の過去形で，〈**be動詞の過去形 ＋ 動詞の -ing形**〉の形の過去進行形の文です。

⑥ **I know.** （→教科書p.12　表現）
know は「〜を知っている，知る」という意味の動詞です。I know. は「そうですよね。」と同意を示すときに使います。

⑦ **By the way, the school basketball tournament is next month, right?**
（→教科書p.12　表現）
by the way は，「ところで」と，話を変えるときに使います。right は「正しい，間違いのない」という意味の形容詞で，文末に **〜，right？** と付けると「**〜ですよね。**」という意味になります。

⑨ **Can you coach the other students in the class?** (→教科書p.12　KEY)

Can you〜? は「〜してくれませんか」と依頼する言い方です。

⑬ **What an honor!** (→教科書p.12　表現)

〈What + 名詞〉で感嘆を表し，What an honor! で「なんと名誉なことでしょう。」という意味になります。

Part 3

 基本文

いつのことかを示して言う。

① **I was studying there. Eri came by.**
（私はそこで勉強していました。絵里がやって来ました。）

② **When I was studying there, Eri came by.**
（私がそこで勉強していたとき，絵里がやって来ました。）

③ **Eri came by when I was studying there.**
（私がそこで勉強していたとき，絵里がやって来ました。）

！学習のポイント

接続詞 when

when には，2つの文をつないで「〜のとき…」という意味を表す，接続詞としての働きもあります。〈**When 〜, ...**〉または〈**... when 〜**〉の形で用います。この when は，文の頭にも途中にも置くことができます。

When I was studying there , Eri came by.

= Eri came by when I was studying there .
↑後にくるときは，コンマは付けない。

本文の解説

教科書 p.14

⑤ **Awesome!**

「すごい」という意味を表す形容詞です。通例口語表現として用いられます。

⑦ **When I was studying there, Eri came by.**

when は文と文を結ぶ接続詞で，〈**When 〜, ...**〉の形で「**〜するとき，…**」という意味を表します。また，**come by** は，「**(ちょっと) 立ち寄る**」という意味を表します。

⑧ **She asked me for help.**

ask〜for… で，「**〜に…を頼む**」という意味を表し，〜には人を表す語句，…には頼む内容を表す語句がきます。この文の意味は「彼女は私に助け（援助）を頼みました」になります。

Part 1 （教科書 p.11） の音声の内容

解答は p.13 にあります。

ポイント 音声の内容は次の通りです。下線部に注意して，会話を聞き，Kota たちが春休みにしたこと に当てはまるものを線で結びましょう。

(1)

Tina :	Hello, Ms. Brown. （こんにちは，ブラウン先生。）
Ms. Brown :	Oh, hello, Tina. Hello, Kota. （あら，こんにちは，ティナ。こんにちは，コウタ。）
Kota :	Hello, Ms. Brown. How are you? （こんにちは，ブラウン先生。お元気ですか。）
Ms. Brown :	I'm fine. Did you enjoy your spring vacation, Kota? （元気です。春休みは楽しめましたか，コウタ。）
Kota :	Yes, I had a great time. I went to my uncle's house in Kobe. （はい，とても楽しかったです。神戸のおじさんの家に行ってきました。）
Ms. Brown :	Oh, you went to Kobe? What did you do there? （えっ，神戸に行ったのですか。そこで何をしましたか。）
Kota :	I went to Mt. Rokko and saw the night view. （六甲山に行って夜景を見ました。）
Ms. Brown :	Oh, you saw the night view. How was it? （まあ，夜景を見たんですね。どうでしたか。）
Kota :	It was really beautiful. （本当にきれいでした。）
Ms. Brown :	That's great. （それはよかったですね。）

(2)

Ms. Brown :	How about you, Tina? Did you have a good spring vacation? （ティナはどうでしたか。よい春休みを過ごせましたか。）
Tina :	Yes, thank you. （はい，ありがとうございます。）
Ms. Brown :	What did you do? （何をしましたか。）
Tina :	I went to an amusement park with my brother. （弟と遊園地に行きました。）
Ms. Brown :	Oh, you did? What did you ride? （そうですか。何に乗りましたか。）
Tina :	I rode their new roller coaster. Do you like roller coasters? （新しいジェットコースターに乗りました。ジェットコースターは好きですか。）
Ms. Brown :	Sure! How was the new one? （もちろんです。新しいのはどうでしたか。）
Tina :	It was really exciting. （すごく興奮しました。）
Ms. Brown :	Oh, really? I want to try it. （そうなんですか。試してみたいです。）

(3)

Tina :	How about you, Ms. Brown? How was your spring vacation? （ブラウン先生はどうですか。春休みはどうでしたか。）
Ms. Brown :	I went on a trip to Okinawa. （沖縄旅行に行ってきました。）
Kota :	Okinawa. Cool. （沖縄ですか。すてきですね。）
Tina :	What did you do there? （そこでは何をしましたか。）
Ms. Brown :	I went to an aquarium. It was fantastic. （水族館に行きました。すばらしかったです。）

Kota : Oh, I know it. Churaumi Aquarium, right?　（あっ，知ってます。美ら海水族館ですよね。）

Ms. Brown : Yes, that's right. I saw lots of colorful fish. And I liked the whale sharks very much.

（そうです。色とりどりの魚をたくさん見ました。あと，ホエールシャークがすごく好きになりました。）

Kota : The whale sharks?　（ホエールシャークですか。）

Ms. Brown : In Japanese, *jinbeizame*.　（日本語ではジンベイザメです。）

Kota : Oh, I see.　（ああ，なるほど。）

Part 2 (教科書 p.13) の音声の内容

ポイント 音声の内容は次の通りです。下線部に注意して，Kota たちが昨日の夜にしていたことを選び，記号を書きましょう。

Kota : Hey, guys. Did you watch the soccer game on TV last night? It was really interesting!
（やあ，みんな。昨日のサッカーの試合はテレビで見た？　本当におもしろかったよ。）

Did you watch the game last night, Tina?　（ティナ，昨夜の試合は見た？）

Tina : No, I didn't. What time did it start?　（見てないわ。何時から始まったの？）

Kota : 8:30 p.m.　（午後8時30分だよ。）

Tina : Oh, I was at the gym with my dad. <u>We were playing basketball.</u>
（あっ，パパといっしょに体育館にいたよ。バスケットボールをしていたよ。）

Kota : I see. Eri, did you watch the game?　（そうなんだ。絵里，試合は見た？）

Eri : My dad watched the game, but I didn't.　（パパは観戦したけど，私は見なかったよ。）

Kota : What were you doing then?　（そのとき，何をしていたの？）

Eri : <u>I was listening to the radio.</u> My favorite singer was on.
（ラジオを聞いていたよ。好きな歌手が出ていたんだ。）

Kota : How about you, Hajin? You watched the game, right?
（ハジンは？　試合は見たよね？）

Hajin : No, I didn't. I really wanted to watch it, but I couldn't.
（いや，見てないんだ。本当は見たかったんだけど，見られなくて。）

<u>I was having dinner at a restaurant then.</u> It was my dad's birthday.
（そのとき，レストランでご飯を食べていたんだ。父さんの誕生日だったんだ。）

Kota : Oh .... So no one watched the game!
（そうなんだ……。じゃあ，誰も試合を見なかったんだね!）

Part 3 (教科書 p.15) の音声の内容

ポイント 音声の内容は次の通りです。下線部に注意して，会話を聞き，Tina, Kota, Eri が時間のあるときや悲しいときに何をするのか，当てはまるものを選んで記号を書きましょう。

(1)

Hajin : What do you do when you're free, Tina?　（ティナは暇なときは何をしているの？）

Tina : When I'm free, I usually play video games with Nick.

（暇なときは，いつもニックとテレビゲームをしているよ。）

We play a soccer game.　Nick's very good.

（サッカーのゲームをするよ。ニックはとても上手なんだ。）

Hajin : How about you, Kota?　（コウタはどう？）

Kota : When I'm free, I read comic books.　（暇なときは漫画を読んでいるよ。）

Hajin : Do you have any favorites?　（何かお気に入りはある？）

Kota : My favorite is "One Piece."　It's really interesting.

（お気に入りは「ワンピース」。本当におもしろいんだよ。）

Hajin : Eri, what do you do when you're free?　（絵里，暇なときは何をしているの？）

Eri : Let's see.　I usually go shopping with my mother.

（えーっと。いつもお母さんといっしょに買い物に行くよ。）

We went to a department store last weekend.　（先週末にデパートに行ったんだ。）

Hajin : Did you get anything?　（何か買ったの？）

Eri : No, nothing.　My mother bought some clothes.　I chose them for her!　How about you, Hajin?

（ううん，何も。お母さんは服を買ったよ。私が選んであげたんだ。ハジンはどう？）

Hajin : Me?　When I'm free, I watch videos on the Internet.　I found a funny video yesterday.

（ぼく？　暇なときはネットで動画を見ているよ。昨日，おもしろい動画を見つけたんだ。）

(2)

Hajin : What do you do when you're sad, Tina?　（ティナは悲しいときは何をしているの？）

Tina : I always eat a lot of sweets when I'm sad.　（悲しいときはいつもお菓子をたくさん食べるよ。）

Hajin : How many do you eat?　（何個食べるの？）

Tina : Well, I had 5 donuts in a single day last time!

（えっと，この前は1日にドーナツを5個食べたよ！）

Hajin : Wow, that's too much, Tina.　How about you, Kota?

（うわー，食べ過ぎだよ，ティナ。コウタはどう？）

Kota : I listen to music when I'm sad.　（ぼくは悲しいときには音楽を聞くよ。）

Hajin : What kind of music do you listen to?　（どんな音楽を聞くの？）

Kota : I like heavy metal best.　（ヘヴィメタルがいちばん好きだよ。）

Hajin : Really?　That's a big surprise!　How about you, Eri?

（本当？　それはビックリだね！　絵里はどう？）

Eri : When I'm sad, I play with my dog, Randy.　He understands my feelings, and he makes me feel better.

（悲しいときは愛犬のランディといっしょに遊んでいるよ。彼は私の気持ちを理解してくれて，私を元気にしてくれるんだ。）

Tina : That is so sweet.　（とても優しいんだね。）

Goal 日記を書こう

Reading　Tina と Kota の日記を読んで，下の質問に答えましょう。

A Tina （ティナ）

April 16　　Sunday　　cloudy
4月16日　　日曜日　　曇り

(1)In the morning, I made breakfast by myself. It was not good.
（朝，自分で朝食を作った。あまりおいしくなかった。）

I need some practice.
（いくらか練習が必要だ。）

(2)In the afternoon, I went to a movie with Nick. When I was ordering drinks,
（午後は，ニックと映画を見に行った。私が飲み物を注文しているとき，

Kota and Hajin came and talked to me. I was really surprised!
コウタとハジンが来て話しかけてきた。本当にびっくりした！）

(3)In the evening, we had a video chat with grandma and grandpa.
（夜は，おじいちゃんとおばあちゃんとビデオ通話をした。）

We really enjoyed it.
（私たちはビデオ通話をとても楽しんだ。）　　　　　　　　[59 words]　[59語]

B Kota （コウタ）

April 16　　Sunday　　cloudy
4月16日　　日曜日　　曇り

(1)I went to a movie with Hajin this afternoon.
（今日の午後はハジンと映画を見に行った。）

(2)We watched *Here We Go!* (3)It was really exciting.
（ぼくたちは *Here We Go!* を見た。とてもわくわくした。）

(2)When we were looking for the pamphlet, we saw Tina and Nick.
（ぼくたちがパンフレットを探していたとき，ティナとニックを見かけた。）

(3)I was surprised when I saw them.
（彼らに会ったときはびっくりした。）

(2)We talked about the basketball tournament.
（ぼくたちはバスケットボール大会のことを話した。）

(3)Hajin and Tina were excited, but I was a little nervous.
（ハジンとティナは興奮していたけど，ぼくは少し緊張していた。）　　[54 words]　[54語]

(1) 〜 (3) に当てはまる文に線を引きましょう。

A Tina's diary （ティナの日記）
(1) 午前中にしたこと
(2) 午後にしたこと
(3) 夜にしたこと

B Kota's diary （コウタの日記）
(1) 行った場所
(2) したこと
(3) 感想

New Words 単語と語句　アクセントの位置に注意して，声に出して発音しよう。

- ☐ **cloudy** [kláudi] 形 曇った
- ☐ **myself** [maisélf] 代 私自身（を [に]）
- ☐ **order(ing)** [ɔ́ːrdər(iŋ)] 動 ～を注文する
- ☐ *practice* [præktis] 名 練習
- ☐ **surprised** [sərpráizd] 形 驚いた

- ☐ **evening** [íːvniŋ]
  名 夕方，晩〔通例午後6時頃から〕
- ☐ **pamphlet** [pǽmflət] 名 パンフレット
- ☐ **in the afternoon** 午後に
- ☐ **in the evening** 夕方に，晩に

Writing 先週のうちの1日を選び，その日の日記を書きましょう。

1. その日の出来事をそれぞれ以下のように整理しましょう。

A 出来事を時間の流れに沿って書く

解答例

午前中にしたこと	I went shopping. （買い物へ行きました。）
午後中にしたこと	I practiced tennis. （テニスを練習しました。）
夜にしたこと	I went to a restaurant. （レストランへ行きました。）

B 印象に残った出来事を中心に書く

解答例

行った場所	I went to Okinawa. （沖縄へ行きました。）
したこと	I took a picture with my family. （家族と写真を撮りました。）
感想	It was fantastic. （すばらしかったです。）

2. 整理した情報をもとに，**A** か **B** のどちらかを選び，日記を書きましょう。

解答例　A

> Month　April　　Date　15　　Saturday　　Sunny
> 　　　　4月　　　　　　15日　土曜日　　　晴れ
> In the morning, I went shopping with my mother and bought a new shirt.
> （朝，お母さんと買い物へ行き，新しいシャツを買いました。）
> It was very nice.
> （とてもすてきでした。）
> In the afternoon, I practiced tennis. It was really fun.
> （午後は，テニスの練習をしました。とても楽しかったです。）
> In the evening, I went to a restaurant with my family.
> （夜は，家族とレストランに行きました。）
> I ate a pizza for dinner. It was very good.
> （夕食にピザを食べました。とてもおいしかったです。）

3. 日記を読み合って，「同じ日に近くにいた」「自分と同じことをしていた」友達を見つけましょう。

ふり返り

CAN-DO 日記から，出来事や感想などを読み取ることができる。　▶▶CAN-DO List (R-2)

CAN-DO 日記に，出来事や感想などを書くことができる。　▶▶CAN-DO List (W-1)

動詞の過去形 / 過去進行形 （過去の出来事や状況などを伝える言い方）

● 場面と意味

After school, I went to the library. （放課後，図書室に行った。）
When I was studying there, Eri came by. （そこで勉強をしていたとき，絵里がやって来た。）
She asked me for help. （彼女はぼくに協力を求めてきた。）
It was about the basketball tournament. （バスケットボール大会についてだった。）

Think　（例）日記の中で，今日の出来事を伝えている。

● 文の形

1　一般動詞の過去形　　　　▶ Unit 1-1

肯定文	I		watch**ed** TV yesterday. （私は昨日テレビを見ました。）
疑問文	**Did**	you	watch TV this morning**?** （あなたは今朝テレビを見ましたか。）
	— Yes, I **did**. / No, I **didn't**. （はい，見ました。/いいえ，見ませんでした。）		
否定文	I	**did not** watch	TV this morning. （私は今朝テレビを見ませんでした。）

> **不規則動詞の過去形**
> （例）go → went　come → came　take → took

2　be動詞の過去形　　　　▶ Unit 1-1

肯定文	I	**was** tired yesterday.
	（私は昨日疲れました。）	
疑問文	**Were** you	tired this morning**?**
	（あなたは今朝疲れましたか。）	
	— Yes, I **was**. / No, I **wasn't**.	
	（はい，疲れました。/いいえ，疲れませんでした。）	
否定文	I	**was** **not** tired this morning.
	（私は今朝疲れませんでした。）	

3　過去進行形　〈be動詞の過去形 + 動詞の -ing形〉　　　　▶ Unit 1-2

肯定文	I	**was** play**ing** soccer then.
	（私はそのときサッカーをしていました。）	
疑問文	**Were** you	play**ing** basketball then**?**
	（あなたはそのときバスケットボールをしていましたか。）	
	— Yes, I **was**. / No, I **wasn't**.	
	（はい，していました。/いいえ，していませんでした。）	
否定文	I	**was** **not** play**ing** basketball then.
	（私はそのときバスケットボールをしていませんでした。）	

▶ 規則動詞の過去形と発音

clean	clean**ed**	
live	lived	[d]
study	studied	
talk	talk**ed**	
like	lik**ed**	[t]
want	want**ed**	[id]

▶ be動詞の過去形

am	
is	**was**
are	**were**

▶ 短縮形

was not	**wasn't**
were not	**weren't**

Grammar Hunt　Unit 1のストーリーを読み，動詞の過去形を○で囲み，過去進行形の文に○印を付けましょう。

解答例　Unit 1　Part 1

Hajin :　It ⟨was⟩ great. I ⟨went⟩ to Busan.
I ⟨visited⟩ my grandparents.

解答例　Unit 1　Part 2

Eri :　There you are!

Unit 2

Goal

Listening
インタビューから，好きなことなどを聞き取ることができる。

Speaking
好きなことやしたいことなどについて，たずねあうことができる。

バスケットボール大会
Basketball Tournament

 Check 教科書p.19の絵を見て，ストーリーの話題を予測する

- **About You** Are you good at playing basketball?
  （あなたはバスケットボールが得意ですか。）

  （例）Yes, I am. （はい，そうです。）

- How about Kota? Is he good at playing basketball?
  （コウタはどうですか。彼はバスケットボールが得意ですか。）

  （例）No, he isn't. （いいえ，そうではありません。）

 Listen **Watch** ストーリーのおおまかな内容をつかむ

1. 教科書p.19の絵を見て，音声を聞き，出来事の順に □ に数字を書きましょう。

   A 3   B 1   C 2

2. 映像を見て，内容を確かめましょう。

→ 本文の解説はpp.34-35にあります。

Q. Kota は，何が不得意だと言っていますか。

A. （例）ボールをパスするのが苦手だと言っている。

Hajin : ① What's wrong?
ハジン：　　どうしたの？

Kota : ② I don't like playing basketball.
コウタ：　　バスケットボールをするのは好きじゃないよ。

③ I'm not good at passing the ball.
ボールをパスするのが得意じゃなくて。

Hajin : ④ No problem.
ハジン：　　問題ないよ。

⑤ For beginners, passing the ball isn't easy.
初心者には，ボールをパスすることは簡単ではないからさ。

Kota : ⑥ Yeah.
コウタ：　　うん。

Hajin : ⑦ Don't worry.　⑧ You just need some practice.
ハジン：　　心配しないで。　　　　ちょっと練習が必要なだけだよ。

Kota : ⑨ Right.
コウタ：　　そうだね。

Hajin : ⑩ The important thing is doing your best.
ハジン：　　大切なことは全力を尽くすことだよ。

⑪ Let's practice.
練習しよう。

Kota : ⑫ OK.　Please show me.
コウタ：　　わかったよ。ぼくにやって見せて。

● New Words **単語と語句** アクセントの位置に注意して，声に出して発音しよう。

☐ **wrong** [rɔ́ːŋ] 形 具合が悪い，正常でない	☐ **easy** [íːzi] 形 簡単な，容易な，楽な
☐ **pass(ing)** [pǽs(iŋ)] 動 （ボール）をパスする	☐ **important** [impɔ́ːrtənt] 形 重要な，大切な
☐ **problem** [prábləm] 名 問題，課題	☐ **thing** [θíŋ] 名 こと，もの
☐ *for* [fɔ́ːr/fər] 前 （人）にとっては	☐ *best* [bést] 名 最もよいもの
☐ beginner(s) [bigínər(z)] 名 初心者	☐ do one's best 最善を尽くす，がんばる

街頭インタビューで，ラジオのリポーターが趣味について質問しています。
それぞれの人に当てはまる趣味を教科書 p.21 の写真から選んで ✔ を付けましょう。

➡ 音声の内容は pp.37-38 にあります。

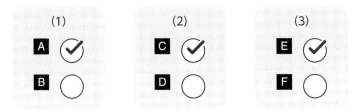

(1)　A ✔　　B ○
(2)　C ✔　　D ○
(3)　E ✔　　F ○

ペアになり，友達に (1) と (2) について好きかどうかを質問して，
Yes か No に○を付けましょう。
友達の答えが Yes なら，さらに質問をして，答えを表の＿＿＿に書きましょう。

解答例　Do you like〜？　（〜が好きですか。）	Your friend　（あなたの友達）
(1) playing sports （スポーツをすること） → What do you play? （何をしますか。）	Yes./ No. （はい。／いいえ。） I　play soccer　. （私はサッカーをします。）
(2) reading books （本を読むこと） → What did you read recently? （最近何を読みましたか。）	Yes./ No. （はい。／いいえ。） I read　Kokoro　. （私は『こころ』を読みました。）

解答例　A : Do you like playing sports?　（スポーツをすることが好きですか。）
B : Yes, I do.　（はい，好きです。）
A : What do you play?　（何をしますか。）
B : I play volleyball.　（私はバレーボールをします。）

友達の好きなことについて，例のように書きましょう。

[例]　Mika likes playing sports.　She plays volleyball.
（ミカはスポーツをするのが好きです。彼女はバレーボールをします。）
She likes reading books, too.　She read *Momo* recently.
（彼女は本を読むのも好きです。彼女は最近『モモ』を読みました。）

解答例　Ken likes listening to music.　He usually listens to pop music.
（ケンは音楽を聞くのが好きです。彼はよくポップミュージックを聞きます。）

基本文

「〜すること」と言う。
I don't like **playing** basketball.　（バスケットボールをするのが好きではありません。）
I'm not good at **passing** the ball.　（ボールをパスするのが得意ではありません。）
Passing the ball isn't easy.　（ボールをパスするのは簡単ではありません。）

▶ Active Grammar　p.43

● New Words　単語と語句　アクセントの位置に注意して，声に出して発音しよう。

☐ recently [ríːsntli]　副 最近，ついこの間

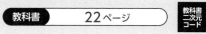

➡ 本文の解説は p.35 にあります。

Q. Tina は，試合に勝つために何をすることが大切だと言っていますか。

A.（例）ハジンにボールをパスすること。

Tina and Eri are watching the game:
ティナと絵里が試合を見ている：

Tina : ① We need more points.
ティナ：　　私たちにはもっと点が必要だよ。

Eri : ② Hajin wants to shoot.
絵里：　　ハジンがシュートしたがっている。

Tina : ③ Yes. The important thing is to pass the ball to Hajin.
ティナ：　　うん。大切なのはハジンにボールをパスすることだね。

Eri : ④ It's not easy. ⑤ They're trying to stop Kota.
絵里：　　簡単じゃないよ。　　彼らはコウタを止めようとしている。

Tina : ⑥ Look! ⑦ It worked. ⑧ Nice pass, Kota!
ティナ：　　見て！　　うまくいったよ。　　ナイスパス，コウタ！

Eri : ⑨ Go, Hajin!
絵里：　　行け，ハジン！

New Words　**単語と語句**　アクセントの位置に注意して，声に出して発音しよう。

☐ **more** [mɔ́ːr]　形 さらに多くの

☐ **point(s)** [pɔ́int(s)]　名〔成績・競技などの〕点数

☐ **shoot** [ʃúːt]　動 シュートする［を決める］

☐ *work* [wə́ːrk]　動（うまく）いく

☐ **stop** [stáp]　動 ～を止める

☐ *pass* [pǽs]　名 パス・送球

☐ **try to ～**　～しようと試みる［努力する］

Hajin と Eri が小学生の頃になりたかった職業について話しています。
当てはまる職業を選び，□ に記号を書きましょう。

➡ 音声の内容は p.38 にあります。

Hajin ［A］　　Eri ［D］

A astronaut（宇宙飛行士）
B interpreter（通訳者）
C singer（歌手）
D chef（シェフ，料理長）

Speak **About You** ペアになり，小学生の頃になりたかった職業を伝え合いましょう。

［例］　A : When I was in elementary school, I wanted to be a chef.
（小学生の頃，私はシェフになりたかったです。）
How about you?
（あなたはどうですか。）

B : When I was in elementary school,
I wanted to be a teacher.
（小学生の頃，私は先生になりたかったです。）

解答例　A : When I was in elementary school, I wanted to be a doctor.
（小学生の頃，私は医者になりたかったです。）
How about you?
（あなたはどうですか。）

B : When I was in elementary school, I wanted to be a pilot.
（小学生の頃，私はパイロットになりたかったです。）

Word Board
・baker（パン職人）
・bus driver（バスの運転手）
・doctor （医者）
・pilot（パイロット）
・police officer（警察官）
・scientist（科学者）

Write **About You** 自分と友達が伝え合った内容を書きましょう。

Speak の解答例参照。

基本文
「〜すること」と言う。
Hajin wants **to shoot**. （ハジンはシュートしたいです。）
The important thing is **to pass** the ball to Hajin.
（大切なことはハジンにボールをパスすることです。）

▶ Active Grammar　p.43

● **New Words**　**単語と語句** アクセントの位置に注意して，声に出して発音しよう。

□ **interpreter** [intə́:rpritər] 名 通訳 (者)

□ **chef** [ʃéf] 名 シェフ，料理長

□ **baker** [béikər]
　名 パン職人，パン [ケーキ] 屋の主人

□ **driver** [dráivər] 名 運転する人，
　（バス・トラック・タクシーの) 運転手

□ **doctor** [dáktər] 名 医者

□ **pilot** [páilət]
　名 (飛行機・宇宙船の) 操縦士，パイロット

□ **police** [pəlí:s] 名 警察

□ **officer** [ɔ́:fisər] 名 〔police〜〕警官

□ **police officer** [pəlí:s ɔ́:fisər] 名 警官

□ **scientist** [sáiəntist] 名 科学者

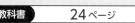
➡ 本文の解説は p.36 にあります。

Q. Mr. Hoshino は Kota に何と言いましたか。

A.（例）今やバスケットボールをするのが好きになったに違いないと言った。

After the game:
試合のあと：

Eri : ① Congratulations!
絵里：　おめでとう！

Tina : ② You did it!
ティナ：　やったね！

Eri : ③ I think you guys did a great job.
絵里：　よくやったと思うよ。

Mr. Hoshino : ④ I'm sure you like playing basketball now.
ホシノ先生：　君は今やバスケットボールをするのが好きになったに違いない。

Kota : ⑤ Yeah, thanks to our coach, Hajin!
コウタ：　はい，コーチのハジンのおかげです！

Hajin : ⑥ Thanks.　But we all did it together.
ハジン：　ありがとう。だけど，ぼくたちはみんなでいっしょに成し遂げたんだ。

Tina : ⑦ We're so proud of you all!
ティナ：　私たちはみんなのことをとても誇りに思うよ！

Think Kota のクラスが試合に勝つことができたのは，どうしてだと思いますか。
（例）ハジンがコーチをし，クラスみんなで協力し合うことができたから。

● New Words　単語と語句　アクセントの位置に注意して，声に出して発音しよう。

☐ congratulation(s) [kəngrætʃuléiʃən(z)]　圈〔成功・幸福などを祝って〕おめでとう（ございます）。

☐ guy(s) [gái(z)]　名〔複数形で〕みんな，君たち

☐ **job** [dʒáb]　名 仕事，作業

☐ *sure* [ʃúər]　形 ～を確信している

☐ proud [práud]　形 誇りにしている，光栄に思う

☐ thanks to ～　～のおかげで

☐ be proud of ～　～を誇りにしている

Listen

Hajin が自分の考えを話しています。
それぞれ当てはまるものを選び，表に記号を書きましょう。

➡ 音声の内容はp.39にあります。

(1) best season （いちばんよい季節）	(2) difficult subject （難しい科目）	(3) fun （楽しい）
B	E	K
A spring （春） B summer （夏） C fall （秋） D winter （冬）	E math （数学） F Japanese （国語） G science （理科） H English （英語）	I riding a bicycle （自転車に乗る） J painting pictures （絵を描く） K surfing the Internet （インターネットを見て回る） L talking with my friends （友達と話す）

 Speak About You

自分の考えを空所に書き，ペアで考えを伝え合いましょう。

解答例

(1) best season （いちばんよい季節）	I think ___winter___ is the best season. （私は冬がいちばんよい季節だと思います。）
(2) difficult subject （難しい科目）	I think ___science___ is difficult. （私は理科が難しいと思います。）

[例] A : I think spring is the best season. What do you think?
（私は春がいちばんよい季節だと思います。あなたはどう思いますか。）

B : I think so, too. / I don't think so. I think summer is the best season.
（私もそう思います。）/（私はそう思いません。夏がいちばんよい季節だと思います。）

解答例 A : I think winter is the best season. What do you think?
（私は冬がいちばんよい季節だと思います。あなたはどう思いますか。）

B : I don't think so. I think fall is the best season.
（私はそう思いません。秋がいちばんよい季節だと思います。）

 Write About You

上の (1)(2) から1つを選んで，自分の考えを書きましょう。

解答例 (2) I think English is difficult.
（私は英語が難しいと思います。）

基本文

意見や考えなどを言う。

You did a great job. （あなたはよくやりました。）
I think (that) you did a great job. （私は，あなたがよくやったと思います。）
You like playing basketball. （あなたはバスケットボールをするのが好きです。）
I'm sure (that) you like playing basketball now.
（私は，あなたが今はバスケットボールをするのが好きだと確信しています。）

▶ **Active Grammar** p.133

● New Words **単語と語句** アクセントの位置に注意して，声に出して発音しよう。

□ **bicycle** [báisikl] 名 自転車

□ **paint(ing)** [péint(iŋ)] 動 ～を絵の具で描く

□ **difficult** [dífikʌlt] 形 難しい，困難な

□ **so** [sóu/sə] 副 そのように，そう

□ **that** [ðǽt/ðət] 接 ① (～する) ということ
　　② 〔形容詞・分詞に続く節を導いて〕
　　　(～である) ことについて，～なので

Part 1

基本文

「〜すること」と言う。

① **I don't like playing basketball.**
（バスケットボールをするのが好きではありません。）

② **I'm not good at passing the ball.**
（ボールをパスするのが得意ではありません。）

③ **Passing the ball isn't easy.**
（ボールをパスするのは簡単ではありません。）

学習のポイント

動名詞

名詞と同じような働きをする〈**動詞の -ing形**〉は，動名詞とよばれます。動詞や前置詞の後ろに置かれたり，文の主語になったり，さまざまな役割をします。

I don't play basketball. （バスケットボールをしません。）

I don't like **playing** basketball. （バスケットボールをするのが好きではありません。）

本文の解説

教科書 p.20

① **What's wrong?** (→教科書p.20　表現)
wrong は，「具合が悪い，正常でない」という意味の形容詞です。**What's wrong?** で「**どうかしたのですか。**」という意味を表します。

② **I don't like playing basketball.**
〈**動詞の -ing形**〉は，名詞と同じような働きをすることがあり，動名詞とよばれます。動名詞は，名詞と同じように，動詞 like の目的語になることができます。

③ **I'm not good at passing the ball.**
be good at 〜 で「〜が上手だ，うまい」という意味を表します。passing は pass「（ボールを）パスする」の -ing形です。

④ **No problem.** (→教科書p.20　表現)
problem は「問題，課題」という意味の名詞です。No problem. で「問題ありません。」という意味を表します。

⑤ **For beginners, passing the ball isn't easy.**
passing は pass「（ボールを）パスする」の -ing形です。動名詞は名詞と同じように文の主語になることができ，この文の主語は passing the ball「ボールをパスすること」です。

⑦ **Don't worry.** ⑧ **You just need some practice.** (→教科書p.20　KEY)
Don't worry. は「心配しないでください。心配しなくていいですよ。」という意味を表し，相手を励ますときなどに使われる表現です。just は「ただ〜だけ」という意味の副詞で，need を修飾しています。

⑩ **The important thing is doing your best.**

do one's best で「最善を尽くす，がんばる」という意味を表します。〈**be動詞 + 動詞の -ing形**〉ですが，現在進行形ではないので注意しましょう。The important thing = doing your best という，主語と補語の関係になっています。

Part 2

基本文

「〜すること」と言う。

① **Hajin wants to shoot.**
（ハジンはシュートしたいです。）

② **The important thing is to pass the ball to Hajin.**
（大切なことはハジンにボールをパスすることです。）

！学習のポイント

不定詞〈名詞的用法〉

〈**to + 動詞の原形**〉は不定詞とよばれ，動名詞と同じような働きをすることがあります。動詞の後ろに置かれたり，文の補語になったり，さまざまな役割をします。

「〜すること」の意味を表す動名詞と名詞的用法の不定詞は，同じ意味を表すことがあります。

動名詞：The important thing is **passing** the ball to Hajin.
（大切なことはハジンにボールをパスすることです。）

不定詞：The important thing is **to pass** the ball to Hajin.
（大切なことはハジンにボールをパスすることです。）

本文の解説

教科書 p.22

② **Hajin wants to shoot.**
〈**to + 動詞の原形**〉で表される名詞的用法の不定詞の文です。〈**want to + 動詞の原形**〉で，「〜したい」という意味を表します。

③ **Yes. The important thing is to pass the ball to Hajin.**
名詞的用法の不定詞の文です。〈**to + 動詞の原形**〉の形が，「〜すること」という意味の名詞の働きをしています。

⑤ **They're trying to stop Kota.**
〈**be動詞 + 動詞の -ing形**〉で表される，現在進行形の文です。〈**try to + 動詞の原形**〉で「〜しようと試みる [努力する]」という意味を表します。

⑦ **It worked.** （→教科書p.22 表現）
work には，「働く，勤めている」のほかに，「(うまく) いく」という意味があります。**It worked**. で「うまくいきました。」という意味になります。

⑧ **Nice pass, Kota!** （→教科書p.22 KEY） ⑨ **Go, Hajin!** （→教科書p.22 表現）
どちらも，相手を応援するときなどに使われる表現です。Go, 〜！で「行け [がんばれ]，〜！」という意味を表します。

基本文

意見や考えなどを言う。

① **You did a great job.**
（あなたはよくやりました。）

② **I think (that) you did a great job.**
（私は，あなたがよくやったと思います。）

③ **You like playing basketball.**
（あなたはバスケットボールをするのが好きです。）

④ **I'm sure (that) you like playing basketball now.**
（私は，あなたが今はバスケットボールをするのが好きだと確信しています。）

学習のポイント

接続詞 that

I think や I'm sure などの後ろに，接続詞の that を使って文をつなげることで，自分の意見，考え，感想などを言うことができます。この that はよく省略されます。that 以下は，「〜ということ」という意味になります。

You did a great job. （あなたはよくやりました。）

↓

I think (that) you did a great job. （私は，あなたがよくやったと思います。）

本文の解説

教科書 p.24

① **Congratulations!** （→教科書p.24 表現）

「おめでとう（ございます）。」と，成功・幸福などを祝うときによく使われる表現です。卒業式，結婚式，合格祝いなどの場面で用いられます。新年・クリスマスの挨拶には使われません。

② **You did it!** （→教科書p.24 表現）

did は do の過去形です。You did it! で「やりましたね。」という意味を表します。

③ **I think you guys did a great job.**

〈I think (that) + 文〉で「私は〜と思います。」という意味を表します。I think の後ろに文をつなげて，自分の意見や感想を言うことができます。think と you の間にある，接続詞の that が省略されています。guys は「みんな」という意味のよびかけ表現です。

④ **I'm sure you like playing basketball now.** （→教科書p.24 表現）

〈I'm sure (that) + 文〉で「きっと〜だ。」という意味を表します。I'm sure の後ろに自分の考えを表す文をつなげています。sure と you の間にある，接続詞の that が省略されています。

⑤ **Yeah, thanks to our coach, Hajin!**

thank は「〔複数形で〕感謝」という意味の名詞です。**thanks to 〜** で「**〜のおかげで**」という意味を表します。

⑦ **We're so proud of you all!**

proud は「誇りにしている，光栄に思う」という意味の形容詞です。**be proud of 〜** で「**〜を誇りにしている**」という意味を表します。

音声の内容

Part 1 (教科書 p.21) の音声の内容

解答はp.29にあります。

ポイント 音声の内容は次の通りです。下線部に注意して，それぞれの人に当てはまる趣味に ✓ を付けましょう。

(1)

Reporter : Hello. I'm a reporter from ABC Radio. May I ask you some questions?
（こんにちは。ABCラジオのリポーターです。いくつか質問してもいいですか。）

Woman : Sure. （いいですよ。）

Reporter : Do you have any hobbies? （趣味はありますか。）

Woman : Yes. My hobby is taking pictures. （はい。私の趣味は写真を撮ることです。）

Reporter : Oh, you like photography. Do you often take photos?
（ああ，写真がお好きなんですね。よく写真を撮りますか。）

Woman : Yes. I went to Gifu last month. I took lots of pictures of the mountains. It was great fun.
（はい。先月岐阜に行きました。山の写真をたくさん撮りました。すごく楽しかったです。）

Reporter : I see. Thank you. （なるほど。ありがとうございます。）

(2)

Reporter : Hello. I'm a reporter from ABC Radio. May I ask you some questions?
（こんにちは。ABCラジオのリポーターです。いくつか質問してもいいですか。）

Man : Sure. （いいですよ。）

Reporter : Do you have any hobbies? （趣味はありますか。）

Man : Yes. I love sports. （はい。スポーツが好きです。）

Reporter : Do you mean watching or playing? （見ることと，プレイすることのどちらですか。）

Man : Playing. I especially like soccer. （プレイすることです。特にサッカーが好きです。）

Reporter : Do you like watching soccer games, too? （サッカーの試合を見るのも好きですか。）

Man : Not really. I like playing soccer, but I don't usually watch games.
（あまり好きではありません。サッカーをするのは好きですけど，試合はあまり見ないですね。）

Reporter : I see. Thank you. （なるほど。ありがとうございます。）

(3)

Reporter : Hello. I'm a reporter from ABC Radio. May I ask you some questions?
（こんにちは。ABCラジオのリポーターです。いくつか質問してもいいですか。）

Woman : Sure! （もちろんです。）

Reporter : Do you have any hobbies? （趣味はありますか。）

Woman : Yes. I like looking at flowers. （はい。お花を見るのが好きです。）

Reporter : Looking at flowers? （花を見る？）

Woman : Yes. （はい。）

Reporter : What do you mean? Do you get flowers at a flower shop and arrange them?
（どういう意味ですか。花屋さんで花を買って，生けるということですか。）

Woman : No. I go hiking and enjoy looking at the flowers in the fields or the mountains.

(いいえ。私はハイキングへ行って，野山で花を見るのを楽しみます。)

Reporter : Oh, I see. Do you sometimes pick the flowers?

(ああ，なるほど。ときどき花を摘みますか。)

Woman : No, I don't. I just enjoy looking at them. I sometimes touch them, but I never pick them. Flowers are alive.

(いいえ，しません。私はただ見るのを楽しむんです。ときどき触りますが，決して摘みません。花は生きています。)

Reporter : I see. It's a great hobby. Thank you.

(なるほど。すばらしい趣味ですね。ありがとうございます。)

Part 2 (教科書 p.23) の音声の内容

➡ 解答は p.31 にあります。

ポイント 音声の内容は次の通りです。下線部に注意して，当てはまる職業を選び，□ に記号を書きましょう。

Hajin : When I was in elementary school, I wanted to be an astronaut.

(ぼくは小学生の頃，宇宙飛行士になりたかったんだ。)

Eri : Oh, an astronaut? （へぇ，宇宙飛行士？）

Hajin : I loved to watch SF animations. I wanted to go into space myself.

(SFアニメを見るのが好きだったんだ。自分も宇宙に行きたいと思っていたよ。)

Eri : Oh, I see. （へぇ，そうだったんだ。）

Hajin : How about you, Eri? （絵里はどう？）

Eri : Well, when I was in elementary school, I wanted to be a chef.

(そうね，小学生の頃，シェフになりたかったよ。)

Hajin : A chef? Why? （シェフ？ どうして？）

Eri : I enjoyed helping my mother in the kitchen. By the way, do you still want to be an astronaut?

(台所でお母さんのお手伝いをするのが楽しかったから。ところで，今でも宇宙飛行士になりたいと思っているの？)

Hajin : No. I want to help people in some way, but I'm not sure yet. How about you?

(いや。何かの形で人の役に立ちたいけれど，まだはっきりしていないんだ。絵里はどう？)

Eri : I sometimes want to be an actor, but other times I want to be an interpreter. I don't have a clear idea yet, either.

(女優になりたいときもあるけど，通訳になりたいときもあるよ。私もまだはっきりとした考えがないよ。)

ポイント　音声の内容は次の通りです。下線部に注意して，それぞれ当てはまるものを選び，表に記号を書きましょう。

(1)

Hello, everyone. I'm Hajin. Which season do you like?
（みなさん，こんにちは。ハジンです。みなさんはどの季節が好きですか。）

<u>I think summer is the best season.</u>　（私は夏がいちばんいい季節だと思います。）

In summer, we have a long vacation. We can enjoy doing so many things.
（夏には長い休みがあります。いろんなことを楽しむことができます。）

We can go to the beach and enjoy swimming. We can go camping.
（ビーチに行って泳ぐのも楽しいです。キャンプにも行けます。）

<u>I think summer is the best season.</u>　（夏は最高の季節だと思います。）

(2)

What subject is difficult for you? <u>I think math is difficult.</u>
（難しい科目は何ですか。ぼくは数学が難しいと思います。）

But studying math is important.　（でも，数学の勉強は大切です。）

When I answer a difficult math question, I feel very happy.
（難しい数学の問題に答えたときは，とても幸せな気分になります。）

How about you? What subject is difficult for you?
（あなたはどうですか。あなたにとって難しい科目は何ですか。）

(3)

What is fun for you?　（あなたにとって楽しいことは何ですか。）

I often surf the Internet these days. <u>I think surfing the Internet is fun.</u>
（最近よくネットサーフィンをしています。ネットサーフィンは楽しいと思います。）

I can get a lot of information from all over the world through the Internet.
（インターネットで世界中の情報をたくさん得ることができます。）

How about you? What is fun for you?
（あなたはどうですか。 あなたにとって何が楽しいですか。）

Unit 2

Goal　好きなことやしたいことを伝え合おう

Listening　Ms.Brown が，最近何かで活躍した生徒たちを招いて，全校生徒を前にインタビューしています。それぞれの「好きなこと，得意なこと」「したいこと」「大切だと思うこと」を下から選び，表に記号を書きましょう。

	(1) Kim Hajin	(2) Nagai Kaori	(3) Shiba Ryota
好きなこと，得意なこと	A	D	C
したいこと	F	E	H
大切だと思うこと	J	L	N

好きなこと，得意なこと

A playing basketball
（バスケットボールをすること）

B playing soccer
（サッカーをすること）

C reading
（読むこと）

D taking pictures
（写真を撮ること）

したいこと

E to go to Hokkaido
（北海道に行くこと）

F to win the basketball game
（バスケットボールの試合に勝つこと）

G to see the castle
（城を見ること）

H to write a novel
（小説を書くこと）

大切だと思うこと

I practice　（練習）

J teamwork　（チームワーク）

K to try new things
（新しいことに挑戦すること）

L to look around us
（周りを見ること）

M to shoot every day
（毎日シュートすること）

N to enjoy reading
（読むのを楽しむこと）

ポイント　音声の内容は次の通りです。

(1)

Ms. Brown :　Hello, everyone.　Today, we have some guests.　They are students at our own school.
　　　　　　　They are all good at something.　What are they good at?　Let's find out.
　　　　　　　This is our first guest.　Hello. Your name, please.　（みなさん，こんにちは。今日はゲストが来てくれました。私たちの学校の生徒です。みんな何かが得意なんです。何が得意なのでしょうか。探してみましょう。こちらが最初のゲストです。こんにちは。お名前をどうぞ。）

Hajin :　My name is Kim Hajin.　（キム・ハジンです。）

Ms. Brown :　What do you like best, Hajin?　（ハジンは何がいちばん好きですか。）

Hajin :　I like sports.　（スポーツが好きです。）

Ms. Brown :　What kind of sports do you like?　（どんなスポーツが好きですか。）

Hajin :　I like playing basketball.　（バスケットボールをするのが好きです。）

Ms. Brown :　OK, everyone, Hajin likes playing basketball.　His class won the basketball tournament.　He's the captain of the class team.
　　　　　　　（いいですか，みんな，ハジンはバスケットボールが好きです。彼のクラスはバスケットボール大会で優勝しました。彼はクラスのチームのキャプテンです。）

Floor :　Great.　（すごいですね。）

Ms. Brown :　Are you good at playing basketball?　（バスケットボールは得意ですか。）

Hajin :　I guess so.　I'm on the basketball team, and I practice hard every day.
　　　　　　（そうだと思います。バスケットボールチームに所属していて，毎日一生懸命練習しています。）

Ms. Brown : What do you want to do now?　（今何がしたいですか。）

Hajin : Well, our team has a big game next week. I want to win!
（そうですね，うちのチームは来週大きな試合があるんです。勝ちたいです。）

Ms. Brown : Good luck! By the way, what's an important thing about basketball?
（頑張ってください。ところで，バスケットボールで大切なことは何ですか。）

Hajin : I think it is teamwork. Basketball is a team sport. So teamwork is very important.　（チームワークだと思います。バスケットボールはチームスポーツです。だから，チームワークがとても大切です。）

Ms. Brown : Very interesting! OK, thank you, Hajin.
（とても興味深いですね。OK，ありがとう，ハジン。）

(2)

Ms. Brown : This is our next guest. Your name, please.　（次のゲストです。お名前をお願いします。）

Kaori : I'm Nagai Kaori.　（ナガイ・カオリです。）

Ms. Brown : What do you like doing, Kaori?　（カオリは何をするのが好きですか。）

Kaori : I like taking pictures.　（写真を撮るのが好きです。）

Ms. Brown : Ah, that's right ... you like taking pictures. Everyone, Kaori is very good at taking photos. One of her photos won the gold prize at the city's photo contest this month.　（ああ，そうですね……，写真を撮るのが好きなんですね。みんな，カオリは写真を撮るのがとても得意です。今月，市のフォトコンテストで金賞を受賞しました。）

Floor : Great.　（すごいですね。）

Kaori : Thank you.　（ありがとうございます。）

Ms. Brown : By the way, what do you want to do now, Kaori?
（ところで，カオリは今何がしたいですか。）

Kaori : I want to go to Hokkaido.　（北海道に行きたいです。）

Ms. Brown : Hokkaido? Why do you want to go there?
（北海道？　どうして北海道に行きたいんですか。）

Kaori : Because I want to take pictures of the beautiful nature there.
（そこできれいな自然の写真を撮りたいからです。）

Ms. Brown : I see. What's an important thing about taking pictures?
（なるほど。写真を撮る上で大切なことは何ですか。）

Kaori : I think it is to look around us. If we look, we can see many beautiful things around us. If we see something interesting, we can take a good picture.
（周りを見ることだと思います。見れば，周りにはきれいなものがたくさんあるとわかります。おもしろいものが見えれば，いい写真が撮れると思います。）

Ms. Brown : OK, thank you, Kaori.　（OK，カオリ，ありがとうございます。）

(3)

Ms. Brown : This is our last guest. Your name, please.　（最後のゲストです。お名前をお願いします。）

Ryota : My name is Shiba Ryota.　（シバ・リョウタです。）

Ms. Brown : What do you like doing?　（何をするのが好きですか。）

Ryota : I like reading books.　（本を読むのが好きです。）

Ms. Brown : Good! What's your favorite?　（いいですね。お気に入りは何ですか。）

Ryota : I like novels.　（小説が好きです。）

Ms. Brown : And how many books did you read last month?　（先月は何冊読みましたか。）

Ryota : Well, I think I read about twenty books.　（ええと，20冊くらい読んだと思います。）

Floor : Wow! I can't believe it.
（うわー！　信じられない。）

Ms. Brown : Twenty books? That's amazing! You really are a bookworm!
（20冊？　それはすごいですね。本当に本の虫ですね。）

By the way, what do you want to do?　（ところで，何がしたいですか。）

Ryota : I want to write a novel. I want to write about ninjas.
（小説を書きたいです。忍者について書きたいです。）

Ms. Brown : Ninjas? You are interested in ninjas then?　（忍者？　忍者に興味があるんですか。）

Ryota : Yes. They're so interesting. They have so many different skills!
（そうです。忍者っておもしろいですよね。いろんな技があるんですよ。）

Ms. Brown : Really? I didn't know that. That's wonderful.
（そうなんですか。知らなかったです。それはすばらしいですね。）

Ryota : Yes. I'm reading a book about them right now.
（はい。今，忍者についての本を読んでいるところです。）

Ms. Brown : Is reading important to you?
（あなたにとって読むことは大切ですか。）

Ryota : Yes. I enjoy it very much. To enjoy reading is also important to me.
（はい。ぼくはそれをとても楽しんでいます。読むのを楽しむことも，ぼくにとって大切です。）

Ms. Brown : OK, thank you, Ryota. I'm sure you can be a great writer.　（OK，リョウタ，ありがとうございます。きっとすばらしい作家になれますよ。）

Speaking クラスの友達と，お互いの好きなことやしたいことなどを伝え合いましょう。

1. 自分の好きなことやしたいことをメモして，質問に答えられるようにしましょう。

好きなこと，得意なこと	したいこと	大切だと思うこと
drawing pictures （絵を描くこと）	to visit Kyoto （京都へ行くこと）	to enjoy drawing （描くのを楽しむこと）

（解答例）

2. 5人の友達とやり取りをして，友達が話したことを教科書p.27の表にメモしましょう。

A : What do you like doing?　（あなたは何をするのが好きですか。）
B : I like listening to music.　（私は音楽を聞くことが好きです。）
A : What kind of music do you like?　（どんな音楽が好きですか。）　▶Your Coach 4　p.198

（解答例） What do you want to do now?　（今何がしたいですか。）

Your friends' names	好きなこと 得意なこと	したいこと	大切だと思うこと
Yuka	dancing （踊ること）	to go to New York （ニューヨークへ行くこと）	to practice every day （毎日練習すること）

（解答例）

● New Words **単語と語句** アクセントの位置に注意して，声に出して発音しよう。

□ **castle** [kǽsl] 图 城　　　　　　　□ **teamwork** [tíːmwàːrk] 图 チームワーク，協力

□ *win* [wín] 動 （競技・競争）に勝つ　　□ *kind* [káind] 图 種類

□ **novel** [návəl] 图 （長編）小説　　　□ **What kind of ~?** どんな種類の［どのような］~ですか。

ふり返り **CAN-DO** インタビューから，好きなことなどを聞き取ることができる。　▶▶CAN-DO List (L-1)

CAN-DO 好きなことやしたいことなどについて，たずね合うことができる。　▶▶CAN-DO List (SI-1)

動名詞 / 不定詞〈名詞的用法〉（「～すること」の言い方）

● 比べてみよう

(1) *Hajin :* What's wrong?　（どうしたんですか。）
　Kota : I don't like **playing** basketball.　（バスケットボールをするのは好きではありません。）
　　　　　I'm not good at **passing** the ball.　（ボールをパスするのが得意ではありません。）

(2) *Tina :* We need more points.　（私たちにはもっと点が必要です。）
　Eri : Hajin wants **to shoot**.　（ハジンがシュートしたがっています。）

Think　（例）(1) playing の意味「すること」，位置：動詞の後，passing の意味「パスすること」，位置：前置詞の後
　　　　　(2) to shoot の意味「シュートすること」，位置：動詞の後

● 文の形

1　動名詞　〈動詞の -ing 形〉　▶ Unit 2-1

〈 I 〉｜like｜**playing** soccer｜.
（私はサッカーをするのが好きです。）

〈**Playing** soccer〉｜is｜fun｜.
（サッカーをすることは楽しいです。）

〈My hobby〉｜is｜**playing** soccer｜.
（私の趣味はサッカーをすることです。）

〈 I 〉｜am｜good at｜**playing** soccer｜.
（私はサッカーが得意です。）

2　不定詞　〈to + 動詞の原形〉　▶ Unit 2-2

〈 I 〉｜like｜**to play** music｜.
（私は音楽を演奏するのが好きです。）

〈**To play** music〉｜is｜fun｜.
（音楽を演奏することは楽しいです。）

〈My hobby〉｜is｜**to play** music｜.
（私の趣味は音楽を演奏することです。）

動詞ごとに，目的語に動名詞がくるか
不定詞がくるかが，決まっています。

1 動名詞と不定詞のどちらもくる動詞
　begin「～を始める」，like（～が好きである），
　start「～を始める」など
　I **like** dancing.
　（私はダンスをするのが好きです。）
　I **like** to dance.
　（私はダンスをするのが好きです。）

2 動名詞だけがくる動詞
　enjoy（～を楽しむ），finish「～を終える」，
　practice（～を練習する）など
　I **enjoy** swimming.
　（私は泳ぐのを楽しんでいます。）
　I **finished** reading the book.
　（私は本を読み終わりました。）

3 不定詞だけがくる動詞
　hope（～を望む），want（～が欲しい），
　wish（～したいと思う）など
　I **hope** to see you.
　（私はあなたに会うことを望んでいます。）
　I **wish** to go on a trip.
　（私は旅行に行きたいと思っています。）

Grammar Hunt　Unit 2 のストーリーを読み，「～すること」の意味を表す動名詞や不定詞を○で囲みましょう。
また，それらが文の中でどんな役割をしているかを確かめましょう。

解答例　Unit 2　Part 1
Hajin : What's wrong?
　Kota : I don't like ⊙playing⊙ basketball.　　like の目的語の役割を果たしている。

➡● Words　**単語と語句**　アクセントの位置に注意して，声に出して発音しよう。

□ *wish* [wíʃ]　**動**　～したいと思う，～を願う

電話

Goal **Speaking** 電話で，何かを頼んだり応じたりすることができる。

友達に英語で電話をかけます。
電話で話すとき，相手に何かを頼むときには，どう言うとよいでしょうか。

1. ペアになり，下のやり取りを演じましょう。

Yukari : **Hello. This is** Yukari. **May I speak to** Bill**, please**?
（もしもし。ユカリです。ビルとお話ししたいのですが。）

Bill : Hi, Yukari. **This is** Bill **speaking**. What's up?
（やあ，ユカリ。ビルだよ。どうしたの？）

Yukari : I want to go shopping this afternoon. **Can you** come with me**?**
（今日の午後，買い物に行きたいの。いっしょに来られる？）

Bill : Sure. What time and where do you want to meet?
（いいよ。いつどこで会う？）

Yukari : How about one o'clock at the bus stop?
（1時にバス停はどう？）

Bill : OK.
（いいよ。）

2. 用件や待ち合わせの時刻・場所を変えて，自分たちで考えたやり取りをしましょう。

解答例 A : Hello. This is Mika. May I speak to Ken, please?
（もしもし。ミカです。ケンとお話ししたいのですが。）

B : Hi, Mika. This is Ken speaking. What's up?
（やあ，ミカ。ケンだよ。どうしたの？）

A : I want to go to a movie tomorrow morning. Can you come with me?
（明日の朝，映画に行きたいんだ。いっしょに来られる？）

B : Sure. What time and where do you want to meet?
（いいよ。いつどこで会う？）

A : How about ten o'clock at Shibuya station?
（10時に渋谷駅はどう？）

B : OK. （いいよ。）

Word Board
・go cycling （サイクリングに行く）
・go fishing （釣りに行く）
・go to a movie （映画に行く）
・go to the library （図書館に行く）

New Words **単語と語句** アクセントの位置に注意して，声に出して発音しよう。

□ bus stop [bʌ́s stɑ̀p] 名 バス停

□ cycling [sáikliŋ] 名 サイクリング，自転車に乗ること

□ *meet* [míːt] 動 会う，落ち合う

□ This is ～. 〔電話で〕(話している人が) こちらは～です。

□ May I speak to ～, please? 〔電話で〕～さんに代わっていただけますか。

□ This is ～ speaking. 〔電話で〕(話している人が) こちらは～です。

□ What's up? どうしたの。何があったの。

Unit 3

Goal

Reading
メールから，予定や希望など
を読み取ることができる。

Writing
予定や希望などを伝えるメー
ルを書くことができる。

夏休みの予定

Plans for the Summer

 Check 教科書p.31の写真を見て，ストーリーの話題を予測する

- **About You** What do you want to do this summer?
  （今年の夏，あなたは何をしたいですか。）

  （例）I want to go on a trip. （私は旅行に出かけたいです。）

- How about Kota? What's Kota's plan?
  （コウタはどうですか。コウタの予定は何ですか。）

  （例）His plan is to go to New York with Tina.
  （彼の予定はティナとニューヨークへ行くことです。）

Word Board
- go on a trip
  （旅行に出かける）
- visit my cousins
  （いとこを訪問する）
- have club activities
  （クラブ活動をする）

 Listen ストーリーのおおまかな内容をつかむ

▼

 Watch

1. 教科書p.31の写真を見て，音声を聞き，話に出た順に，☐ に数字を書きましょう。

A 2　　**B** 3　　**C** 1

2. 映像を見て，内容を確かめましょう。

● New Words **単語と語句** アクセントの位置に注意して，声に出して発音しよう。

☐ **plan(s)** [plǽn(z)] 名 計画，予定

☐ go on a trip　旅行に出かける

教科書　　32ページ

➡ 本文の解説はpp.52-53にあります。

Q. Tina は夏休みに何をする予定でしょうか。

A. （例）ニューヨークの祖父母の家に滞在する予定。

Tina : ① Do you have any plans for the summer, guys?
ティナ：　みんな，夏の予定はある？

Hajin : ② I'm going to stay here.
ハジン：　ぼくはここに残る予定だよ。

③ I have a basketball tournament.
バスケットボールの大会があるんだ。

Eri : ④ I'm going to visit my cousins in Okinawa.
絵里：　私は沖縄のいとこを訪ねる予定。

⑤ How about you, Tina?　⑥ What are you going to do?
あなたはどう，ティナ？　　何をする予定なの？

Tina : ⑦ I'm going to stay with my grandparents in New York.
ティナ：　私はニューヨークの祖父母の家に滞在する予定だよ。

Kota : ⑧ New York?　⑨ I'd like to go there someday.
コウタ：　ニューヨーク？　　いつか行ってみたいなあ。

⑩ I want to see the Statue of Liberty.
自由の女神を見たいんだ。

Tina : ⑪ Why don't you come to New York with me?
ティナ：　私といっしょにニューヨークに来たら？

Kota : ⑫ Are you kidding?
コウタ：　冗談でしょう？

Tina : ⑬ No, I'm serious.
ティナ：　ううん，本気だよ。

● New Words　単語と語句 アクセントの位置に注意して，声に出して発音しよう。

☐ *go* [góu]　動 （事が）進行する

☐ *stay* [stéi]
　動 〔stay with ~で〕（人）の家に泊まる〔滞在する〕

☐ statue [stǽtʃuː]　名 像

☐ liberty [líbərti]　名 自由

☐ the Statue of Liberty
　[ðə stǽtʃuː əv líbərti]　自由の女神像

☐ kid(ding) [kíd(iŋ)]　動 冗談を言う，からかう

☐ serious [síəriəs]　形 本気の，真剣な

Listen Kota のもとに，誘いの電話がかかってきます。
教科書p.33のイラストを見て，Kota のこれからの予定に当てはまるものを選び，□ に記号を書きましょう。

 音声の内容はpp.55-56にあります。

(1) tomorrow （明日）　D

(2) the day after tomorrow （明後日）　A

(3) this weekend （今週末）　C

 Speak **About You** あなたの来週の予定を，下のスケジュール帳に３つ以上書きましょう。
その後ペアになり，相手と予定を伝え合いましょう。

[例]　A : Do you have any plans on Monday? （月曜日に何か予定がありますか。）
　　　B :（予定があるとき）Yes. I'm going to play tennis. （はい，テニスをする予定です。）
　　　　（予定がないとき）No, I don't. （いいえ，ありません。）

解答例
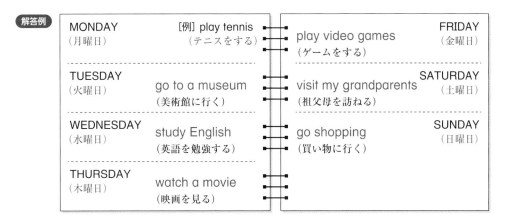

MONDAY（月曜日）	[例] play tennis（テニスをする）	play video games（ゲームをする）	FRIDAY（金曜日）
TUESDAY（火曜日）	go to a museum（美術館に行く）	visit my grandparents（祖父母を訪ねる）	SATURDAY（土曜日）
WEDNESDAY（水曜日）	study English（英語を勉強する）	go shopping（買い物に行く）	SUNDAY（日曜日）
THURSDAY（木曜日）	watch a movie（映画を見る）		

 Write **About You** スケジュール帳に書いた内容をもとに，あなたの予定を１つ書きましょう。

解答例 I'm going to visit my grandparents on Saturday.
（私は土曜日に祖父母を訪ねる予定です。）

基本文
するつもりでいることを言う。
I　　　　　visit my cousins in Okinawa. （私は沖縄のいとこを訪ねます。）
I'm **going to** visit my cousins in Okinawa. （私は沖縄のいとこを訪ねる予定です。）
Are you **going to** visit your cousins? （あなたはいとこを訪ねる予定ですか。）
— Yes, I **am**. / No, I'm **not**. （はい，訪ねる予定です。/いいえ，訪ねる予定ではありません。）
▶ Active Grammar p.60

● New Words　**単語と語句**　アクセントの位置に注意して，声に出して発音しよう。

□ **tomorrow** [təmɔ́ːrou]　副 明日 (は)，名 明日

□ **tennis** [ténis]　名 テニス

□ the day after tomorrow　明後日

本文の解説は pp.53-54 にあります。

Listen and Read

Q. 今年の夏のニューヨークの気候はどうなりそうですか。

A. (例) 暑くなりそう。

---

① From :　Christina Rios
差出人：　クリスティーナ・リオス

② To :　Imura Kotaro
宛先：　井村 光太郎

③ Subject : Your Flight
件名：　コウタのフライト

---

④ Hi, Kota.　How are you?
こんにちは，コウタ。元気？

⑤ Are you ready for your trip?　⑥ Did you finish packing?
旅行の準備はできている？　　　　　　荷造りは終わった？

⑦ I'm enjoying my time with my grandparents.
わたしは祖父母との時間を楽しんでいるよ。

⑧ They say hi to you.
彼らがコウタによろしくと言っているよ。

⑨ By the way, when will your flight arrive?
ところで，コウタの飛行機はいつ到着の予定？

⑩ We'll meet you at the airport.
私たちは空港でコウタに会うつもりでいるよ。

⑪ Grandpa says it will be a hot summer,
おじいちゃんが，暑い夏になりそうだと言っているから，

so don't forget your hat and sunglasses!
帽子とサングラスを忘れずにね！

⑫ Take care,
じゃあね，

⑬ Tina
ティナ

● **New Words**　**単語と語句**　アクセントの位置に注意して，声に出して発音しよう。

□ *subject* [sʌ́bdʒikt]　名 (Eメールの) 件名

□ **flight** [fláit]　名 定期航空便 (の飛行機)，フライト

□ **finish** [fíniʃ]　動 ～を終える，～し終える

□ **pack(ing)** [pǽk(iŋ)]　動 荷造りをする

□ **will** [wəl/wíl]　助 [未来を表して] ～だろう

□ **arrive** [əráiv]　動 (ある場所に) 到着する

□ *meet* [míːt]　動 ～を出迎える

□ **airport** [éərpɔ̀ːrt]　名 空港

□ **forget** [fərgét]　動 ～を忘れる

□ sunglasses [sʌ́nglæ̀siz]　名 サングラス

□ say hi to ～　～によろしくと言う

天気予報を聞き，各都市の天候を下から選び，表に記号を書きましょう。 音声の内容はp.56にあります。

weather （天気）

A sun / sunny （太陽/晴れ）　**B** cloud / cloudy （雲/曇り）　**C** rain / rainy （雨/雨の）

D snow / snowy （雪/雪の）　**E** wind / windy （風/強風）

	London （ロンドン）	Tokyo （東京）	New York （ニューヨーク）
yesterday （昨日）	A	B	C
today （今日）	A	C	A
tomorrow （明日）	B	A	E

 About You ペアになり，夏休みについてたずね合い，Yes か No かを○で囲みましょう。

解答例

In the summer vacation, will you ～? （夏休みに，～しますか。）	You （あなた）	Your friend （あなたの友達）
(1) read many books　（本をたくさん読む）	Yes./ No.	Yes./ No.
(2) get up early in the morning　（朝早く起きる）	Yes./ No.	Yes. /No.
(3) keep a diary　（日記をつける）	Yes./ No.	Yes./ No.
(4)（自分で考えて）　swim in the sea　（海で泳ぐ）	Yes./ No.	Yes./ No.

[例]　A : In the summer vacation, will you read many books?
　　　　（夏休みに，たくさん本を読みますか。）
　　　B : Yes, I will. / No, I won't.　（はい，読みます。/いいえ，読みません。）

 About You 自分と友達の夏休みについて，それぞれ書きましょう。

解答例　In the summer vacation, I will swim in the sea.
　　　　（夏休みに，私は海で泳ぎます。）
　　　　Ken will go to Nagano to see his grandfather.
　　　　（ケンは彼の祖父に会うために長野に行きます。）

基本文

未来のことを言う。
　　　It　　is　a hot summer.　（暑い夏です。）
　　　It **will** be a hot summer.　（暑い夏になるでしょう。）
Will it　　be a hot summer**?**　（暑い夏になるでしょうか。）
— Yes, it **will**. / No, it **won't**.　（はい，なるでしょう。/いいえ，ならないでしょう。）

▶ Active Grammar　p.60

● New Words　**単語と語句**　アクセントの位置に注意して，声に出して発音しよう。

□ **weather** [wéðər] 名 天気，天候

□ **cloud** [kláud] 名 雲

□ **rain** [réin] 名 雨

□ **rainy** [réini] 形 雨の，雨降りの

□ **snowy** [snóui] 形 雪の，雪の降る

□ **wind** [wínd] 名 風

□ **windy** [wíndi] 形 風の強い，風のある

□ **forecast** [fɔ́ːrkæst] 名 予報

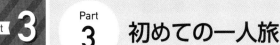 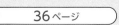

Listen and Read

➡ 本文の解説は p.54 にあります。

Q. Tina のおじいさんはどんな提案をしてくれましたか。

A. （例）コウタが疲れているなら，まっすぐ家に帰るという提案。

Flight attendant : Passengers flying on COL101 to New York,
客室乗務員：　COL101便にてニューヨークへ向かうお客様，

　　　　　　please go to Gate 33 for boarding.
　　　　　　ご搭乗には33番ゲートへお進みください。

At the airport in New York:　ニューヨークの空港で：

Tina : ① Welcome to the Big Apple!
ティナ：　　ビッグ・アップルへようこそ！

Kota : ② I'm in New York!　　③ I can't believe it.
コウタ：　　ぼく，ニューヨークにいるんだ！　　信じられないよ。

Grandpa : ④ I'll put your suitcase in the car, OK?
おじいちゃん：　　車にスーツケースを入れるよ，いいかな？

Kota : ⑤ Thank you, Mr. Rios.
コウタ：　　ありがとうございます，リオスさん。

Grandpa : ⑥ If you're tired, we can drive straight home.
おじいちゃん：　　もし疲れているなら，車でまっすぐ家に帰れるよ。

Kota : ⑦ Thanks, but I'm fine.
コウタ：　　ありがとうございます，でも大丈夫です。

Tina : ⑧ If you're hungry, we can go for a pizza on the way home.
ティナ：　　もしお腹が空いていたら，家に帰る途中でピザを買いに行ってもいいよ。

Kota : ⑨ That sounds great. ⑩ I'm starving!
コウタ：　　それはいいね。　　　　お腹ペコペコだよ！

Think　Kota は，空港に着いて何を感じたと思いますか。
　　　　（例）ニューヨークにいるということに，信じられないくらい感動したと思う。

● New Words　単語と語句　アクセントの位置に注意して，声に出して発音しよう。

☐ **passenger(s)** [pǽsəndʒər(z)]
　图（乗物の）乗客，旅客

☐ **board(ing)** [bɔ́ːrd(iŋ)]　動〔船・飛行機・
列車・バスなどに〕乗り込む

☐ **flight attendant** [fláit ətèndənt]
　图（旅客機の）客室乗務員

☐ **the Big Apple** [ðə bíg ǽpl]
ニューヨーク市の愛称

☐ **believe** [bilíːv]　動～を信じる，
～を本当のことだと思う

☐ **suitcase** [súːtkèis]　图スーツケース

☐ *OK* [óukéi]　副〔文末で〕よろしいですか

☐ **if** [if]　接もし～ならば

☐ **drive** [dráiv]　動車で行く，車を運転する

☐ **straight** [stréit]
　副（寄り道をしないで）まっすぐに，じかに

☐ *for* [fɔ́ːr/fər]　前～を求めて

☐ **pizza** [píːtsə]　图ピザ

☐ *on* [án]　前〔状態〕～の状態で

☐ *way* [wéi]　图〔the または one's を付けて〕通り道

☐ **starving** [stáːrviŋ]　形非常に空腹な

☐ **go for ～**　～を買いに行く，取りに行く

☐ **on the way home**　家に帰る途中で

Listen

ニューヨークのマンハッタンにある観光案内所には，世界中から旅行者が訪れます。
観光ガイドが，表にある条件ですすめている場所を記号で答えましょう。　→ 音声の内容は pp.56-57 にあります。

A Central Park （セントラルパーク）　**B** theater （劇場）

C museums （美術館）　**D** SoHo （ソーホー）

E the Statue of Liberty （自由の女神像）

条件	場所
If it is sunny, （もし晴れたら，）	A
If it is rainy, （もし雨が降ったら，）	C
If you go shopping, （もしショッピングに行くなら，）	D

 Speak

About You 次の日曜日，天候によって何をするかを表に書き，友達と伝え合いましょう。

解答例

条件	しようと思うこと
(1) If it is sunny, （もし晴れたら，）	I will go shopping. （ショッピングに行きます。）
(2) If it is rainy, （もし雨が降ったら，）	I will read a book at home. （家で本を読みます。）
(3) If （自分で考えて），　If I go to Okinawa, （もし沖縄へ行くなら，）	I will go to the aquarium. （水族館に行きます。）

[例]　A : If it is sunny next Sunday, what will you do?
　　　　（もし来週の日曜日が晴れなら，何をしますか。）
　　　B : If it is sunny, I'll have a picnic in the park. （もし晴れなら，公園でピクニックをします。）

解答例　A : If it is rainy next Sunday, what will you do?
　　　　（もし来週の日曜日に雨が降ったら，何をしますか。）
　　　B : If it is rainy, I'll surf the Internet. （もし雨が降ったら，ネットサーフィンをします。）

 Write

About You 上の条件から1つ選び，自分と友達がしようと思うことを書きましょう。

解答例　If it is rainy next Sunday, I'll clean my room.
　　　（もし来週の日曜日に雨が降ったら，私は部屋を掃除します。）
　　　If it is rainy, Taichi will read a book at home.
　　　（もし雨が降ったら，タイチは家で本を読みます。）

基本文

どんな場合かを示して言う。
If you're hungry, we can go for a pizza.
（もしあなたがお腹を空かせているなら，ピザを買いに行ってもいいです。）
We can go for a pizza **if** you're hungry.
（もしあなたがお腹を空かせているなら，ピザを買いに行ってもいいです。）

▶ Active Grammar　p.133

● New Words　**単語と語句**　アクセントの位置に注意して，声に出して発音しよう。

□ central [séntrəl] 形 中央にある　　　　□ SoHo [sóuhou] ソーホー

□ Central Park [séntrəl pá:rk] セントラルパーク　　□ have a picnic ピクニックをする

□ **theater** [θíːətər] 名 劇場

Part 1

本文の解説

基本文

するつもりでいることを言う。

① **I** visit my cousins in Okinawa.
（私は沖縄のいとこを訪ねます。）

② **I'm going to visit my cousins in Okinawa.**
（私は沖縄のいとこを訪ねる予定です。）

③ **Are you going to visit your cousins?**
（あなたはいとこを訪ねる予定ですか。）

④ **— Yes, I am. / No, I'm not.**
（はい，訪ねる予定です。/いいえ，訪ねる予定ではありません。）

学習のポイント

be going to + 動詞の原形

② あらかじめするつもりで準備を進めていることなどを言うときは，〈**be going to + 動詞の原形**〉で表します。be動詞は主語によって使い分けます。

be動詞の使い分け

・主語が I のとき → **am**　　・主語が you や複数のとき → **are**

・主語が3人称単数のとき → **is**

③ **be going to** の疑問文は，be動詞（am, are, is）を使った文と同じと考えて，〈**be動詞 + 主語 + going to + 動詞の原形〜?**〉の形で疑問文をつくります。

肯定文：　　You **are going to** visit your cousins.
（あなたはいとこを訪ねる予定です。）

主語の前に出す。

疑問文：　**Are** you **going to** visit your cousins?
（あなたはいとこを訪ねる予定ですか。）

④ **be going to** の疑問文に答えるときは，be動詞を使って答えます。
〈**Yes, 主語 + be動詞**〉〈**No, 主語 + be動詞 + not**〉

本文の解説

教科書 p.32

② **I'm going to stay here.**

「〜するつもりです」と未来のことについて，予定していることを言う，〈**be going to + 動詞の原形**〉の文です。主語が I なので，be動詞は **am** になっています。

---

④ **I'm going to visit my cousins in Okinawa.**

「〜**するつもりです**」という意味の **be going to** の文です。to の後の動詞は原形になります。

---

⑥ **What are you going to do?**

「〜**するつもりです**」という意味の **be going to** の文です。主語が you なので，be動詞は **are** になっています。〈**疑問詞 + be動詞 + 主語 + going to + 動詞の原形〜?**〉の形で疑問文をつくります。

⑦ **I'm going to stay with my grandparents in New York.**
「〜するつもりです」という意味の **be going to** の文です。この **in** は「〜に[で]」の意味で場所を表す前置詞で，都市や国のような比較的広い場所を表す語の前に置いて使います。

⑨ **I'd like to go there someday.** （→教科書p.32　表現）
I'd like to 〜. は「〜したいです。」という意味を表します。to の後の動詞は原形になります。

⑪ **Why don't you come to New York with me?** （→教科書p.32　KEY）
Why don't you 〜? は，「〜してはどうですか。」と相手に提案する言い方です。

⑫ **Are you kidding?** （→教科書p.32　表現）
Are you kidding?「冗談でしょう。からかっているのですか。」は，会話でよく使われる表現です。そのままの形で覚えましょう。

Part 2

基本文

未来のことを言う。

① **It　　is a hot summer.**
（暑い夏です。）

② **It will be a hot summer.**
（暑い夏になるでしょう。）

③ **Will it　　be a hot summer?**
（暑い夏になるでしょうか。）

④ **— Yes, it will. / No, it won't.**
（はい，なるでしょう。/いいえ，ならないでしょう。）

学習のポイント

助動詞 will

② **will** は助動詞の仲間で，「〜しよう」という意志や，「〜でしょう」という推測など，未来のことを表します。助動詞といっしょに使う動詞はいつも原形になります。

③ **will** の疑問文は，**will** を主語の前に出して，〈**will ＋ 主語 ＋ 動詞の原形 〜 ?**〉の語順になります。

肯定文：　　It **will** be a hot summer.　（暑い夏になるでしょう。）

主語の前に出す。

疑問文：　**Will** it　　be a hot summer?　（暑い夏になるでしょうか。）

④ **will** の疑問文に答えるときは，**will** を使って答えます。
〈**Yes, I will**〉〈**No, I won't (won't ← will not)**〉

本文の解説

教科書 p.34

④ **Hi, Kota. How are you?** （→教科書p.34　KEY）
相手が友達など，親しい場合に，メールで自然な書き出しをするときに使います。相手が年上や目上の場合は Dear Mr. Rios（親愛なるリオス様）のように書きます。

⑧ **They say hi to you.**
say hi to〜 で，「〜によろしくと言う」という意味です。

⑨ **By the way, when will your flight arrive?**

未来を表す助動詞 **will** の文です。助動詞 will があるため，動詞 arrive は原形になっています。by the way「ところで」は話題を変えるときなどに使います。

⑩ **We'll meet you at the airport.**

未来を表す助動詞 **will** の文です。**we'll** は **we will** の短縮形で，「**〜します**」という未来の意志を表します。

⑪ **Grandpa says it will be a hot summer,**
　 so don't forget your hat and sunglasses!

say that で「〜と言う」という意味で，that の後には言う内容がきます。ここでは，says の後の that が省略されています。

⑫ **Take care,** （→教科書p.34　表現）

「じゃあ，またね。」と，メールなどの結びの挨拶で使われます。

Part 3

基本文

どんな場合かを示して言う。

① **If you're hungry, we can go for a pizza.**
（もしあなたがお腹を空かせているなら，ピザを買いに行ってもいいです。）

② **We can go for a pizza if you're hungry.**
（もしあなたがお腹を空かせているなら，ピザを買いに行ってもいいです。）

学習のポイント

接続詞 if

if は接続詞の仲間で，2つの文をつないで「もし〜なら…」という条件を表します。if に続く文は，文の頭にも途中にも置くことができます。

If you're hungry , we can go for a pizza.
（もしあなたがお腹を空かせているなら，ピザを買いに行ってもいいです。）

We can go for a pizza **if** you're hungry .
↑後にくるときは，コンマは付けない。

本文の解説　　　　　　　　　　　　　　　　　　教科書 p.36

① **Welcome to the Big Apple!**

Welcome to 〜 で「〜へようこそ」という意味になります。the Big Apple はニューヨーク市の愛称です。

⑥ **If you're tired, we can drive straight home.**

「もし〜なら…」という条件を表す接続詞 **if** の文です。if に続く文は，文の頭にも途中にも置くことができます。

⑧ **If you're hungry, we can go for a pizza on the way home.**

条件を表す接続詞 **if** の文です。**go for 〜** で「**〜を買いに行く，取りに行く**」という意味を表します。**on the way home** で「**家に帰る途中で**」という意味になります。

⑩ **I'm starving!** （→教科書p.36　表現）

starving は「非常に空腹な」という意味の形容詞です。I'm starving で「お腹がぺこぺこだ。」という意味になります。

Part 1 (教科書 p.33) の音声の内容

→ 解答は p.47 にあります。

ポイント 音声の内容は次の通りです。下線部に注意して，Kota のこれからの予定に当てはまるものを選び，□ に記号を書きましょう。

(1)

Nick : Hello, Kota. This is Nick. （もしもし，コウタ。ニックです。）

Kota : Oh, hi, Nick. （あぁ，やあ，ニック。）

Nick : Do you have any plans for this evening? （今夜，予定はある？）

Kota : This evening? Oh, yes. I'm going to study English. I have an English test tomorrow.
（今夜？ ああ，そうだ。英語の勉強をしようと思っているよ。明日は英語のテストがあるから。）

Nick : Oh, too bad! How about tomorrow then? （ああ，残念！ じゃあ明日はどう？）

Kota : I don't have any plans after school tomorrow. （明日は放課後に予定はないよ。）

Nick : I'm going to practice soccer. Can you play with me?
（サッカーの練習をするつもりなんだ。ぼくとしない？）

Kota : Sure. Let's go to Honcho Park together. （いいよ。いっしょに本町公園に行こう。）

Nick : Great. Thanks. （よかった。ありがとう。）

(2)

Tina : Hello, Kota. （もしもし，コウタ。）

Kota : Oh, hi, Tina. （あ，やあ，ティナ。）

Tina : Do you have any plans for tomorrow? （明日の予定はある？）

Kota : Yes. I'm going to practice soccer with Nick.
（あるよ。ニックといっしょにサッカーの練習に行くよ。）

Tina : Oh, OK. How about the day after tomorrow then? Do you have any plans?
（あ，そうなんだ。じゃあ明後日はどう？ 何か予定はある？）

Kota : No, I'm free. （いや，暇だよ。）

Tina : My grandpa's birthday is coming up, so I'm going to go shopping. Can you come
with me?
（おじいちゃんの誕生日が近いから，買い物に行きたいの。私と行ってくれる？）

Kota : Sure. Let's look for a nice present for him.
（もちろん，おじいちゃんにすてきなプレゼントを探そうよ。）

Tina : Great. Thanks. （よかった。ありがとう。）

(3)

Hajin : Hello, Kota. （もしもし，コウタ。）

Kota : Oh, hi, Hajin. This is Kota. （あ，やあ，ハジン。コウタだよ。）

Hajin : Do you have any plans for tomorrow? （明日の予定はある？）

Kota : Yes. （あるよ。）

Hajin : How about the day after tomorrow? （明後日はどう？）

Kota : I'm going to go shopping. （買い物に行く予定だよ。）

Hajin : Oh, you're so busy. How about this weekend? Do you have any plans then?

（おー，忙しいね。今週末はどう？　何か予定はある？）

Kota : No, I'm free this weekend.　（いや，今週末は暇だよ。）

Hajin : Can you come to the gym with me?　（ぼくと体育館に行ってくれるかな？）

Kota : Are you going to play basketball?　（バスケットボールをするの？）

Hajin : Yes, I am. You can play, too. Is it OK?　（そうだよ。君もやろうよ。いいかい？）

Kota : Sure. The important thing is to practice.　（いいよ。大事なことは練習だからね。）

Hajin : Great.　（いいね。）

Part 2 (教科書 p.35) の音声の内容

解答は p.49 にあります。

ポイント　音声の内容は次の通りです。下線部に注意して，各都市の天気を選び，表に記号を書きましょう。

司会者 :　The weather with Judy White!　（ジュディ・ホワイトの天気予報です！）

Judy :　Good morning. This is Judy White. It's time for the world weather report.

（おはようございます。ジュディ・ホワイトです。世界の天気予報の時間です。）

Let's look at the weather map for the first Sunday in July.

（7月最初の日曜日の天気図を見てみましょう。）

In London, it was sunny yesterday. It'll be sunny today, too. But tomorrow it will be cloudy. It'll be cool, too.

（ロンドンでは，昨日は晴れでした。今日も晴れるでしょう。でも明日は曇りです。涼しくもなるでしょう。）

In Tokyo, it was cloudy yesterday. Today it'll be rainy. But the rain will stop during the night, and tomorrow it'll be sunny. It will be a nice day for sports tomorrow in Tokyo.

（東京では，昨日は曇りでした。今日は雨でしょう。でも夜のうちに雨は止み，明日は晴れるでしょう。明日の東京はスポーツ日和になりそうです。）

In New York, it was rainy yesterday. Today, the sun will come out after the rain. It'll be sunny and hot. Tomorrow it will be hot again, but it'll be windy, too.

（ニューヨークでは，昨日は雨でした。今日は雨の後に太陽が出てきます。晴れて暑くなるでしょう。明日も暑くなりそうですが，風も強いでしょう。）

Now let's check out some other cities ....　（さて，ほかの都市の様子を見てみましょう。）

Part 3 (教科書 p.37) の音声の内容

解答は p.51 にあります。

ポイント　音声の内容は次の通りです。下線部に注意して，観光ガイドが，すすめている場所を記号で答えましょう。

Guide :　Hello. May I help you?　（こんにちは。何かご用でしょうか。）

Visitor :　Yes, please. I'm going to go sightseeing tomorrow. Can you tell me some good places for sightseeing?

（はい，お願いします。明日観光に行く予定なのです。観光によい場所を教えていただけますか。）

Guide : Sure. If it is sunny tomorrow, how about going to Central Park?
（もちろんです。明日晴れていたらセントラルパークに行かれてはいかがですか。）

There are free concerts at the outdoor theater. You can also rent a bike and ride around in the park.
（野外劇場で無料のコンサートがありますよ。レンタサイクルを借りて公園内を走り回るのもいいですよ。）

Visitor : That sounds interesting. Going to Central Park is a great idea. But if it is rainy tomorrow, where can I go?
（おもしろそうですね。セントラルパークに行くのはいいですね。でも明日雨だったらどこに行けばいいですか。）

Guide : Well, if it is rainy, you can go to museums.
（そうですね，雨が降っていたら美術館に行けますよ。）

There are lots of museums and galleries in the city. For example, you can visit the Metropolitan Museum of Art, the Museum of Modern Art, or the American Museum of Natural History.
（市内にはたくさんの博物館や美術館があります。例えば，メトロポリタン美術館，ニューヨーク近代美術館，アメリカ自然史博物館などがあります。）

Visitor : OK. Visiting museums. That sounds good, too.
（いいですね。美術館巡り。それもよさそうですね。）

By the way, I also want to go shopping. Do you know any good places?
（ところで，買い物にも行きたいです。よい場所を知っていますか。）

Guide : Yes. If you go shopping, how about going to SoHo?
（あります。買い物に行くなら，ソーホーに行ってみてはいかがですか。）

Visitor : SoHo? How do you spell that?　（ソーホー？　スペルはどう書くのですか。）

Guide : S-O-H-O. There are lots of nice shops and restaurants in SoHo.
You can enjoy some good shopping there.
（S-O-H-Oです。ソーホーにはすてきなお店やレストランがたくさんあります。そこではよい買い物を楽しむことができます。）

Visitor : That's great. Thank you very much. All that information is very useful.
（それはすばらしいです。ありがとうございます。その情報は全部とても役に立ちます。）

Guide : You're welcome. Have a nice day. Enjoy your stay in Manhattan!
（どういたしまして。よい一日をお過ごしください。マンハッタンでの滞在をお楽しみください。）

Goal　メールで予定を伝えよう

Reading　教科書p.34の Tina からのメールに Kota が書いた返事を読んで，下の質問に答えましょう。

From :　Imura Kotaro　（差出人：井村光太郎）
To :　Christina Rios　（宛先：クリスティーナ・リオス）
Subject :　My Flight　（件名：ぼくのフライト）

Hi, Tina.　（やぁ，ティナ。）

Thanks for your e-mail.　I will finish packing tonight.
（メールをありがとう。今夜荷造りを終えるつもりだよ。）

I will borrow some sunglasses from Hajin.　I want to buy a hat in New York.
（サングラスはハジンから借りるつもり。帽子はニューヨークで買いたいな。）

So if you have time, please take me to a clothes shop.
（だから時間があったら，洋服屋さんに連れていってほしいな。）

My flight will arrive at the airport at 7:40 p.m.
（ぼくの飛行機は午後7時40分に空港に到着するよ。）

I am going to bring Japanese fans as souvenirs for your grandparents.
（ティナのおじいちゃんおばあちゃんに日本の扇子をお土産で持っていく予定。）

I am really looking forward to seeing you.　I can't wait!
（会うのを本当に楽しみにしているよ。待ちきれないよ！）

See you soon!　（またね！）
Kota　（コウタ）　　　　　　　　　　　　　　　　　　[76 words]　[76語]

---

(1) When will Kota finish packing?　（コウタはいつ荷造りを終えますか。）
　（例）He will finish packing tonight.　（彼は今夜荷造りを終えます。）

(2) Where does he want to go if Tina has time?
　（もしティナに時間があったら，彼は何をしたがっていますか。）
　（例）He wants to go to a clothes shop.　（彼は洋服屋さんに行きたがっています。）

(3) What time will his flight arrive at the airport?　（彼の飛行機は何時に空港に着きますか。）
　（例）It will arrive at 7:40 p.m.　（午後7時40分に着きます。）

Words And Phrases　メールを書くときに

	宛名	結びの言葉
相手が友達など，親しい場合	Hi, Tina. （やぁ，ティナ）	Take care, / Best wishes, （じゃあ，また／ご多幸を祈って）
相手が年上や目上の場合	Dear Mr. Rios, （親愛なるリオスさん）	Sincerely, / Best regards, （敬具／くれぐれもよろしく）

親しい間柄で使う表現には，以下のような略語があります。

BTW（By the way）ところで	**FYI**（For your information）参考までに
LOL（Laughing out loud）大笑い	**THX**（Thanks）ありがとう

□ **e-mail** [íːmèil]　名　Eメール，電子メール

□ **tonight** [tənáit]　副　今夜，今晩

□ **borrow** [bárou]　動　～を (無料で) 借りる

□ *take* [téik]　動　～を連れていく

□ **clothes** [klóuz]　名　衣服，身に着けるもの

□ **shop** [ʃáp]　名　(通常小さな) 店

□ **p.m.** [píːém]　副　午後

□ **as** [ǽz/əz]　前　～として

□ *for* [fɔ́ːr/fər]　前　①～に対して [対する]
　　② (人) への [あての]

□ **souvenir(s)** [sùːvəníər(z)]　名　土産

□ **information** [ìnfərméiʃən]　名　情報

□ **laugh(ing)** [lǽf(iŋ)]　動　(声を出して) 笑う

□ loud [láud]　副　大きな声 [音] で

□ take ～ to …　～を…へ連れていく，持っていく

□ arrive at ～　～に着く，到着する

□ See you soon.　ではまた。じゃあね。

Writing　Kota になったつもりで，Eri と Hajin に宛てて，以下の内容を伝えるメールを書きましょう。

・ニューヨークに到着した
・今は午後8時30分
・明日晴れたら，自由の女神を見に行く
・2人には何かお土産を買う予定

解答例

From :　　Imura Kotaro　（差出人：井村光太郎）
To :　　　Goto Eri　Kim Hajin　（宛先：後藤絵里　キム・ハジン）
Subject :　Hello from New York　（件名：ニューヨークからこんにちは）

Hi, Eri and Hajin. How are you?　（やあ，絵里とハジン。元気かい？）

Are you enjoying your summer vacation?　（夏休みを楽しんでいるかな？）

I arrived at New York. It's 8:30 p.m. now.
（ぼくはニューヨークに到着した。今は午後8時30分だよ。）

I'm with Tina, Nick, and their grandfather. Their grandpa is very kind.
（ティナ，ニック，彼らのおじいさんといっしょにいるよ。彼らのおじいさんはとても親切だ。）

If it is sunny tomorrow, we will go to see the Statue of Liberty.
（もし明日晴れたら，ぼくたちは自由の女神を見に行くんだ。）

I'm really excited!　（とてもわくわくしているよ！）

Hajin, thank you for your sunglasses. I'll wear them tomorrow.
（ハジン，サングラスをありがとう。明日かけるつもりだよ。）

I'm going to buy you some souvenirs.　（君たちには何かお土産を買う予定だ。）

I hope you will love them.　（気に入ってくれるよう願っているよ。）

Take care,　（じゃあ，また）
Kota　（コウタ）

ふり返り　**CAN-DO** メールから，予定や希望などを読み取ることができる。　▶▶CAN-DO List (R-1)
　　　　　　CAN-DO 予定や希望などを伝えるメールを書くことができる。　▶▶CAN-DO List (W-1)

be going to / will （未来のことを伝える言い方）

● 場面と意味

(1) Eri : How about you, Tina? What are you going to do?
（あなたはどう，ティナ？　何をする予定？）

Tina : I'm going to stay with my grandparents in New York.
（私はニューヨークの祖父母の家に滞在する予定だよ。）

(2) Tina : By the way, when will your flight arrive? We'll meet you at the airport.
（ところで，あなたの飛行機はいつ到着の予定？　私たちは空港であなたに会うつもりでいるよ。）

Think　（例）(1) 夏休み前に，夏休みの予定を伝え合っている。
　　　　　　(2) メールで，未来のことについてたずねたり伝えたりしている。

● 文の形

1　be going to ＋ 動詞の原形　　　　　　　　　　　　▶ Unit 3-1

| 肯定文 | ⟨ Eri ⟩ **is** **going to** visit her cousins. （絵里は彼女のいとこを訪ねる予定です。） |

| 疑問文 | **Is** ⟨ she ⟩ **going to** visit her cousins? （彼女は彼女のいとこを訪ねる予定ですか。） |
| | — Yes, she **is**. / No, she **isn't**. （はい，訪ねる予定です。／いいえ，訪ねる予定ではありません。） |

| 否定文 | ⟨ She ⟩ **is** not **going to** visit her cousins. |
| | （彼女は彼女のいとこを訪ねる予定ではありません。） |

話す前から準備を進めていたことには be going to を使います。

2　will ＋ 動詞の原形　　　　　　　　▶ Unit 3-2

| 肯定文 | ⟨ It ⟩ **will** **be** a hot summer. |
| | （暑い夏になるでしょう。） |

疑問文	**Will** ⟨ it ⟩ **be** a cool summer?
	（すずしい夏になるでしょうか。）
	— Yes, it **will**. / No, it **won't**.
	（はい，なるでしょう。／いいえ，ならないでしょう。）

| 否定文 | ⟨ It ⟩ **will not** **be** a cool summer. |
| | （すずしい夏にならないでしょう。） |

▶ 短縮形

I will	I'll
we will	we'll
you will	you'll
he will	he'll
she will	she'll
it will	it'll
they will	they'll
will not	won't

その場で思いついたことや時間の経過による変化などには will を使います。

Grammar Hunt　Unit 3のストーリーを読み，be going to や will を使った文に○印を付けましょう。
また，それらがどんな意味を表しているかを確かめましょう。

解答例　Unit 3　Part 1

Hajin : I'm going to stay here.
　　　　　I have a basketball tournament.

Eri : I'm going to visit my cousins in Okinawa.
　　　How about you, Tina? What are you going to do?

するつもりでいる予定を表している。

アナウンス

Goal Listening アナウンスから，必要な情報を聞き取ることができる。

ケネディ国際空港 (JFK) から国際線の飛行機に乗ります。空港や機内で流れるアナウンスから，
どんな情報を聞き取るとよいでしょうか。

教科書p.41の搭乗券 (boarding pass) を見て，事前に搭乗に関する情報を確かめておきましょう。

▶Your Coach 1 p.70

1. あなたの乗る便に変更がありました。空港のアナウンスを聞き，新しい情報を確かめ，
  （　）に数字を書きましょう。午前か午後かは○で囲みましょう。

・搭乗口（ 26 ）番　　・搭乗開始時刻 （午前）/ 午後（ 11 ： 00 ）

ポイント 音声の内容は次の通りです。

Attention, passengers, please. All passengers on H.W.G. Airlines flight CA 038 to Narita, Tokyo.
（ご搭乗のお客様へ。この度H.W.G.エアラインズCA038便東京成田行きをご利用のお客様へ。）

The boarding gate has changed from 16 to 26. Your new gate is 26. All passengers on H.W.G. Airlines flight CA 038 to Narita, Tokyo. The boarding gate has changed from 16 to 26. Your new gate is 26. Please make your way to Gate 26.
（搭乗口が16番から26番に変更になりました。新しい搭乗口は26番です。H.W.G.エアラインズ CA038便東京成田行きをご利用のお客様へ。搭乗口が16番から26番に変更になりました。新しい搭乗口は26番です。26番ゲートへお進みください。）

We will begin boarding at 11:00 a.m. We will begin boarding at 11:00 a.m. We are sorry for the inconvenience. （午前11時より搭乗を開始いたします。午前11時より搭乗を開始いたします。ご迷惑をおかけして申し訳ありません。）

---

2. 教科書p.41のイラストを見て，機内のアナウンスを聞き，
  手荷物の置き場所として適切なもの全てに ✔ を付けましょう。

ポイント 音声の内容は次の通りです。

Welcome aboard H.W.G. Airlines. Please make sure all your baggage is in the overhead compartments or under the seat in front of you.
（H.W.G.エアラインズへようこそ。お荷物は頭上のコンパートメントまたは前の座席の下にあることをご確認ください。）

And please be sure to turn off all electronic devices during take-off. Fasten your seat belt when you are seated.
（また，離陸の際には電子機器の電源をお切りください。着席時にはシートベルトをお締めください。）

Please refrain from using the lavatories until the seat belt sign is off.
（シートベルトサインが消えるまでは，お手洗いの利用はご遠慮ください。）

We will be taking off soon.
（間もなく離陸します。）

3. 機内のアナウンスを聞き，下の２つの情報を確かめ，（　）に数字を書きましょう。
　午前か午後かは○で囲みましょう。

・飛行時間：約（　14　）時間（　30　）分　　・到着時刻：午前／午後（　3：40　）頃

ポイント　音声の内容は次の通りです。

Good morning, ladies and gentlemen. Thank you for choosing H.W.G. Airline flight CA 038 to Narita International Airport.
（おはようございます。この度はH.W.G.エアラインCA038便成田国際空港行きをご利用いただきありがとうございます。）

We are sorry for the gate change and the delay. Your pilot today is Captain Mark Jones. Today's flight to Narita will take about 14 hours and 30 minutes. We will arrive at Narita around 3:40 in the afternoon, local time.
（ゲート変更と遅延をおわびいたします。本日のパイロットはマーク・ジョーンズ機長です。本日の成田へのフライトは約14時間30分の予定です。成田には現地時間の午後3時40分頃に到着する予定です。）

We hope you enjoy your flight with us.
（フライトをお楽しみください。）

Sukh's White Horse　スーホの白い馬

Goal　**Reading**　物語から，出来事の経過を読み取ることができる。

Before You Read　タイトルや教科書p.42の絵を見て，内容を予測しましょう。読んだことがある人は，内容を思い出してみましょう。

（例）少年が白い馬を拾う話。

➡ 本文の解説はp.68にあります。

① Once upon a time, a poor boy lived in Mongolia.
昔々，モンゴルに貧しい少年がいました。

② His name was Sukh.
彼の名前はスーホといいました。

③ One day, Sukh found a baby white horse.
ある日，スーホは白馬の赤ちゃんを見つけました。

④ He took great care of the horse.
彼はその馬を大切に育てました。

⑤ The white horse grew up.
白馬は成長しました。

⑥ One year, in spring, the ruler was having a horse race.
ある年のこと，春に，殿様が競馬大会を開こうとしていました。

⑦ He said, "The winner of the race will marry my daughter."
殿様は言いました，「レースの勝者は私の娘と結婚できる。」

⑧ Sukh wanted to take part in the race with his white horse.
スーホは自分の白馬といっしょにレースに参加したいと思いました。

⑨ He got on his horse and went to the town.
彼は馬に乗って町へ行きました。

⑩ On the day of the race, a lot of people came together.
レース当日には，大勢の人がやってきました。

⑪ The race began.
レースが始まりました。

⑫ The horses ran fast.　⑬ And in the lead ... was the white horse.
馬たちはすばやくかけました。　　そして先頭にいたのは…白馬でした。

⑭ "The white horse came in first! Who is the winner?" the ruler cried.
「白馬が1番だ！　勝者は誰だ。」殿様は叫びました。

> **Q.** What did Sukh take part in?
> 　（スーホは何に参加しましたか。）
>
> A.　（例）He took part in a horse race.
> 　　　（彼は競馬大会に参加しました。）

TIPS for Reading

出来事のつながり
出来事のつながりや，原因と結果に気をつけて読むと，物語を理解する助けになる。

➡ 本文の解説はpp.68-69にあります。

① But the winner was just a poor boy.
しかし，勝者はただの貧しい少年でした。

② When the ruler saw Sukh, he said, "Here is some silver. Leave that white horse here and go home!"
殿様はスーホを見ると，「ここに銀貨が2〜3枚ある。　その白馬を置いて，家へ帰れ！」と言いました。

③ But Sukh said, "I won't sell my horse!"
しかし，スーホは言いました。「ぼくは自分の馬を売るつもりはありません！」

④ "What! Stupid boy! Men, beat him up!"
「何だと！　おろかな少年だ！　ものども，こいつを打ちのめせ！」

⑤ The men beat and kicked Sukh.
家来たちは，スーホを殴ったり蹴ったりしました。

⑥ The ruler took the white horse away from him.
殿様は彼から白馬を取り上げてしまいました。

⑦ The ruler was happy.
殿様はいい気持ちでした。

⑧ He wanted to show the white horse to many people.
多くの人々に白馬を見せびらかしたいと思いました。

⑨ One day, he had a party.
ある日，彼は宴会をしました。

⑩ He tried to ride on the horse.
彼が馬にまたがろうとしました。

⑪ Then it happened.
そのときです，あることが起こりました。

⑫ The white horse leaped up and the ruler fell off him.
白馬が跳ね上がり，殿様は馬から転げ落ちました。

⑬ The white horse ran away.
白馬は逃げだしました。

⑭ The ruler said, "Quick. Catch him. If you can't catch him, shoot him!"
殿様は言いました。「早く。あいつを捕まえろ。捕まらないなら，撃ち殺せ！」

⑮ His men shot arrows at the white horse, but the white horse kept on running.
殿様の家来たちは白馬に向かって矢を放ちましたが，白馬は走り続けました。

⑯ That night, when Sukh was in bed, there came a sound from outside.
その晩，スーホが寝床にいるとき，外の方で音がしました。

⑰ He leaped up and ran out.
彼は跳ね起きて駆けていきました。

⑱ He found his white horse there.
そこに彼の白馬を見つけました。

⑲ The horse was injured.
馬はケガをしていました。

⑳ "White horse, my dear white horse, please don't die!"
「白馬，ぼくのかわいい白馬，死なないでおくれ！」

㉑ Sukh tried to help his horse, but the horse was too tired.
スーホは馬を助けようとしましたが，馬はあまりにも疲れていました。

㉒ The next day, he died.
次の日，馬は死んでしまいました。

Q. What happened when the ruler tried to ride on the horse?
（殿様が馬に乗ろうとしたとき，何が起きましたか。）

A. （例）The horse leaped up and the ruler fell off him.
（馬が跳ね上がり，殿様は馬から転げ落ちました。）

➡ 本文の解説はp.69にあります。

① Sukh could not sleep for many nights.
スーホはいく晩も眠れませんでした。

② Then, when finally he slept one night, he dreamed of the white horse.
そして，やっとある晩に眠ることができたとき，スーホは，白馬の夢を見ました。

③ The horse said to Sukh, "Don't be sad. Please make a musical instrument out of my bones and hair. If you make it, I can always be with you."
馬はスーホに言いました。「悲しまないでください。私の骨と毛から楽器を作ってください。それを作れば，私はいつでもあなたといっしょにいることができます。」

④ Sukh made the musical instrument, the horsehead rebec.
スーホは，馬頭琴という楽器を作りました。

⑤ After that, Sukh always took the horsehead rebec with him.
それ以降，スーホはいつも馬頭琴を持ち歩きました。

⑥ When he played it, he felt that his white horse was with him.
それを弾くと，白馬が自分といっしょにいるような気がしました。

⑦ That sound moved the hearts of all the people of Mongolia.
その音色は，モンゴルの人々全ての心を揺さぶりました。

[396 words]　［396語］

After You Read

出来事の順序に合うように，＿＿に入る語を下から選んで書きましょう。

	時	出来事
1	One day （ある日）	Sukh <u>found</u> a baby white horse. （スーホは白馬の赤ちゃんを見つけました。）
2	On the day of the race （レース当日）	Sukh took part in the horse race. （スーホは競馬大会に参加しました。） → The ruler took the horse <u>away</u> from Sukh. 　（殿様はスーホから白馬を取り上げてしまいました。）
3	On the day of the ruler's party （殿様の宴会当日）	The white horse <u>ran away</u> from the ruler. （白馬は殿様のもとから逃げだしました。） → The ruler's men <u>shot</u> arrows at the white horse, 　but the white horse kept on running. 　（殿様の家来たちは白馬に向かって矢を放ちましたが，白馬は走り続けました。） → Sukh found the white horse, but the next day, 　the horse <u>died</u>. 　（スーホは彼の白馬を見つけましたが，次の日，馬は死んでしまいました。）
4	After the horse died （馬が死んだ後）	Sukh could not sleep for many nights, and finally slept. （スーホはいく晩も眠れませんでした。そして，やっと眠りにつきました。） → Sukh <u>dreamed</u> of the white horse. 　（スーホは白馬の夢を見ました。） → He made the horsehead rebec. 　（スーホは，馬頭琴を作りました。）

shot （うった）	away （あちらへ，向こうへ）	dreamed （夢を見た）
found （見つけた）	ran away （逃げた，走り去った）	died （死んだ）

Think　1. それぞれの登場人物は，なぜ次のようなことを言ったのでしょうか。

a **Sukh** "I won't sell my horse!"　（スーホ「ぼくは自分の馬は売りません！」）
（例）スーホにとって白馬は，銀貨よりもずっと大切な存在だったから。

b **Ruler** "Men, beat him up!"　（殿様「ものども，こいつを打ちのめせ！」）
（例）スーホが殿様の言うことを聞こうとしなかったから。

c **Horse** "Don't be sad."　（馬「悲しまないでください。」）
（例）楽器としていっしょにいられるので，スーホが悲しむ必要がないことを伝えたかったから。

2. スーホが白馬のことを大切に思っていることがわかる文を抜き出し，友達に伝えましょう。

（例）He took great care of the horse.
　　　（彼はその馬を大切に育てました。）

● New Words　単語と語句　アクセントの位置に注意して，声に出して発音しよう。　教科書 p.42

- □ Sukh　スーホ〔男性の名〕
- □ **once** [wʌ́ns]　副 かつて，昔
- □ upon [əpán]　前〔時〕〜に
- □ *poor* [púər]　形（経済的に）貧しい，貧乏な
- □ boy [bói]　名 男の子，少年
- □ Mongolia [maŋgóuliə]　名 モンゴル
- □ **find** [fáind]　動 〜を見つける，発見する
  - → □ **found** [fáund]　動 find の過去形，過去分詞
- □ **baby** [béibi]　名 赤ちゃん
- □ *great* [gréit]　形 大きな，すごい
- □ **grow** [gróu]　動 成長する，大きくなる，育つ
  - → □ **grew** [grúː]　動 grow の過去形
- □ *ruler* [rúːlər]　名 統治者，支配者
- □ race [réis]　名 競走，レース
- □ **say** [séi]　動 〜を言う
  - → □ **said** [séd]　動 say の過去形，過去分詞

- □ winner [wínər]　名 勝利者，勝った人
- □ **marry** [mǽri]　動 〜と結婚する
- □ **daughter** [dɔ́ːtər]　名 娘
- □ **part** [páːrt]　名 一部分
- □ **town** [táun]　名 町
- □ **begin** [bigín]　動〔事が〕始まる
  - → □ **began** [bigǽn]　動 begin の過去形
  - **run** [rʌ́n]　動 走る，駆ける
  - → □ **ran** [rǽn]　run の過去形
- □ **lead** [líːd]　名（レース，競技などでの）先頭，首位
- □ **cry** [krái]　動 〜を叫ぶ，〜だと大声で言う
- □ once upon a time　昔々，あるとき〔おとぎ話の始めの決まり文句〕
- □ take care of 〜　〜の世話をする
- □ grow up　成長する，大人になる
- □ take part in 〜　〜に参加する
- □ get on　〜に乗る

● New Words　単語と語句　アクセントの位置に注意して，声に出して発音しよう。　教科書 p.43

- □ silver [sílvər]　名 銀貨
- □ **leave** [líːv]　動 〜を置いて[残して]いく
- □ stupid [stjúːpid]　形 愚かな
- □ **man** [mǽn]　名（男の）部下
  - → □ **men** [mén]　名 man の複数形
- □ beat [bíːt]　動 〜を打つ，たたく，殴る
  - → □ beat [bíːt]　動 beat の過去形，過去分詞
- □ **kick(ed)** [kík(t)]　動 〜を蹴る
- □ *ride* [ráid]　動 乗る
- □ **happen(ed)** [hǽpən(d)]　動（事が）起こる，生じる
- □ leap(ed) [líːp(t)]　動 跳ぶ
  - **fall** [fɔ́ːl]　動 落ちる，落下する
  - → □ **fell** [fél]　動 fall の過去形
- □ **quick** [kwík]　副 すばやく，ただちに
  - **shoot** [ʃúːt]　動（弾丸・矢など）を（〜に向かって）撃つ，射る
  - → □ **shot** [ʃát]　動 shoot の過去形，過去分詞

- □ arrow(s) [ǽrou(z)]　名 矢
- □ *keep* [kíːp]　動 〜を続ける，維持する
- □ *sound* [sáund]　名 音，物音
- □ **outside** [àutsáid]　副 外に[へ・で]
- □ **injured** [índʒərd]　形 傷ついた
- □ **die** [dái]　動 死ぬ
- □ go home　帰宅する
- □ take 〜 away from ...　〜を…から取り上げる，奪う
- □ ride on 〜　〜に乗る
- □ fall off 〜　〜から落ちる
- □ run away　逃げる，走り去る
- □ keep on -ing　〜し続ける

● New Words　単語と語句　アクセントの位置に注意して，声に出して発音しよう。　　　教科書 p.44

☐ **could** [kúd/kəd] 助 〜することができた

☐ *then* [ðén] 副 それから，その後で

☐ **finally** [fáinəli] 副 ついに，やっとのことで，ようやく

　sleep 動 眠る，睡眠をとる
　→ ☐ **slept** [slépt] 動 sleep の過去形，過去分詞

☐ **dream(ed)** [drí:m(d)/drémt] 動 夢を見る

☐ **musical** [mjú:zikəl] 形 音楽の，音楽用の

☐ **bone(s)** [bóun(z)] 名 骨

☐ **hair** [héər] 名 毛，髪の毛

☐ **horsehead rebec** [hɔ́:rshed rì:bek] 馬頭琴

☐ **feel** [fí:l] 動 〜であるかのような気がする，〜だと感じる
　→ ☐ **felt** [félt] 動 feel の過去形，過去分詞

☐ **move(d)** [mú:v(d)] 動 〜を感動させる

☐ **heart(s)** [há:rt(s)] 名 心，感情

☐ *all* [ɔ́:l] 形 全ての，あらゆる

☐ **make 〜 out of ...** …から〜を作る

本文の解説　　　　　　　　　　　　　　　　　　　　　　　　　　　　教科書 p.42

① **Once upon a time, a poor boy lived in Mongolia.**
　Once upon a time で「昔々，あるとき」という意味を表します。おとぎ話の始めの決まり文句です。poor は「(経済的に) 貧しい」という意味の形容詞です。

④ **He took great care of the horse.**
　take care of 〜 で「〜の世話をする」という意味を表します。great は「大きな，すごい」という意味の形容詞で，名詞の care を修飾します。

⑤ **The white horse grew up.**
　grew は grow「成長する，大きくなる，育つ」の過去形です。**grow up** で「**成長する，大人になる**」という意味です。

⑥ **One year, in spring, the ruler was having a horse race.**
　one は「ある〜」という意味の形容詞です。one year で「ある年」という意味になります。have は「〜を行う」という意味を表します。

⑦ **He said, "The winner of the race will marry my daughter."**
　" " 内は未来のことを表す助動詞 will の文です。

⑧ **Sukh wanted to take part in the race with his white horse.**
　〈**want to ＋ 動詞の原形**〉で「〜したい」という意味を表します。**take part in 〜** で「〜に参加する」という意味です。

⑨ **He got on his horse and went to the town.**
　get on 〜 で「〜に乗る」という意味を表します。

本文の解説　　　　　　　　　　　　　　　　　　　　　　　　　　　　教科書 p.43

② **When the ruler saw Sukh, he said, "Here is some silver.　Leave that white horse here and go home!"**
　when は文と文を結ぶ接続詞で，〈**When 〜, ...**〉の形で「**〜するとき，…**」という意味を表します。
　go home で「**帰宅する**」という意味を表します。

③ **But Sukh said, "I won't sell my horse!"**
　won't は will not の短縮形です。ここでの will は強い意志を示すのに使われています。

⑥ **The ruler took the white horse away from him.**
　take ～ away from … で「～を…から取り上げる，奪う」という意味を表します。took は take の過去形です。

⑩ **He tried to ride on the horse.**
　try to ～ で「～しようと試みる [努力する]」という意味を表します。to ride は名詞的用法の不定詞です。

⑫ **The white horse leaped up and the ruler fell off him.**
　fell は fall の過去形です。**fall off** ～ で「～から落ちる」という意味を表します。

⑬ **The white horse ran away.**
　ran は run の過去形です。**run away** で「逃げる，走り去る」という意味を表します。

⑭ **The ruler said, "Quick. Catch him. If you can't catch him, shoot him!"**
　if は文と文を結ぶ接続詞で，〈If ～, …〉の形で「もし～なら，…」という意味を表します。can't は cannot の短縮形です。

⑮ **His men shot arrows at the white horse, but the white horse kept on running.**
　shot は shoot「(弾丸・矢など) を (～に向かって) 撃つ，射る」の過去形です。kept は keep の過去形で，〈**keep on** + **-ing形**〉で「～し続ける」という意味を表します。

⑯ **That night, when Sukh was in bed, there came a sound from outside.**
　when は文と文を結ぶ接続詞で，〈**When** ～, …〉の形で「～するとき，…」という意味を表します。
　in bed で「(ベッドで) 寝ている」という意味を表します。
　〈**there** + **存在を表す動詞・出現を表す動詞** + **主語**〉で「主語が～する」という意味です。there は形式的な主語で，実際の主語は a sound です。

本文の解説 教科書 p.44

② **Then, when finally he slept one night, he dreamed of the white horse.**
　then は「それから，その後で」という意味の副詞です。**when** は文と文を結ぶ接続詞で，〈**When** ～, …〉の形で「～するとき，…」という意味を表します。dream of ～ で「～を夢に見る」という意味になります。

③ **The horse said to Sukh, "Don't be sad. Please make a musical instrument out of my bones and hair. If you make it, I can always be with you."**
　make ～ **out of** … で「… から～を作る」という意味を表します。if は文と文を結ぶ接続詞で，〈**If** ～, …〉の形で「もし～なら，…」という意味を表します。

⑥ **When he played it, he felt that his white horse was with him.**
　when は文と文を結ぶ接続詞で，〈**When** ～, …〉の形で「～するとき，…」という意味を表します。felt は feel「～だと感じる」の過去形で，接続詞の that 以下はスーホが感じた内容を表しています。

Your Coach ❶　リスニングを得意にしよう

Q1 英語を聞き取れるようになるコツを教えてください。

A　Who, What, When, Where, How を意識しよう。

| 誰が | Who | | 何を | What | | いつ | When |

| どこで | Where | | どのように | How |

Q2 場面に応じた聞き方のポイントを教えてください。

A　場面のパターンを意識するといいでしょう。下のポイントも参考にしましょう。

下のように，場面に応じて聞き取るポイントを絞り込むとよいでしょう。

場面1　日常的な会話

Point　登場人物の関係とトピック

❶ 話し手どうしの関係を推測しよう。
❷ トピック（何について話しているか）を推測しよう。
❸ 話し方から気持ちを推測しよう。
　→ 喜んでいる，怒っている，困っているなど。
※誰と誰が何について話しているのか考えましょう。

場面2　アナウンスや説明など

Point　具体的な情報

❶ 地名，人名，数字，日付，時間，天候などの具体的な情報に注意しよう。
❷ 絵や写真，地図，表など音声以外の情報にも注目しよう。
※音声以外の情報も大切です。

場面3　物語や出来事の報告など

Point　時間の流れと登場人物の動き

❶ 時間の流れがヒントになることが多いので，いつ（when）を表す表現に注意しよう。
❷ 登場人物の動きを推測するためには動詞に，気持ちや状態を推測するためには形容詞に注目しよう。

場面4　スピーチやプレゼンテーション

Point　伝えたいことと結論

❶ いちばん伝えたいことを推測しよう。
❷ 「伝えたいこと」「具体的な説明」「まとめ」の全体構成を意識して聞いてみよう。
❸ 話の順序を表す語に注意しよう。
　→ first（まず第一に），
　　second（2番目の），next（次に）など

いろいろな単位　日本とは異なる単位について知ろう

1. Kota たちがニューヨークを観光しています。会話を聞き，＿＿に合う数字を書きましょう。

2. その後会話の続きを聞いて，当てはまるものを◯で囲みましょう。

1 At Tina's Grandpa's House - Temperature

1. The temperature is ___94___ ℉.
（気温は華氏94度です。）

2. about　28 ℃　(34 ℃)　40 ℃

2 At the American Museum of Natural History - Length

1. The length is ___40___ ft.
（長さは40フィートです。）

2. about　(12 m)　16 m　20 m

3 At a Coffee Shop - Quantity

1. The quantity is ___30___ fl. oz.
（量は30液量オンスです。）

2. about　300 mL　700 mL　(900 mL)

4 At a Souvenir Shop - Price

1. The price is $ ___10___ .
（値段は10ドルです。）

2. about　¥800　(¥1,100)　¥2,100

ポイント　音声の内容は次の通りです。

1 At Tina's Grandpa's House　（ティナのおじいちゃんの家にて）

1.　　　*Kota :*　It's hot today.　（今日は暑いね。）

　　　Tina :　Yeah.　It's boiling hot.　（うん，うだるような暑さだね。）

　　　Kota :　What's the temperature today?　（今日の気温は何度？）

　　　Tina :　I don't know.　Let's check the weather information.
　　　　　　　（わからない。気象情報をチェックしてみよう。）

Weather forecast :　Today's weather in New York City will be sunny and hot.　The temperature will be 94 degrees.
　　　　　　　（今日のニューヨークの天気は晴れて暑くなるでしょう。気温は94度になるでしょう。）

2.　　　*Kota :*　Ninety-four degrees!?　（94度！？）

　　　Tina :　Yeah, 94 degrees Fahrenheit.　（そう，華氏94度だよ。）

　　　Kota :　Fahrenheit?　（華氏？）

　　　Tina :　It's the temperature scale in the U.S.　Ninety-four degrees Fahrenheit is about 34 degrees Celsius.　（アメリカの気温の尺度だよ。華氏94度は摂氏34度くらいなんだ。）

　　　Kota :　I see.　（そうなんだ。）

2 At the American Museum of Natural History　（アメリカ自然史博物館にて）

1.*Guide :*　Welcome to the American Museum of Natural History.　（アメリカ自然史博物館へようこそ。）
　　　　　We have a great dinosaur fossil collection.
　　　　　（私たちにはすばらしい恐竜の化石のコレクションがあります。）
　　　　　Look.　This is the tyrannosaurus rex.　（見てください。こちらはティラノサウルスです。）
　　　　　It was up to 40 feet in length and 12 feet in height.
　　　　　（体長は40フィートにもなり，体高は12フィートです。）

2.　*Kota :*　Feet?　What is that?　（フィート？　それは何ですか。）

　Guide :　It's a unit of length.　In the U.S, we don't use centimeter but feet.　1 foot is about 30.5 centimeters.　（長さの単位です。アメリカではセンチメートルではなく，フィートを使います。1フィートは約30.5センチメートルです。）

　　Kota :　That's interesting.　Then 40 feet is ….　Oh, 40 feet is about 12 meters.　Tyrannosaurus rex was huge!　（それはおもしろいですね。じゃあ40フィートは……。あっ，40フィートは12メートルくらいですね。ティラノサウルスは巨大だったんだ！）

3 At a Coffee Shop　（コーヒーショップにて）

1. 店員：May I help you?　（いらっしゃいませ。）

　Kota：Can I have a cola, please?　（コーラをお願いします。）

　店員：Large or small?　（大きいのと小さいのとどちらにしますか。）

　Kota：Large, please.　（大きいのをお願いします。）

　店員：OK. Here you are.　（はい。お待たせしました。）

　Kota：Thank you. Wow, it's so big. Look, Tina.
　　　　（ありがとうございます。うわ，すごく大きいよ。見て，ティナ。）

　Tina：Yeah, that's 30 fluid ounces.　（うん，30液量オンスだよ。）

2. Kota：30 fluid ounces?　（30液量オンス？）

　Tina：1 fluid ounce is about 30 milliliters.　（1液量オンスは約30ミリリットルだよ。）

　Kota：That means large size in the U.S. is 900 milliliters.
　　　　（つまり，アメリカでの大きいサイズは900ミリリットルということだね。）

　Tina：That's right. It's very big, isn't it?　（そうなの。すごく大きいでしょ。）

　Kota：Yeah. It's huge.　（うん。大きいよ。）

　Tina：Can you drink it all?　（全部飲める？）

　Kota：I'll try.　（頑張ってみるよ。）

4 At a Souvenir Shop　（お土産屋さんにて）

1. Kota：I want to buy a new hat.　（新しい帽子を買いたいな。）

　Tina：OK. I'll help you to choose a good one.　（いいよ。いいものを選ぶのを手伝うよ。）

　Kota：Oh, thank you, Tina.　（ああ，ありがとう，ティナ。）

　Tina：Look. How about this hat? This is so American, isn't it?
　　　　（ほら。この帽子はどう？　これ，アメリカっぽいでしょ。）

　Kota：Oh, I think it's too showy for me.　（えっ，ぼくには派手すぎるよ。）

　Tina：Ha-ha, just kidding. By the way, how much is it?
　　　　（あはは，冗談だよ。ところで，いくらかな。）

　Kota：Let's see .... It's 10 dollars.　（ええと……。10ドルだよ。）

2. Tina：In Japanese yen, it's ....　（日本円でいうと，それは……。）

　Kota：Well, one US dollar is about 110 Japanese yen now.
　　　　（えっと，1ドルが今は日本円で110円くらい。）

　Tina：OK. Then this hat is about 1,100 yen at the moment. Not bad.
　　　　（そうか。じゃあこの帽子は今1100円くらいか。悪くないね。）

　Kota：Umm ... maybe not this time.　（うーん……，今回はやめておくよ。）

(Think)　身近なもので，ヤードポンド法の単位を使って表されているものはありますか。
（例）テレビ画面のサイズ。

● New Words　単語と語句　アクセントの位置に注意して，声に出して発音しよう。

□ temperature [témpərətʃər]　名 温度，気温

□ degree [digríː]　名 (温度の) 度

□ degree Fahrenheit [digríː fǽrənhàit]
　華氏〜度

□ degree Celsius [digríː sélsiəs]　摂氏〜度

□ the American Museum of Natural
　History [ði əmérikən mjuːzíːəm əv nǽtʃərəl hístəri]
　アメリカ自然史博物館

□ length [léŋkθ]　名 長さ

foot [fút]　名 〔長さの単位〕フィート，
フット (30.48cm)
　→ □ feet [fíːt]　名 foot の複数形

□ meter [míːtər]　名 メートル〔長さの単位〕

□ quantity [kwántəti]　名 分量

□ fluid ounce [flúːid áuns]　液量オンス

□ milliliter [míləlitər]　名 ミリリットル

□ price [práis]　名 価格，値段

□ yen [jén]　名 円〔日本の通貨単位〕

You Can
Do It ! ❶ 　わが町観光プランをおすすめしよう

教科書 48～49ページ

教科書
二次元
コード

あなたの学校に，外国から交換留学生がやってきました。
フィンランドからの Mika Laine と，ブラジルからの Satomi Matsumoto の2人です。
あなたの町の魅力を知ってもらうために，2人にぴったりの旅行プランを考えましょう。

Reading　自己紹介文を読んで，Mika と Satomi がどんな人かを知りましょう。
2人の興味・関心がわかる部分に下線を引きましょう。

Mika Laine from Finland　（ミカ・ライネ フィンランド出身）

Hi, everyone. I'm Mika Laine. I'm from Tampere, in Finland.

（やあ，みんな。ぼくはミカ・ライネです。フィンランドのタンペレ出身です。）

In Japan, "Mika" is a popular name for girls, but in our country, it's popular for boys. You can call me Mika-chan, if you want.

（日本では，「ミカ」は女の子に人気のある名前ですが，ぼくたちの国では，男の子に人気があります。よびたければ，ぼくのことをミカちゃんとよんでもいいですよ。）

My hobby is taking photos and sharing them with my friends. I take a lot of photos every day. And I like sports very much. I like playing volleyball and ice hockey. I also like swimming and skiing. I want to go to the beach or swimming pool this summer.

（ぼくの趣味は写真を撮ることと，その写真を友達とシェアすることです。ぼくは毎日たくさんの写真を撮ります。また，スポーツがとても好きです。バレーボールやアイスホッケーをするのが好きです。水泳やスキーも好きです。この夏はビーチやプールに行きたいです。）

[84 words]　[84語]

Satomi Matsumoto from Brazil　（サトミ・マツモト ブラジル出身）

Hi! Konnichiwa. I'm Satomi Matsumoto. I'm from São Paulo, in Brazil. My great-grandparents are Japanese.

（やあ！　こんにちは。サトミ・マツモトです。ブラジルのサンパウロ出身です。私の曽祖父母は日本人です。）

Many Japanese-Brazilians live in Brazil. About 100 years ago, a lot of Japanese people went to Brazil for jobs. My great-grandparents were among them.

（たくさんの日系ブラジル人がブラジルに住んでいます。約100年前，多くの日本人が仕事を求めてブラジルに行きました。私の曽祖父母もその中にいました。）

I live with my parents and my brother. He is nine years old and very good at soccer and swimming. I also play soccer. I like cycling and eating Japanese food. I want to go to summer festivals this summer.

（私は両親と弟といっしょに住んでいます。弟は9歳でサッカーと水泳がとても得意です。私もサッカーをします。私はサイクリングと日本食を食べるのが好きです。この夏は夏祭りに行きたいです。）

[79 words]　[79語]

● New Words　単語と語句　アクセントの位置に注意して，声に出して発音しよう。

- ☐ Mika Laine　ミカ・ライネ〔男性の名〕
- ☐ Tampere　タンペレ〔フィンランドの都市〕
- ☐ Finland [fínlənd]　名 フィンランド
- ☐ *for* [fɔ́:r/fər]　前 ～に適した，～にふさわしい
- ☐ **girl(s)** [gə́:rl(z)]　名 女の子，少女
- ☐ **country** [kʌ́ntri]　名 国
- ☐ **share** [ʃéər]　動 ～を分かち合う
    - → sharing [ʃéəriŋ]　動 share の -ing形
- ☐ ice hockey [áis hàki]　名 アイスホッケー
- ☐ São Paulo　サンパウロ〔ブラジルの都市〕
- ☐ great-grandparent(s) [grèitgrǽndpèərənt(s)]　名 曽祖父，曽祖母〔複数形で〕曽祖父母
- ☐ Brazilian(s) [brəzíljən(z)]　名 ブラジル人
- ☐ **among** [əmʌ́ŋ]　前 ～に含まれて
- ☐ take a photo　写真を撮る
- ☐ share ～ with …　～を…と分かち合う
- ☐ sightseeing [sáitsi:ŋ]　名 観光

Thinking　グループになり，2人がいっしょに楽しむことのできる観光プランを考えましょう。
条件は以下の3つです。

● 見どころは3つ　　● 日帰り旅行　　● 予算は1人3,000円まで

解答例

	見どころ	おすすめポイント
1	Tsutenkaku Tower（通天閣）	You can see a great view and take photos.（すばらしい景色を見ることができ，写真を撮ることができます。）
2	Dotonbori （道頓堀）	You can eat takoyaki. （たこ焼きを食べられます。）
3	Osaka Temmangu Shrine（大阪天満宮）	You can see a parade and fireworks in July.（7月にパレードと花火を見ることができます。）

Speaking　考えたプランを発表しましょう。
どこのグループのプランがいちばんよいと思ったか，理由といっしょに書きとめましょう。

解答例　This is our sightseeing plan. （これは，私たちの観光プランです。）

First, we'll go to Tsutenkaku Tower. From the top of the tower, you can see a great view of Osaka city. You can take some photos there. （はじめに，通天閣に行きます。塔の最上部から，大阪市のすばらしい景色を見ることができます。そこで写真を撮ることができます。）

Second, we'll eat takoyaki in Dotonbori. Takoyaki is a popular snack there. It's not expensive, but very tasty. （次に，私たちは道頓堀でたこ焼きを食べます。たこ焼きは人気の軽食です。高くないですが，とてもおいしいです。）

Finally, we'll go to Osaka Temmangu Shrine. In July, we have Tenjin Matsuri. It's a festival. In this festival, about 3,000 people walk in a parade. After the parade, at night, you can see a lot of fireworks. They are really beautiful.
（最後に，私たちは大阪天満宮に行きましょう。7月には，天神祭があります。それは祭りです。この祭りでは，約3,000人もの人々がパレードをします。パレードの後，夜に，たくさんの花火を見ることができます。とてもきれいですよ。）

解答例

Best Plan : Group A

理由：I think Mika and Satomi will enjoy the plan of Group A. Mika can take some photos and Satomi can eat Japanese food. （私は，ミカとサトミはグループAのプランを楽しめると思います。ミカは写真を撮ることができ，サトミは日本食を食べることができます。）

ふり返り　わが町観光プランをおすすめすることができるかな。

⊘ まだできない　　⊘ 助けがあればできる　　⊘ ひとりでできる　　⊘ 自信をもってできる

CAN-DO List (R-1) (SP-2)

レストラン

Goal **Speaking** 飲食店で，注文をしたり何かを依頼したりすることができる。

ニューヨークのピザ専門レストランです。
注文したり，何かを依頼したりするとき，どう言うとよいでしょうか。

1. ペアになり，下のやり取りを演じましょう。

店員： **Shall I take your order?**
（ご注文を承りましょうか。）

客： Yes, please. Can I have a large-size pizza with three toppings?
（はい，お願いします。Lサイズのピザを3つのトッピングでいただけますか。）

店員： Sure. What kind of toppings?
（かしこまりました。どの種類のトッピングでしょうか。）

客： Tomatoes, onions, and sausage, please.
（トマト，タマネギ，ソーセージでお願いします。）

店員： **Would you like** some drinks?
（お飲み物はいかがでしょうか。）

客： Oh, yes. Three sodas, please. **Will you** bring them now? We're thirsty.
（あ，はい。ソーダを3つお願いします。飲み物は今持ってきていただけますか。
喉が渇いているので。）

店員： I'll be right back with your drinks.
（お飲み物を持ってすぐ戻ってきます。）

PIZZA （ピザ）

Small $15.00
（Sサイズ 15ドル）

Large $20.00
（Lサイズ 20ドル）

TOPPINGS （トッピング）
Each $3.00 （それぞれ3ドル）

・Tomotoes （トマト） ・Onions （タマネギ）

・Olives （オリーブ） ・Mushrooms （きのこ）

・Sausage （ソーセージ） ・Meatballs （ミートボール）

Sides （サイドメニュー）

French Fries （フライドポテト	$3.00 3ドル）
Salad （サラダ	$4.50 4.5ドル）
Bread （パン	$2.00 2ドル）

Drinks （飲み物）

Soda （ソーダ	$3.00 3ドル）
Iced Tea （アイスティー	$3.00 3ドル）
Bottled Water （ペットボトルの水	$2.50 2.5ドル）

2. p.75のメニューを見て食べたいものを決め，自分たちで考えたやり取りをしましょう。

解答例

店員 : Shall I take your order?
（ご注文を承りましょうか。）

客 : Yes, please. Can I have a small-size pizza with two toppings?
（はい，お願いします。Sサイズのピザを2つのトッピングでいただけますか。）

店員 : Sure. What kind of toppings?
（かしこまりました。どの種類のトッピングでしょうか。）

客 : Olives and meatballs, please.
（オリーブとミートボールでお願いします。）

店員 : Would you like some drinks?
（お飲み物はいかがでしょうか。）

客 : Yes. Two sodas and one iced tea, please. Will you bring them now?
We're thirsty.
（はい。ソーダを2つとアイスティーを1つお願いします。飲み物は今持ってきていただけますか。
喉が渇いているので。）

店員 : I'll be right back with your drinks.
（お飲み物を持ってすぐ戻ってきます。）

● **New Words**　**単語と語句**　アクセントの位置に注意して，声に出して発音しよう。

□ **large** [láːrdʒ]　形 大きい，広い

□ topping(s) [tápiŋ(z)]
　名 （ケーキやピザなどの）トッピング

□ *each* [íːtʃ]　代 おのおの

□ **tomato(es)** [təméitou(z)]　名 トマト

□ onion(s) [ʌ́njən(z)]　名 タマネギ

□ olive(s) [áliv(z)]　名 オリーブ

□ mushroom(s) [mʌ́ʃruːm(z)]
　名 キノコ，マッシュルーム

□ meatball(s) [míːtbɔːl(z)]　名 ミートボール

□ French fries [fréntʃ fráiz]　名 フライドポテト

□ **bread** [bréd]　名 パン

□ soda [sóudə]　名 ソーダ水

□ iced [áist]　形 （飲み物が）氷で冷やした，
　氷入りの

□ **shall** [ʃǽl/ʃəl]　助 〔相手の意志をたずねる〕

□ *order* [ɔ́ːrdər]　名 注文

□ size [sáiz]　名 大きさ

□ *have* [hǽv/əv]　動 ～を受け取る

□ **thirsty** [θə́ːrsti]　形 喉が渇いた

□ *right* [ráit]　副 〔時を示して〕すぐに

□ *back* [bǽk]　副 〔元の場所・状態に〕戻って，
　帰って

□ *will* [wəl/wíl]
　助 〔主に疑問文の形で依頼を表す〕

□ Shall I ～?　（私が）～しましょうか。

□ Yes, please.　はい，お願いします。

□ Would you like ～?　～はいかがですか。

□ Will you ～?　～してくれませんか。

□ I'll be right back.　すぐ戻って来ます。

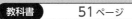

Goal

Reading

ガイドブックから，施設やできることなどを読み取ることができる。

Speaking

施設やできることなどを言って，場所を紹介することができる。

ニューヨーク観光
Tour in New York City

Check 教科書p.51の写真を見て，ストーリーの話題を予測する

・**About You** What do you know about New York?
（ニューヨークについて何を知っていますか。）

Word Board
・museum （博物館，美術館）
・park （公園）
・theater （劇場）

（例）It's a famous city in the U.S.
（アメリカで有名な都市です。）

・Where is Kota going in New York?
（コウタはニューヨークでどこへ行くつもりですか。）

（例）He's going to visit some famous places in New York.
（彼はいくつかニューヨークで有名な場所へ行くつもりです。）

Listen
▼

Watch

ストーリーのおおまかな内容をつかむ

1. 教科書p.51の写真を見て，音声を聞き，Kota が行った場所に ✔ を付けましょう。

Central Park 　Broadway 　The Statue of Liberty

2. 映像を見て，内容を確かめましょう。

● New Words　**単語と語句** アクセントの位置に注意して，声に出して発音しよう。

☐ **tour** [túər] 图 ツアー，見学

☐ **city** [síti] 图 都市，都会

☐ **Broadway** [brɔ́ːdwèi] ブロードウェイ

➡ 本文の解説は pp.84-85にあります。

Listen and Read

Q. リバティ島へ行くには，どのような交通手段がありますか。

A. （例）島へのフェリーがある。

Tina : ① What do you want to see in New York?
ティナ：　ニューヨークでは何を見たい？

Kota : ② I want to see the Statue of Liberty.
コウタ：　自由の女神を見たい。

③ I also want to see a musical and go to Central Park.
ミュージカルも見たいし，セントラル・パークにも行きたいな。

Tina : ④ OK, let's make a plan.
ティナ：　よし，計画を立てよう。

Tina : ⑤ Here's the Statue of Liberty. ⑥ It's on Liberty Island.
ティナ：　ここが自由の女神。　　　　　　リバティ島にあるよ。

Kota : ⑦ How do we get there? ⑧ Is there a ferry to the island?
コウタ：　どうやって行くの？　　　島へのフェリーがあるの？

Tina : ⑨ Yes, there is. ⑩ It leaves from Battery Park.
ティナ：　うん，あるよ。　　　バッテリー・パークから出るよ。

Kota : ⑪ That sounds good!
コウタ：　よさそうだね！

Tina : ⑫ Let's check out the theater next.
ティナ：　次は劇場をチェックしてみよう。

Kota : ⑬ There are a lot of theaters on Broadway.
コウタ：　ブロードウェイにはたくさんの劇場があるね。

⑭ I want to see *Aladdin*!
ぼくは『アラジン』が見たい！

● New Words　**単語と語句**　アクセントの位置に注意して，声に出して発音しよう。

□ **island** [áilənd] 名 島

□ *musical* [mjú:zikəl] 名 ミュージカル

□ ferry [féri] 名 フェリー，連絡船

□ battery [bǽtəri] 名 砲台

□ Battery Park [bǽtəri pá:rk]
バッテリー・パーク

□ *next* [nékst] 副 次に

□ *Aladdin* [əlǽdn] 『アラジン』〔作品名〕

□ make a plan　計画を立てる

□ check out ～　～を調べる，検討する

Kota たちがガイドブックを見て，行きたい場所を話しています。
教科書p.53の写真を見て，それぞれが行きたい理由に当てはまるものに ✔ を付けましょう。

➡ 音声の内容はpp.87-88にあります。

(1) Kota

Rockefeller Center
（ロックフェラーセンター）

A ◯

B ✔

(2) Nick

American Museum of Natural History
（アメリカ自然史博物館）

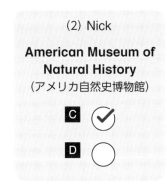

C ✔

D ◯

(3) Tina

MoMA
（ニューヨーク近代美術館）

E ✔

F ◯

About You あなたが次の休暇で行きたい場所はどこですか。
また，そこには何がありますか。ペアになり，伝え合いましょう。

[例] A : Where do you want to go on your next vacation?
（次の休暇でどこに行きたいですか。）

B : I'd like to go to Osaka.
（大阪へ行きたいです。）

There is a famous comedy theater there. I like comedy shows.
（そこには有名なお笑いの劇場があります。私は喜劇ショーを見るのが好きです。）

A : That sounds fun. （おもしろそうですね。）

解答例 A : Where do you want to go on your next vacation?
（次の休暇でどこに行きたいですか。）

B : I'd like to go to Spain.
（スペインへ行きたいです。）

There is a famous church there. It's very interesting.
（そこには有名な教会があります。とても興味深いです。）

A : That sounds fun.
（おもしろそうですね。）

About You あなたが行きたい場所と，そこにあるものを書きましょう。

解答例 I'd like to go to France.
（私はフランスへ行きたいです。）

There are a lot of art museums there. I like arts.
（そこにはたくさんの美術館があります。私は芸術が好きです。）

基本文

何かがそこにあると説明する。
There is a ferry to the island. （島へのフェリーがあります。）
Is there a ferry to the island? （島へのフェリーはありますか。）
— Yes, **there is**. / No, **there isn't**. （はい，あります。／いいえ，ありません。）
There are a lot of theaters on Broadway.
（ブロードウェイにはたくさんの劇場があります。）

教科書 54ページ 教科書二次元コード

➡ 本文の解説はpp.85-86にあります。

Listen and Read

Q. 自由の女神像について，リーフレットから何がわかりましたか。

A. （例）像の歴史がわかった。

Kota : ① Look!　② It's the Statue of Liberty!
コウタ：　見て！　　自由の女神だ！

Tina : ③ It's 93 meters tall and 225 tons in weight.
ティナ：　高さ93メートル，重さ225トンよ。

Kota : ④ What is she holding in her right hand?
コウタ：　右手には何を持っているの？

Grandpa : ⑤ She's holding a torch.
おじいちゃん：　たいまつを持っているんだ。

⑥ In the past, the torch guided ships at night.
昔，そのたいまつが，夜に船を誘導したんだよ。

Kota : ⑦ How interesting!　⑧ Tina, show me the leaflet.
コウタ：　なんておもしろいんだ！　　ティナ，パンフレットを見せて。

Tina : ⑨ This tells you the history of the statue.
ティナ：　これが像の歴史を教えてくれるよ。

● New Words **単語と語句** アクセントの位置に注意して，声に出して発音しよう。

☐ **tall** [tɔ́ːl]
　形〔数詞付きの名詞の後で〕身長が〜ある，高さが〜ある

☐ **ton(s)** [tʌ́n(z)]　名 トン〔重さの単位〕

☐ **weight** [wéit]　名 重さ，重量

☐ **hold(ing)** [hóuld(iŋ)]
　動 〜をしっかり持って〔つかんで〕いる

☐ *right* [ráit]　形 右の，右側の

☐ **hand** [hǽnd]　名 手

☐ torch [tɔ́ːrtʃ]　名 たいまつ

☐ **past** [pǽst]　名〔the 〜〕過去，昔

☐ guide(d) [gáid(id)]　動 〜を誘導する

☐ **ship(s)** [ʃíp(s)]　名（大型の，遠洋航路の）船

☐ *show* [ʃóu]　動（人）に（ものを）見せる

☐ leaflet [líːflit]　名 小冊子，パンフレット

☐ **history** [hístəri]　名 歴史

☐ *of* [ʌv/əv]　前〔関連〕〜について（の），〜に関して（の）

☐ in the past　過去に，これまで

Listen

Kota と Tina が旅行のお土産についての話をしています。
どちらが誰に何を買うことにするか，当てはまるものを線で結びましょう。 ➡ 音声の内容はp.88にあります。

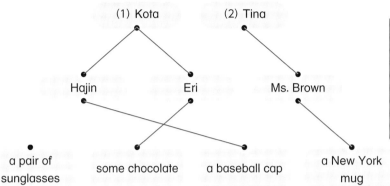

(1) Kota   (2) Tina

Hajin   Eri   Ms. Brown

a pair of
sunglasses   some chocolate   a baseball cap   a New York
mug

> **Word Board**
> ・baseball cap　（野球帽）
> ・chocolate　（チョコレート）
> ・flag　（旗）
> ・mug　（マグカップ）
> ・sunglasses　（サングラス）
> ・sticker
> 　（ステッカー，のり付ラベル）

Speak

About You あなたなら，誰にどんなお土産を買いたいですか。
ペアで欲しいものをたずねた後，グループ内で発表しましょう。

　［例］
　（ペアで）　　A : What do you want from New York?
　　　　　　　　　（ニューヨークのお土産に何が欲しいですか。）
　　　　　　　B : I want a baseball cap for my father.
　　　　　　　　　（私は父のために野球帽が欲しいです。）
　　　　　　　　　He likes the Yankees.　（彼はヤンキースが好きです。）
　（グループ内で）A : Emi wants to buy her father a baseball cap.
　　　　　　　　　（エミは彼女のお父さんに野球帽を買いたがっています。）

　解答例
　（ペアで）　　A : What do you want from New York?
　　　　　　　　　（ニューヨークのお土産に何が欲しいですか。）
　　　　　　　B : I want some chocolate for my mother.
　　　　　　　　　（私は母のためにチョコレートが欲しいです。）
　　　　　　　　　She likes chocolate.　（彼女はチョコレートが好きです。）
　（グループ内で）A : Shota wants to buy his mother some chocolate.
　　　　　　　　　（ショウタは彼のお母さんにチョコレートを買いたがっています。）

Write

About You あなたの案を書きましょう。

解答例 I want to buy my mother some chocolate.　（私は母にチョコレートを買いたいです。）
　　　　　She likes chocolate.　（彼女はチョコレートが好きです。）

基本文

「人にものを〜する」と言う。
　　　Show me　the leaflet.　（私にパンフレットを見せてください。）
This **tells**　you the history of the statue.　（これがあなたに像の歴史を教えてくれます。）

▶ **Active Grammar**　p.95

● New Words **単語と語句** アクセントの位置に注意して，声に出して発音しよう。

□ flag [flǽg] 名 旗
□ mug [mʌ́g] 名 マグカップ

□ sticker [stíkər] 名 ステッカー，のり付ラベル
□ the Yankees [ðə jǽŋkiz] ヤンキース〔野球チームの名〕

➡ 本文の解説は p.86 にあります。

Q. Kota にとってニューヨークはどんな街になったでしょうか。

A.（例）すばらしい街になった。

After the musical:
ミュージカルのあとで：

Tina : ① That was a great show!
ティナ： すばらしい公演だった！

Kota : ② The English was difficult, but I enjoyed it.
コウタ： 英語は難しかったけど，楽しめたよ。

Tina : ③ Good. ④ Let's buy Eri this pamphlet. ⑤ She'll love it.
ティナ： よかった。 絵里にこのパンフレットを買おう。 きっと気に入るよ。

Kota : ⑥ Sure.
コウタ： もちろん。

Kota : ⑦ New York is amazing.
コウタ： ニューヨークってすばらしいね。

⑧ There are so many fun things to do here.
ここにはおもしろいことがたくさんある。

Grandpa : ⑨ Yes. If you want, you can come back anytime.
おじいちゃん： そうだね。君が望むなら，いつでも戻ってきていいんだよ。

⑩ You're always welcome here.
いつも歓迎するよ。

Tina : ⑪ Now you have a place to stay.
ティナ： 泊まる場所があるしね。

Kota : ⑫ Thank you. I'll be back.
コウタ： ありがとう。また来ます。

Tina : ⑬ Let's get something to eat.
ティナ： 何か食べるものを買おう。

Think あなたなら，ニューヨークのどんなところに行きたいですか。
（例）セントラルパークへ行きたい。

● New Words 単語と語句 アクセントの位置に注意して，声に出して発音しよう。

□ *love* [lʌ́v] 動 〜が大好きである，とても気に入る

□ *fun* [fʌ́n] 形 楽しい，おもしろい

□ *to* [túː/tə] 前〔to ＋ 動詞の原形で〕〜する（ための），〜すべき

□ anytime [énitàim] 副 いつでも，いつも

□ *welcome* [wélkəm] 形 （人が）歓迎される

□ *now* [náu] 副〔文頭で，間投的に〕さて，ところで

□ **something** [sʌ́mθiŋ] 代 何か，何かあるもの［こと］

□ come back 帰る，戻る

Listen　Tina のおじいさん (Grandpa) が，地元のおすすめスポットを紹介しています。
話に出た場所を順番に選び，□ に記号を書きましょう。　➡ 音声の内容はp.89にあります。

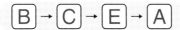

$$B \to C \to E \to A$$

 A restaurant
（レストラン）

B cafe
（カフェ）

C park
（公園）

 D market
（市場）

E bookstore
（本屋）

F movie theater
（映画館）

Speak　About You　ペアになり，教科書p.57の写真から好きな場所を選び，場所を当て合いましょう。

[例]　A : This is a place to eat something.
（ここは何かを食べる場所です。）

B : Is it a restaurant?
（レストランですか。）

A : That's right.
（正解です。）

解答例　A : This is a place to do exercise.
（ここは運動をする場所です。）

B : Is it a park?
（公園ですか。）

A : That's right.
（正解です。）

Word Board
・to buy souvenirs
（お土産を買うこと）
・to do exercise
（運動すること）
・to relax
（リラックスすること）

Write　About You　あなたが行きたい場所と，その理由を書きましょう。

解答例　I'd like to go to a place to relax. I want to drink some nice coffee.
（リラックスする場所に行きたいです。おいしいコーヒーを飲みたいです。）

基本文
どのようなものかという説明を加えて言う。
There are so many fun things **to do** here.
（ここにはおもしろいことがたくさんあります。）
You have a place **to stay**.
（あなたには泊まる場所があります。）

▶ Active Grammar　p.132

● New Words　単語と語句　アクセントの位置に注意して，声に出して発音しよう。

□ **cafe** [kæféi] 名 カフェ，喫茶店

□ **market** [máːrkit] 名 市場

□ **bookstore** [búkstɔ̀ːr] 名 書店，本屋

□ **exercise** [éksərsàiz] 名 運動，(主に身体を) 動かすこと

Part 1

基本文

何かがそこにあると説明する。

① **There is a ferry to the island.**
（島へのフェリーがあります。）

② **Is there   a ferry to the island?**
（島へのフェリーはありますか。）

③ **— Yes, there is. / No, there isn't.**
（はい，あります。/いいえ，ありません。）

④ **There are a lot of theaters on Broadway.**
（ブロードウェイにはたくさんの劇場があります。）

学習のポイント

There is ….

①④ 初めて話題に出す不特定の何かが「**〜があります [います]**」と説明するときは，There is …. と言います。複数の場合は，There are …. と言います。場所を示す語句がよく使われます。

単数 : There **is** a ferry to the island.
　　　　　　↑主語（単数）　　　　　（島へのフェリーがあります。）

複数 : There **are** a lot of theaters on Broadway.
　　　　　　↑主語（複数）　　　　　（ブロードウェイにはたくさんの劇場があります。）

②③ 「**〜がありますか [いますか]**」という意味の There is [are] …. の疑問文は，**is [are]** を there の前に置いて，〈**Is[Are] there + 主語〜?**〉の語順になります。

肯定文 : **There is** a ferry to the island.
　　　　　　　　　　　　　　（島へのフェリーがあります。）
　　　　　　is を there の前に置く。

疑問文 : **Is there** a ferry to the island?
　　　　　　　　　　　　　　（島へのフェリーはありますか。）

Is [Are] there …? の文の答えには，there is [are] を使って答えます。
〈**Yes, there is[are].**〉〈**No, there is[are] not.**〉

本文の解説

教科書 p.52

① **What do you want to see in New York?**
〈**to + 動詞の原形**〉で表される名詞的用法の不定詞の文です。〈**want to + 動詞の原形**〉で，「**〜したい**」という意味を表します。

④ **OK, let's make a plan.**
make a plan で「**計画を立てる**」という意味を表します。let's は let us の短縮形で，「**〜しよう**」と提案するときに使います。

⑧ **Is there a ferry to the island?**

there is ~. の疑問文で, 「~がありますか [いますか]」という意味になります。there is ~. の疑問文は, is を there の前に置いて, 〈**Is there + 主語~?**〉の語順になります。

⑨ **Yes, there is.**

Is there ~? の文の答えには, **there is** を使って答えます。肯定するときは〈**Yes, there is.**〉, 否定するときは〈**No, there isn't.**〉のように答えます。

⑫ **Let's check out the theater next.**

check out ~ で「~を調べる, 検討する」という意味を表します。

⑬ **There are a lot of theaters on Broadway.**

初めて話題に出す不特定の何かが「~があります [います]」と説明するとき, 主語が複数の場合, There are ~. と言います。

Part 2

基本文

「人にものを~する」と言う。

① **Show me the leaflet.**
(私にパンフレットを見せてください。)

② **This tells you the history of the statue.**
(これがあなたに像の歴史を教えてくれます。)

学習のポイント

show + 人 + もの

show や tell, give, buy, lend などの動詞は, 後ろに 2 つの目的語を取ることができます。〈**動詞 + 目的語1 + 目的語2**〉の形で「(人) に~を…します」という意味を表します。

2 つの目的語が続くときは, 「人」→「もの」の語順になります。

I **showed** you the leaflet .
　　　　　 ↑目的語1 (人)　↑目的語2 (もの)　　　(私はあなたにパンフレットを見せました。)

This **tells** you the history of the statue .
　　　　　 ↑目的語1 (人)　↑目的語2 (もの)　　　(これがあなたに像の歴史を教えてくれます。)

本文の解説

教科書 p.54

⑥ **In the past, the torch guided ships at night.**

In the past で「過去に, これまで」という意味を表します。

⑦ **How interesting!**

〈**how + 形容詞・副詞**〉の形で「**なんと~**」という感嘆を表します。

⑧ **Tina, show me the leaflet.**

show は, 後ろに 2 つの目的語を取ることができる動詞です。〈**show + 人 + もの**〉で「(人) に (もの) を見せる」という意味になります。2 つの目的語が続くときは, 「人」→「もの」の語順になります。

⑨ **This tells you the history of the statue.**

tell は，後ろに２つの目的語を取ることができる動詞です。〈**tell ＋ 人 ＋ もの**〉で「(人) に (もの) を教える」という意味になります。

Part 3

基本文

どのようなものかという説明を加えて言う。

① **There are so many fun things to do here.**
（ここにはおもしろいことがたくさんあります。）

② **You have a place to stay.**
（あなたには泊まる場所があります。）

学習の
ポイント

不定詞〈形容詞的用法〉

〈**to ＋ 動詞の原形**〉のような形を不定詞と言います。不定詞がすぐ前の名詞や代名詞に説明を加える形容詞のような働きをすることがあります。
この不定詞は，「～すべき…」「～するための…」という意味になります。

You have a place.　（あなたには場所があります。）

You have a place to stay .　（あなたには泊まる場所があります。）

本文の解説

教科書 p.56

⑤ **She'll love it.**

助動詞 will を使った未来を表す文です。she'll は she will の短縮形です。

⑧ **There are so many fun things to do here.**

〈**to ＋ 動詞の原形**〉で表される不定詞の形容詞的用法です。to do で「すべき」という意味を表し，すぐ前の things に説明を加えています。

⑨ **Yes. If you want, you can come back anytime.**

条件を表す接続詞 if を使った文です。**come back** で「**帰る，戻る**」という意味になります。

⑩ **You're always welcome here.**　(→教科書p.56　表現)

歓迎の気持ちを伝える表現です。always は「いつも」，welcome は「(人が) 歓迎される」という意味で，「いつでも歓迎します。」と言いたいときに使います。

⑪ **Now you have a place to stay.**

〈**to ＋ 動詞の原形**〉で表される不定詞の形容詞的用法です。to stay は「泊まるための」という意味を表し，すぐ前の a place に説明を加えています。

⑬ **Let's get something to eat.**

〈**to ＋ 動詞の原形**〉で表される不定詞の形容詞的用法です。something は「何か」という意味で，something to eat で「何か食べるもの」という意味になります。

音声の内容

Part 1 (教科書 p.53) の音声の内容

➡ 解答は p.79 にあります。

ポイント 音声の内容は次の通りです。下線部に注意して，音声を聞き，それぞれが行きたい理由に当てはまるものに ✔ を付けましょう。

(1)

Tina : Here's the Manhattan guidebook. （マンハッタンのガイドブックだよ。）

There are lots of good places for sightseeing in Manhattan.

（マンハッタンには観光するのにいいところがいっぱいあるよ。）

Where do you want to go tomorrow, Kota? （コウタ，明日はどこに行きたい？）

Kota : I want to go to the Rockefeller Center. （ロックフェラーセンターに行きたい。）

I want to go up to the top of the building. （ビルの最上階に行きたいな。）

I want to enjoy the view from the top. （上からの眺めを楽しみたいな。）

Tina : That sounds great. （それはいいね。）

There's a famous observatory in the building. You can enjoy a view of all Manhattan there. （ビルの中には有名な展望台があるよ。そこでは，マンハッタン全体の眺望を楽しむことができるよ。）

The guidebook says that there are many restaurants in the building.

（ガイドブックによると，ビルの中にはたくさんのレストランがあるそうよ。）

Let's have lunch there. （そこでランチを食べよう。）

(2)

Tina : How about you, Nick? Where do you want to go? （ニックはどう？　どこに行きたい？）

Nick : I really want to go to the American Museum of Natural History! Do you know it, Kota?

（アメリカ自然史博物館にどうしても行きたいんだ！　コウタ，知ってる？）

Kota : Hey. I went there yesterday. I saw some great dinosaurs.

（ああ。昨日行ってきたよ。すごい恐竜を見たよ。）

Nick : Did you see the moai, too? （モアイも見たの？）

Kota : No, I didn't. Is there a moai in the museum? I missed that.

（ううん，見てないよ。博物館にモアイがあるの？　見逃しちゃったな。）

Nick : Yes, there is! I really want to see it. （うん，あるよ。本当に見たいなあ。）

Kota : Let's go there together another time. （今度，いっしょに行こう。）

(3)

Kota : How about you, Tina? （ティナはどう？）

Tina : I'm interested in art, so I'd like to go to MoMA. （アートに興味があるから，MoMAに行きたいな。）

Kota : What's that? （それは何？）

Tina : The Museum of Modern Art. M-O-M-A, MoMA.

（ニューヨーク近代美術館。エム - オー - エム - エー，MoMA。）

There are so many famous paintings by Rousseau, Monet, Matisse ... and so on.

（ルソー，モネ，マティス...などなど，有名な絵画がたくさんあるんだ。）

Why don't we go there? （行ってみない？）

Kota : Sounds interesting. （おもしろそうだね。）

If we're going to MoMA, I want to stop in the gift shop there.

（もしMoMAに行くなら，お土産屋さんに寄りたいな。）

I want to buy some picture cards. （絵はがきを買いたいんだ。）

Tina : OK. （いいよ。）

Part 2 （教科書 p.55）の音声の内容

➡ 解答はp.81にあります。

ポイント 音声の内容は次の通りです。下線部に注意して，音声を聞き，当てはまるものを線で結びましょう。

(1)

Tina : Kota, you're wearing nice sunglasses. You look so cool.

（コウタ，すてきなサングラスをかけているね。すごくかっこいいよ。）

Kota : Thanks. Hajin lent me his sunglasses. I'm going to buy him a baseball cap in return.

（ありがとう。ハジンがサングラスを貸してくれたんだ。そのお返しに野球帽を買うつもりだよ。）

Tina : A baseball cap? （野球帽？）

Kota : Yeah. He's a big fan of the New York Yankees.

（そうだよ。彼はニューヨーク・ヤンキースの大ファンなんだ。）

Tina : That's a good idea. There's a Yankees shop in Manhattan. Why don't we go shopping tomorrow?

（それはいいね。マンハッタンにヤンキースのショップがあるんだ。明日買い物に行かない？）

Kota : OK. That's a great idea. And I'm going to buy something for Eri.

（それはいいね。あと，絵里に何か買おうと思っているんだ。）

Tina : What are you going to buy? （何を買うの？）

Kota : No idea. Can you think of anything good?

（全然わからない。何かいいもの思いつかない？）

Tina : How about chocolate? （チョコレートなんてどう？）

Kota : That's a good idea. She likes chocolate very much. I'll buy her some chocolate.

（それはいいね。彼女はチョコレートがとても好きなんだ。彼女にチョコレートを買おう。）

(2)

Kota : By the way, how about you, Tina? Are you going to buy any gifts?

（ところで，ティナはどう？ 何かお土産を買う予定はある？）

Tina : Yes. I'm going to buy something for Ms. Brown.

（うん。ブラウン先生に何か買う予定だよ。）

She always gives me good advice. I want to give her a present in return.

（彼女はいつもいいアドバイスをくれるから。お返しに何かプレゼントしたいな。）

Kota : What are you going to buy? （何を買うの？）

Tina : Well, she collects mugs from many countries. So I'm going to buy her a New York mug.

（そうだね，彼女はいろんな国のマグカップを集めているから，ニューヨークのマグカップを買う予定だよ。）

Kota : That's a great idea. I'm sure she'll be pleased.

（それはいいね。きっと彼女も喜ぶと思うよ。）

→ 解答はp.83にあります。

ポイント 音声の内容は次の通りです。下線部に注意して，音声を聞き，話に出た場所を順番に選び，□ に記号を書きましょう。

Kota : I love New York! There are so many things to see.
（ニューヨークが大好きです。見るものがたくさんあります。）

Grandpa : That's good. But New York is not only about sightseeing.
（それはよかった。でもニューヨークは観光だけじゃないよ。）

There are a lot of nice places to visit. （訪れるべきすてきな場所がたくさんあるんだよ。）

Tina : Really? I'd like to know more about them. （そうなの？　もっと詳しく知りたいな。）

Grandpa : Well, there's my favorite cafe down the street.

（そうだな，この通りを下ったところにお気に入りのカフェがあるんだ。）

It's a small place, but it's quiet, and it's a great place to relax.

（小さい場所だけど，静かで，リラックスするには最高の場所なんだ。）

You can get some nice coffee to take out, too.

（テイクアウト用のおいしいコーヒーもあるよ。）

Tina : That sounds like a lovely place. Do you have any other favorite places to visit?

（すてきなお店だね。ほかにお気に入りの訪れる場所はあるの？）

Grandpa : Oh, I have a lot. Another one is a small park near my house.

（ああ，たくさんあるよ。もう1つは家の近くにある小さな公園だ。）

It's a place to have a chat with some of my neighbors.

（近所の人たちとおしゃべりする場所なんだ。）

I often go to the park in the morning and then go to my favorite bookstore.

（朝，公園に行ってからお気に入りの本屋さんに行くことが多いね。）

Nick : Your favorite bookstore? Why is it your favorite?

（お気に入りの本屋さん？　なぜお気に入りなの？）

Grandpa : There are lots of books in different languages there. I like learning languages.

（いろんな言語の本がたくさんあるんだよ。私は言語を学ぶのが好きでね。）

When I go to the bookstore, I realize that there are so many languages to learn.
It's exciting. （本屋さんに行くと，学ぶべき言語がたくさんあることに気がつくよ。ワクワクするね。）

Kota : Wow, you like learning languages? That's amazing.

（へえ，言語を学ぶのが好きなんですか。すばらしいですね。）

Grandpa : Thanks. Oh, yes! There's a cozy Italian restaurant near here. That's another
of my favorite places. （ありがとう。あっ，そうだ！　この近くに居心地のいいイタリアンレ
ストランがあるんだ。そこも私のお気に入りの場所なんだ。）

They make fresh pasta every day, so there are always different kinds of pasta
to choose from on the menu. （毎日生パスタを作っていて，メニューにはいつも色々な種
類のパスタがあるんだ。）

Why don't we go have dinner there tonight? （今夜はそこに夕食を食べに行こうか。）

Tina, Nick, and Kota :

Yay! （イェーイ！）

Unit 4　Goal　ミニ観光プランを考えよう

ガイドブックのセントラルパークを紹介したページを読みましょう。

Central Park　（セントラルパーク）

Central Park is a green oasis in the center of New York City.
（セントラルパークはニューヨーク市の中心にある緑のオアシスです。）

It's very big and very popular! There are so many things to do there.
（とても大きくて，とても人気があります！　セントラルパークではとても多くのことをすることができます。）

First of all, it is a wonderful place to enjoy nature.
（まず，セントラルパークは自然を楽しむためのすばらしい場所です。）

All four seasons are beautiful in Central Park. When the weather is nice, you can rent a bicycle and ride around.
（セントラルパークの四季はどれも美しいです。天気がよいときは，自転車を借りてパーク内を回ることができます。）

Also, you can play many kinds of sports, for example, tennis, basketball, and volleyball.
（また，テニスやバスケットボール，バレーボールなど，さまざまなスポーツをすることができます。）

In winter, there is an ice-skating rink.
（冬にはアイススケートリンクがあります。）

Central Park is great for art and music lovers, too.
（セントラルパークは，芸術や音楽好きにとっても最高の場所です。）

The Metropolitan Museum of Art is a large art museum.
（メトロポリタン美術館は大きな美術館です。）

If you like music, you can see free concerts at the outdoor theater.
（音楽が好きなら，野外劇場で無料コンサートを見ることもできます。）

There is a famous mosaic at Strawberry Fields.
（ストロベリー・フィールズには有名なモザイク画があります。）

There are many more attractions, such as a zoo, a castle, and horse carriage rides.
（ほかにも，動物園やお城，馬車など，多くの見どころがあります。）

If you visit Central Park, you will have a great time!
（セントラルパークを訪れたら，すばらしい時間を過ごせるでしょう！）

[147 words]　[147語]

❶ The Metropolitan Museum of Art
（メトロポリタン美術館）

Sun -Thu 10 a.m. – 5:30 p.m.
（日－木　午前10時－午後5時30分）

Fri -Sat 10 a.m. – 9 p.m.
（金－土　午前10時－午後9時）

❷ Strawberry Fields
（ストロベリー・フィールズ）

❸ Central Park Zoo
（セントラルパーク動物園）

weekdays 10 a.m. – 5 p.m.
（平日　午前10時－午後5時）

weekends 10 a.m. – 5:30 p.m.
（週末　午前10時－午後5時30分）

単語と語句 アクセントの位置に注意して，声に出して発音しよう。

- □ oasis [ouéisis] 图 憩いの場
- □ **center** [séntər] 图 中心，真ん中
- □ **nature** [néitʃər] 图 自然
- □ rent [rént] 動 ～を（有料で）借りる
- □ **example** [igzǽmpl] 图 例
- □ ice-skating rink [áisskèitiŋ rìŋk]
  图 アイススケート場
- □ lover(s) [lʌ́vər(z)] 图 愛好者，～好きの人
- □ the Metropolitan Museum of Art
  [ðə mètrəpálitən mjuːzíːəm əv áːrt]
  メトロポリタン美術館
- □ *free* [fríː] 形 無料の，ただの

- □ **concert(s)** [kánsəːrt(s)]
  图 コンサート，音楽会，演奏会
- □ mosaic [mouzéiik] モザイク画
- □ Strawberry Fields [strɔ́ːberi fiːldz]
  ストロベリー・フィールズ
- □ attraction(s) [ətrǽkʃən(z)]
  图 魅力あるもの[こと]
- □ **such** [sʌ́tʃ] 形 そのような，そんな
- □ carriage [kǽridʒ] 图 馬車
- □ *ride* [ráid] 图 乗ること
- □ first of all まず第一に，まず最初に
- □ for example たとえば
- □ ～, such as ... ～たとえば…

Reading p.90の紹介ページを読み，次の情報を確かめましょう。

(1) 公園にあるものを◯◯で囲みましょう。
(2) 公園でできることに下線を引きましょう。

Speaking これまで得た情報をもとに，先生にニューヨークを紹介しましょう。
あなたがおすすめしたい場所はどこでしょうか。

1. グループになって質問し，先生の興味・関心を探ろう。

A： Are you interested in art?
（あなたは芸術に興味がありますか。）

B： Do you like jogging?
（あなたはジョギングするのが好きですか。）

解答例 Are you interested in musicals?
（あなたはミュージカルに興味がありますか。）

2. 教科書pp.52-58の情報をもとに，おすすめの場所やそこで体験できることを考えましょう。

解答例

場所	できること
MoMA （ニューヨーク近代美術館）	to see arts （芸術作品を見ること）
Rockefeller Center （ロックフェラーセンター）	to have lunch （昼食を取ること）
Broadway （ブロードウェイ）	to see some musicals （ミュージカルを見ること）

3. 先生に，おすすめのプランを伝えましょう。 ▶Your Coach 2 p.96

A : This is our sightseeing plan for you.
（これは私たちの，あなたのための観光プランです。）

First, please visit Liberty Island.
（まず，リバティ島を訪ねてください。）

You'll see the Statue of Liberty there.
（そこであなたは自由の女神を見ることができます。）

B : After that, you can see some musicals ....
（その後，あなたはいくつかミュージカルを見ることができ，……。）

解答例 This is our sightseeing plan for you.
（これは私たちの，あなたのための観光プランです。）

First, please go to MoMA, the Museum of Modern Art, to see arts.
（まず，芸術作品を見るために，ニューヨーク近代美術館へ行ってください。）

You'll see a lot of famous paintings by Rousseau, Monet, Matisse, and so on.
You can also buy some picture cards there.
（あなたはルソー，モネ，マティスなどの，たくさんの有名な絵画を見ることができます。そこでは絵はがきを買うこともできます。）

After that, you'll visit Rockefeller Center. You can see a great view of Manhattan from the top of the building. There are many restaurants in the building, so you can have lunch there.
（その後，ロックフェラーセンターに行きましょう。ビルのいちばん上から，マンハッタンのすばらしい眺めを見ることができます。ビルの中にはレストランがたくさんあるので，そこで昼食を取ることができます。）

You can see some musicals on Broadway. There are so many theaters there.
（ブロードウェイではいくつかミュージカルを見ることができます。そこにはたくさんの劇場があります。）

In New York, you'll have a great time.
（ニューヨークで，あなたはすばらしい時間を過ごすでしょう。）

●New Words **単語と語句** アクセントの位置に注意して，声に出して発音しよう。

□ jog(ging) [dʒág(iŋ)] 動 ジョギングする

ふり返り CAN-DO ガイドブックから，施設やできることなどを読み取ることができる。 ▶▶CAN-DO List (R-1)
CAN-DO 施設やできることなどを言って，場所を紹介することができる。 ▶▶CAN-DO List (SP-2)

道案内

Goal **Speaking** 行き方をたずねたり教えたりする，道案内のやり取りができる。

ニューヨークの観光案内所で，観光客が道をたずねます。駅までの道順や，目的地までの所要時間をたずねるとき，どう言うとよいでしょうか。

1. ペアになり，下のやり取りを演じましょう。

観光客 ： Excuse me. **Could you tell me the way to** the Metropolitan Museum of Art**?**
（すみません。メトロポリタン美術館への行き方を教えていただけますか。）

ガイド ： Take the subway and get off at 86th Street.
（地下鉄に乗って86番通りで降りてください。）

観光客 ： I see. **How can I get to** a subway station near here**?**
（わかりました。この近くの地下鉄の駅へはどうやって行けばいいですか。）

ガイド ： Go straight along this street. 51st Street Station is on the left.
（この通りをまっすぐ進んでください。左手に51番通り駅があります。）

観光客 ： **How long does it take to get** to 51st Street**?**
（51番通りへ行くにはどのくらい時間がかかりますか。）

ガイド ： **It takes** about 10 minutes.
（だいたい10分くらいかかります。）

観光客 ： Thank you.
（ありがとうございます。）

ガイド ： You're welcome.
（どういたしまして。）

2. 教科書p.60の地図を見て行きたい場所を決め，自分たちで考えたやり取りをしましょう。

解答例 観光客 ： Excuse me. Could you tell me the way to the Empire State Building?
（すみません。エンパイアステートビルへの行き方を教えていただけますか。）

ガイド ： Take the subway and get off at 33rd Street.
（地下鉄に乗って33番通りで降りてください。）

観光客 ： I see. How can I get to a subway station near here?
（わかりました。この近くの地下鉄の駅へはどうやって行けばいいですか。）

ガイド ： Go straight along this street. 51st Street Station is on the left.
（この通りをまっすぐ進んでください。左手に51番通り駅があります。）

観光客 ： How long does it take to get to 51st Street?
（51番通りへ行くにはどのくらい時間がかかりますか。）

ガイド ： It takes about 10 minutes.
（だいたい10分くらいかかります。）

観光客 ： Thank you.
（ありがとうございます。）

ガイド ： You're welcome.
（どういたしまして。）

単語と語句 アクセントの位置に注意して，声に出して発音しよう。

□ **excuse** [ikskjúːz] 動 〜を許す，大目に見る

□ *off* [ɔ́ːf] 副 離れて

□ **street** [stríːt] 名 ①〜通り，〜街　②（町の）通り

□ **along** [əlɔ́ːŋ] 前 〜に沿って

□ **left** [léft] 名〔通例 the / one's を付けて〕左

□ *take* [téik] 動（時間など）をかける，必要とする，〜がかかる

□ Excuse me.　〔見知らぬ人に話しかけるときに〕すみません。

□ Could you 〜?　〔依頼を表して〕〜していただけませんか。(can よりていねい)

□ get off　（列車・バス・馬などから）降りる

□ get to 〜　〜に着く

□ near here　この近くに [で]

□ How long 〜?　どのくらい（の時間・期間）〜。

□ You're welcome.　どういたしまして〔お礼の言葉に答える決まり文句〕

目的語 （動詞の後ろにくる言葉）

● 比べてみよう

(1)
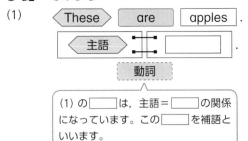

These ｜ are ｜ apples .

主語 ｜ ｜ .

動詞

> (1) の □ は，主語＝ □ の関係
> になっています。この □ を補語と
> いいます。

(2)

I ｜ like ｜ apples .

主語 ≫ 動詞 ≫ .

> (2) の □ は，主語＝ □ の関係ではあ
> りません。主語の体や心の動きが向かう対象
> です。この □ を動詞の**目的語**といいます。

Think　（例）(1) の文は，主語＝□の関係で，
　　　　　　　(2) の文は□が主語の体や心の動きが向かう対象になっている。

● 文の形

1　目的語になる語句

| I | like | basketball | . | （私はバスケットボールが好きです。） |

↑名詞

| I | play | it | . | （私はそれをします。） |

↑代名詞

| I | enjoy | playing basketball | . | （私はバスケットボールをするのを楽しんでいます。） |

↑動名詞

| I | want | to play basketball | . | （私はバスケットボールをしたいです。） |

↑不定詞

目的語には，名詞や代名詞の他に，動名詞や不定詞がくることもあります。

2　目的語が2つくる場合　　　　　　　　　　　　　　　▶ Unit 4-2

I	showed	you	a leaflet	.	（私はあなたにチラシを見せました。）
I	told	him	the history	.	（私は彼に歴史を話しました。）
I	bought	her	a pamphlet	.	（私は彼女にパンフレットを買いました。）
I	gave	them	Japanese fans	.	（私は彼らに日本の扇子をあげました。）

目的語が2つくる場合は，必ず「人」→「もの」の語順になります。

2つの目的語を取ることができる主な動詞

ask（（人）にたずねる），bring（（物）を持ってくる），buy（〜を買う），cook（料理をする），get（〜を得る），
give（〜を（…に）与える），lend「〜を貸す」，make（〜を…にする），pass（（ボール）をパスする），
send（〜を送る），show（（人）に（ものを）見せる），tell（（人に）〜を話す），write（〜を書く）など
（例）I'll **send** you an e-mail.　（私はあなたにメールを送ります。）

New Words　**単語と語句**　アクセントの位置に注意して，声に出して発音しよう。

give [gív] 動 〜を（…に）与える，あげる　　□ **send** [sénd] 動 〜を送る
→ □ **gave** [géiv] 動 give の過去形

Your Coach ❷ 話す内容を詳しくしよう

 Speak Speak

Q もっとすらすらと英語で話すためにはどうすればよいですか。

A1 相手の言ったことに対して，自分らしい質問をしてみましょう。

相手の言葉を受けて，関連する質問をして話を続けていきます。

I went to Kyoto. （京都に行きました。）

【関連する質問の例】

— **When** did you go there? （あなたはいつそこに行きましたか。）

いつ？	When

— **Who** did you go with? （あなたは誰と行きましたか。）

誰と？	Who

— **Why** did you go there? （あなたはなぜそこに行きましたか。）

なぜ？	Why

— **What** did you do there? （あなたはいつそこで何をしましたか。）

何をした？	What

A2 英語の内容を少しずつ詳しくしてみましょう。

「誰が」「何をする」という基本になる短い文に，少しずつ情報を付け足していきましょう。

基本になる文　I went to a soccer game.　ぼくはサッカーの試合に行った。

下のような具体的な情報を付け足していきます。

誰と？ Who	I went to a soccer game with Yuta. （ぼくはユウタとサッカーの試合に行った。）	Yuta と いっしょに	● with friends（友達と）

どこで？ Where	I went to a soccer game with Yuta at the City Stadium. （ぼくはユウタと市営スタジアムでのサッカーの試合に行った。）	市営スタジアムで	● at school（学校で） ● in the park（公園で） ● there（そこで） ● on the ground（グラウンドで）

どのように？ How	I went to a soccer game with Yuta at the City Stadium by bus. （ぼくはバスでユウタと市営スタジアムでのサッカーの試合に行った。）	バスで	● by train（電車で） ● on foot（徒歩で）

いつ？ When	I went to a soccer game with Yuta at the City Stadium by bus yesterday. （ぼくは昨日バスでユウタと市営スタジアムでのサッカーの試合に行った。）	昨日	● this morning（今朝） ● last weekend（先週末） ● every day（毎日） ● last year（昨年）

Unit 5

Goal

Listening
説明から，どんなものかを聞き取ることができる。

Speaking
防災バッグに入れるものを決める，話し合いをすることができる。

防災訓練
Earthquake Drill

Check 教科書p.63の写真を見て，ストーリーの話題を予測する

・ **About You** What do you know about earthquake safety actions?
（地震時の安全確保のための行動について何を知っていますか。）

（例）We need to get under desks during an earthquake.
（私たちは，地震の間，机の下にもぐる必要があります。）

・What will Kota learn about them? （コウタはそれらについて何を学びますか。）

（例）He will learn to get down on the floor.
（彼は床にかがむことを学びます。）

Listen
▼

Watch
ストーリーのおおまかな内容をつかむ

1. 教科書p.63の絵を見て，音声を聞き，話題の順に □ に数字を書きましょう。

A 3   B 1   C 2

2. 映像を見て，内容を確かめましょう。

● **New Words** 単語と語句 アクセントの位置に注意して，声に出して発音しよう。

□ **earthquake** [ə́ːrθkwèik] 名 地震
□ **drill** [dríl] 名 訓練
□ **safety** [séifti] 名 安全，安全性

□ **action(s)** [ǽkʃən(z)] 名 行動
□ **learn** [lə́ːrn] 動 ～を学ぶ

教科書　64ページ　教科書二次元コード

→ 本文の解説はp.104にあります。

Q. 地震が起きたとき，まずしなければならないことは何でしょうか。

A. （例）床にかがんでから机の下にもぐること。

Ms. Brown: ① There will be an earthquake drill this afternoon.
ブラウン先生：　今日の午後に防災訓練があります。

② So today, we will make an English pamphlet about earthquake safety actions.
ですから今日は，地震時の安全確保のための行動について，英語のパンフレットを作りましょう。

Group discussion:
グループディスカッション：

Eri: ③ First, you have to get down on the floor and then get under a desk.
絵里：　最初に，床にかがんでから机の下にもぐらないといけないよね。

Kota: ④ When the shaking stops, you can leave the building.
コウタ：　揺れがおさまったら，建物から離れてもいいんだよね。

Tina: ⑤ Do we have to take our bags?
ティナ：　自分のかばんは持っていかなければだめ？

Kota: ⑥ No, you don't have to take them.
コウタ：　ううん，持っていく必要はないよ。

Hajin: ⑦ And if there is no desk?
ハジン：　それでもし机がない場合は？

Eri: ⑧ I don't know.　⑨ I'll have to check.
絵里：　わからない。　　確認しなくちゃ。

● New Words　**単語と語句**　アクセントの位置に注意して，声に出して発音しよう。

□ **group** [grú:p]　图 集団，グループ

□ discussion [diskʌ́ʃən]　图 議論，討論，話し合い

□ **down** [dáun]　副〔方向を示して〕下へ [に]

□ **shake** [ʃéik]　動 揺れる，振動する
　→ **shaking** [ʃéikiŋ]　shake の -ing形

□ get down　かがむ，伏せる

Nick と家族の会話を聞き，Nick がこれからしなければならないことに○，しなくてもよいことに△を付けましょう。

➡ 音声の内容はp.107にあります。

(1) do my home work （宿題をする） △

(2) go to the post office （郵便局へ行く） ○

(3) wash the dishes （皿を洗う） △

 About You ペアになり，家での決まりごとについてたずね合って，しなければならないことに○，しなくてもよいことに△を付けましょう。

解答例

have to ～ / don't have to ～ （～しなければならない/～する必要はない）	You （あなた）	Your friend （あなたの友達）
(1) clean the bathroom　（お風呂を掃除する）	△	○
(2) have breakfast　（朝食を取る）	○	○
(3) go to bed before eleven　（11時前に就寝する）	△	○
(4) study English every day　（毎日英語を勉強する）	○	△
(5)（自分で考えて）　wash my shoes　（自分の靴を洗う）	○	△

[例] A：I have to study English every day. How about you?
（私は毎日英語を勉強しなければなりません。あなたはどうですか。）

B：Me, too. / I don't have to do that.
（私もです。/私はそれをする必要はありません。）

解答例 A：I have to wash my shoes.　How about you?
（私は靴を洗わなければなりません。あなたはどうですか。）

B：I don't have to do that.　（私はそれをする必要はありません。）

Word Board
・close the door quietly （静かにドアを閉める）
・iron my clothes （服をアイロンがけする）
・wash my shoes （靴を洗う）

 About You 上のやり取りの中で，自分と友達とで違ったことを1つ書きましょう。

[例] I don't have to clean the bathroom, but Miki has to do that.
（私はお風呂を掃除する必要はありませんが，ミキはしなくてはなりません。）

解答例 I have to iron my clothes, but Taku doesn't have to do that.
（私は服のアイロンがけをしなくてはいけませんが，タクはする必要はありません。）

基本文

する必要があると言う。
You **have to** get down. （あなたはかがまなければなりません。）
You **don't have to** take your bags.　（あなたは自分のかばんを持っていく必要はありません。）

● New Words 　**単語と語句** アクセントの位置に注意して，声に出して発音しよう。

□ **post** [póust] 名 郵便，郵便物

□ **post office** [póust ɔ̀:fis] 名 郵便局

□ **bathroom** [bǽθrù:m] 名 浴室，トイレ

□ **close** [klóuz]
動 （窓・ドア・目など）を閉じる，閉める

□ **door** [dɔ́:r] 名 ドア，戸，扉

□ **quietly** [kwáiətli] 副 静かに，そっと

□ **iron** [áiən] 動 （衣服など）にアイロンをかける

Q. Kota たちが作った防災マニュアルの一部です。

避難の際に心がけなければならないことは何でしょうか。

→ 本文の解説はp.105にあります。

A.（例）押さず走らず，冷静でいる，グループを離れない，教師の指示に従う。

Protect Yourself　　**DROP**　　**COVER**　　**HOLD ON**
自分自身を守る　　姿勢を低くする　頭を守る　　しっかりつかまる

① These actions can keep you safe during an earthquake.
これらの行動は地震時に身を守ってくれます。

Drop：② Get down on your hands and knees.
姿勢を低くする：　両手両膝をついてかがんでください。

Cover：③ Get under a desk.　④ If there is no desk, get down
頭を守る：　机の下にもぐってください。　机がない場合は壁の横でかがみます。

next to a wall.　⑤ Stay away from windows.
窓から離れてください。

Hold on：⑥ Hold on to your desk.　⑦ If you are not under a desk,
しっかりつかまる：　机にしっかりつかまってください。　机の下にいない場合は，

cover your head and neck with both arms.
両腕を使って頭と首を覆ってください。

⑧ When the shaking stops, leave the building quickly.
揺れがおさまったら，すばやく建物から離れてください。

⑨ Don't push.　⑩ Don't run.
押さないでください。　走らないでください。

⑪ You must stay calm.　⑫ You must not leave your group.
必ず冷静でいなければいけません。　グループから離れてはいけません。

For students：⑬ If you are at school, listen to your teacher's instructions.
生徒のみなさんへ：　学校内にいる場合は，先生の指示に従ってください。

● New Words **単語と語句** アクセントの位置に注意して，声に出して発音しよう。

□ *hold* [hóuld]　動 つかまる

□ *on* [án]　副（離れずに）くっついて，しっかり

□ **protect** [prətékt]　動 ～を守る，保護する

□ **drop** [dráp]　動（さっと）体を低くする

□ **cover** [kʌ́vər]　動 ～を覆う

□ *keep* [kíːp]　動（人・もの・こと）を～しておく

□ **safe** [séif]　形 無事な，無傷な

□ **knee(s)** [níː(z)]　名 ひざ

□ **wall** [wɔ́ːl]　名（部屋などの）壁

□ *from* [frʌ́m/frəm]　前 ～から（離れて）

□ **head** [héd]　名 頭，頭部

□ **neck** [nék]　名 首

□ **both** [bóuθ]　形 両方の，双方の

□ **arm(s)** [áːrm(z)]　名 腕

□ **quickly** [kwíkli]　副 すぐに，即座に

□ **push** [púʃ]　動 押す

□ **must** [məst/mʌ́st]
　助 ～しなければならない，すべきである

□ **calm** [káːm]　形 冷静な，平静な

□ **instruction(s)** [instrʌ́kʃən(z)]
　名〔通例 s を付けて〕指示，指図

□ **hold on**　しがみつく，つかまる

□ **keep you safe**　身の安全を確保する

□ **stay away from ～**
　～から離れている，～に寄りつかない

それぞれの災害から身を守るための注意事項が，ラジオから流れてきます。
内容を聞いて，しなければならないことに○，してはならないことに×を書きましょう。

➡ 音声の内容はp.108にあります。

(1) typhoon （台風）	**A** check the weather information （気象情報を確認する）	○
	B go into a nearby building （近くの建物の中に入る）	○
	C leave home （家を出る）	×
(2) lightning （雷）	**D** stay away from tall trees （高い木から離れておく）	○
	E stay in an open space （開けた場所にとどまる）	×
	F move to a building, car, or bus （建物，車，またはバスに移動する）	○
(3) heavy snow （大雪）	**G** stay home （家にとどまる）	○
	H ride a bicycle （自転車に乗る）	×
	I work in a group （集団で行動する）	○

About You グループになり，上の表を参考に，(1)〜(3)が起きたときの対応を伝え合いましょう。

When （〜のとき）
(1) a typhoon is coming （台風が来た）
(2) you see lightning （雷を見た）
(3) there is heavy snow （大雪）

[例] When a typhoon is coming, you must check the weather information.
（台風が来るとき，あなたは気象情報をチェックしなければなりません。）

解答例 When you see lightning, you must stay away from tall trees.
（雷を見たとき，あなたは高い木から離れておかなければなりません。）
When there is heavy snow, you must not ride a bicycle.
（大雪のとき，あなたは自転車に乗ってはいけません。）

About You 上で話した災害から1つ選び，「しなければならないこと」と
「してはならないこと」をそれぞれ書きましょう。

Speak の解答例参照。

基本文
しなければならないと言う。
You **must** stay calm. （あなたは冷静でいなければなりません。）
You **must not** leave your group. （あなたはあなたのグループから離れてはいけません。）

▶ Active Grammar p.116

● **New Words** 単語と語句 アクセントの位置に注意して，声に出して発音しよう。

□ typhoon [taifúːn] 名 台風
□ into [intə/íntuː] 前 〜の中へ
□ nearby [nìərbái] 形 近くの
□ lightning [láitniŋ] 名 稲妻，雷
□ tall [tɔ́ːl] 形 背の高い
□ tree(s) [tríː(z)] 名 木，樹木
□ open [óupən] 形 広々とした，さえぎる物のない

□ move [múːv] 動 動く，移動する
□ space [spéis] 名 場所，空間
□ heavy [hévi] 形 （程度・量・深刻さなどが）大きい，（雨・雪などが）ひどい
□ in [in/in] 前 （形状・配置）〜をなして，〜になって
□ go into 〜 〜に入る
□ in a group 集団の中の [に・で]

教科書 **68ページ** 教科書二次元コード

➡ 本文の解説はp.106にあります。

Q. Tina はお母さんに，何を入れ忘れないようにと言いましたか。

A.（例）フェリックスのキャットフード。

Tina, Nick, and Ms. Rios are preparing an emergency bag:
ティナ，ニック，リオスさんは防災バッグを準備しています。

Tina : ① Here's an English pamphlet about earthquake evacuation.
ティナ：　地震時の避難についての英語のパンフレットだよ。

② We made it in class.
授業で作ったの。

Ms. Rios : ③ Oh, this is very useful.　Is there any information about emergency bags?
リオスさん：　あら，とても便利だわ。防災バッグについての情報は何かあるかしら。

Tina : ④ Here's a checklist of items.
ティナ：　ここに持ち物のチェックリストがあるよ。

Ms. Rios : ⑤ Good.　Let's see.
リオスさん：　いいわね。えっと。

⑥ We should pack a flashlight, a radio, a map, and a whistle.
懐中電灯，ラジオ，地図，笛を入れるべきなのね。

Tina : ⑦ Mom, you shouldn't forget some cat food for Felix.
ティナ：　お母さん，フェリックスのためのキャットフードを忘れてはだめだよ。

Nick : ⑧ And ... cookies?
ニック：　それと……クッキーかな。

Tina : ⑨ OK, but I don't think you have to bring them all.
ティナ：　うん，でも全部持っていく必要はないと思うわ。

(Think) 災害があったとき，日本にいる外国の人にとってどんなことが不便だと思いますか。

（例）避難場所の情報などが主に日本語であることが不便だと思う。

● New Words **単語と語句** アクセントの位置に注意して，声に出して発音しよう。

☐ **prepare** [pripéər] 動 ～を用意する，準備する
　→ **preparing** [pripéəriŋ]　prepare の -ing形

☐ emergency [imə́ːrdʒənsi]
　名 非常事態，緊急事態

☐ evacuation [ivæ̀kjuéiʃən] 名 避難

☐ **useful** [júːsfəl] 形 役に立つ，有用な

☐ checklist [tʃéklìst] 名 チェックリスト，一覧表

☐ **should** [ʃúd/ʃəd]
　助 ～した方がよい，～すべきである

☐ flashlight [flǽʃlàit] 名 懐中電灯

☐ whistle [hwísl] 名 笛，ホイッスル

☐ Felix [fíːliks]　フェリックス〔ネコの名〕

Tinaたちがアドバイスをし合っています。(1) ～ (3) の会話を聞き，
それぞれがどうすることにしたかを教科書p.69の絵から選んで，✓ を付けましょう。

音声の内容はp.109にあります。

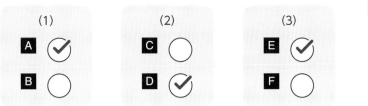

(1) A ✓ B ◯　(2) C ◯ D ✓　(3) E ✓ F ◯

 ペアになり，(1)，(2) の人物にそれぞれアドバイスをしてあげましょう。

(1) I want to know a good way to study Japanese.
　　（日本語のよい勉強方法が知りたいです。）

(2) I want to know a good place to visit in Japan.
　　（日本で訪れるのによい場所を知りたいです。）

　[例] (1) に対して　A： You should <u>watch Japanese anime.</u>
　　　　　　　　　　　　　（日本のアニメを見るべきです。）

　　　　　　　　　　　B： You should <u>become a member of the broadcasting club.</u>
　　　　　　　　　　　　　（放送部の部員になるべきです。）

　解答例　(1) に対して　You should read some Japanese newspapers.
　　　　　　　　　　　（日本の新聞をいくつか読むべきです。）

　　　　　(2) に対して　You should go to Nara park. There are a lot of deers in the park.
　　　　　　　　　　　（奈良公園に行くべきです。その公園にはたくさんシカがいます。）

 自分がしたアドバイスを書きましょう。

Speak の解答例参照。

基本文

すべき，したほうがよいと言う。
We **should**　pack a flashlight.
（私たちは懐中電灯を入れるべきです。）
You **shouldn't** forget some cat food.
（あなたはキャットフードを忘れてはいけません。）

▶ Active Grammar　p.116

● New Words　単語と語句　アクセントの位置に注意して，声に出して発音しよう。

□ *way* [wéi] 　名 やり方，方法

□ anime [ǽnəmèi] 　名 (日本の) アニメ

□ **become** [bikʌ́m] 　動 ～になる，～の状態になる

□ **member** [mémbər] 　名 一員，メンバー

□ broadcasting [brɔ́:dkæstiŋ] 　名 放送

Part 1

基本文

する必要があると言う。

① **You**   **have to get down.**
（あなたはかがまなければなりません。）

② **You don't have to take your bags.**
（あなたは自分のかばんを持っていく必要はありません。）

学習のポイント

have to + 動詞の原形

① 「〜する必要がある」と言うときは，〈**have to + 動詞の原形**〉で表します。

主語が3人称単数のときは **has to** を使います。

＊発音に注意しましょう。 have to [hǽftə]   has to [hǽstə]

You have **to** get down.
            ↑動詞の原形

② **have to** の否定文は〈**don't [doesn't] have to + 動詞の原形**〉の形で表し，「〜する必要がない」という意味になります。

本文の解説 教科書 p.64

③ **First, you have to get down on the floor and then get under a desk.**
〈**have to + 動詞の原形**〉の形で，「〜しなければならない」という意味を表します。to の後は必ず動詞の原形になることを注意しましょう。

---

⑤ **Do we have to take our bags?**
「〜しなければなりませんか」とたずねるときは，〈**Do (Does) + 主語 + have to + 動詞の原形**〉の形にします。

---

⑥ **No, you don't have to take them.**
〈**don't [doesn't] have to + 動詞の原形**〉の形で，「〜する必要がない」という意味を表します。

---

⑧ **I don't know.** （→教科書p.64 表現）
「知らない。」と相手に伝えるときの表現です。

---

⑨ **I'll have to check.**
未来を表す助動詞 will の文で，I'll は I will の短縮形です。〈**have to + 動詞の原形**〉の形で，「〜しなければならない」という意味を表します。

Part 2

基本文

しなければならないと言う。

① **You must　　stay calm.**
（あなたは冷静でいなければなりません。）

② **You must not leave your group.**
（あなたはあなたのグループから離れてはいけません。）

- -

学習のポイント

助動詞 must

① 「〜しなければならない」という強い義務の意味を表すときは，助動詞 **must** を使って〈**must ＋ 動詞の原形**〉の形で表します。
既に学習した **have [has] to** とほぼ同じ意味を表すので覚えておきましょう。

You **must** stay calm.　（あなたは冷静でいなければなりません。）

= You **have to** stay calm.

② **must** の否定文は〈**mustn't [must not] ＋ 動詞の原形**〉の形で表し，「**〜してはならない**」という意味の強い禁止を表します。すでに学習した否定の命令文 **Don't 〜.** とほぼ同じ意味を表すので覚えておきましょう。

You **must not** leave your group.　（あなたはあなたのグループから離れてはいけません。）

= **Don't** leave your group.

本文の解説

教科書 p.66

① **These actions can keep you safe during an earthquake.**
These actions は，前述の DROP，COVER，HOLD ON を示しています。**keep〜safe** で「**〜を守る [保護する]**」という意味を表します。

- -

⑤ **Stay away from windows.**
stay には，「（場所に）とどまる」という意味のほかに，「〜の（状態の）ままでいる」という意味があり，**stay away from〜** で「**〜から離れる，〜に寄りつかない**」という意味になります。

- -

⑥ **Hold on to your desk.**
hold on で，「**しがみつく，つかまえる**」という意味を表します。

- -

⑪ **You must stay calm.**
強い義務感などを表す助動詞 **must** の文です。〈**must ＋ 動詞の原形**〉で，「**〜しなければならない**」という意味を表します。

- -

⑫ **You must not leave your group.**
must の否定文は〈**mustn't [must not] ＋ 動詞の原形**〉の形で表し，「**〜してはならない**」という強い禁止の意味になります。

Part 3

すべき，したほうがよいと言う。

① **We should pack a flashlight.**
（私たちは懐中電灯を入れるべきです。）

② **You shouldn't forget some cat food.**
（あなたはキャットフードを忘れてはいけません。）

！学習のポイント

助動詞 should

① should は助動詞の仲間で，〈**should ＋ 動詞の原形**〉の形で「**～すべき**」という義務感などを表します。

We **should** pack a flashlight.　（私たちは懐中電灯を入れるべきです。）
　　　↑動詞の原形

② should を相手に対して使うと，「**～したほうがよい**」という忠告や助言の意味合いになります。**should** の否定文は〈**shouldn't [should not] ＋ 動詞の原形**〉の形で表します。

You **shouldn't** forget some cat food.
　　　　　↑動詞の原形　　　（あなたはキャットフードを忘れてはいけません。）

本文の解説

教科書 p.68

③ **Oh, this is very useful. Is there any information about emergency bags?**
初めて話題に出す不特定の何かが「**～があります [います]**」と説明するときは，**There is～.** と言います。There is～. の疑問文は，**is** を **there** の前に置いて，〈**Is there ＋ 主語～?**〉の語順になります。

⑤ **Good. Let's see.** （→教科書p.68　表現）
Let's see. は「ええと。」と間を取るときに使われます。

⑥ **We should pack a flashlight, a radio, a map, and a whistle.**
義務感などを表す助動詞 should の文です。〈**should ＋ 動詞の原形**〉の形で「**～すべき**」という意味を表します。

⑦ **Mom, you shouldn't forget some cat food for Felix.**
〈**shouldn't [should not] ＋ 動詞の原形**〉の形で表される **should** の否定文です。
shouldを相手に対して使うと，「**～したほうがよい**」という忠告や助言の意味合いになります。

⑨ **OK, but I don't think you have to bring them all.** （→教科書p.68　表現）
I don't think～. で「**～とは思わない。**」という意味を表します。相手の意見に反対するときに使われます。think と you の間にある接続詞の that が省略されています。

Part 1 (教科書 p.65) の音声の内容

➡ 解答は p.99 にあります。

ポイント 音声の内容は次の通りです。下線部に注意して、音声を聞き、Nick がこれからしなければならないことに○、しなくてもよいことに△を付けましょう。

(1)

Nick : Can I go to the park and play with my friends, Mom?
(ママ、公園に行って友達と遊んでもいい？)

Mom : You have to do your homework first. (まず宿題をしないとダメよ。)

Nick : But I don't have any homework today. (でも今日は宿題がないんだ。)

Mom : OK, then. But you have to be home by five.
(わかったわ。でも5時までには家に帰ってこないといけないわよ。)
We're going to have dinner early today. (今日は早めに夕食を食べる予定なの。)

Nick : OK, Mom. I'll be home before five. (いいよ、ママ。5時より前には帰るよ。)

(2)

Nick : Do you have a stamp, Dad? I wrote a letter to Grandma and Grandpa.
(お父さん、切手持っている？ おばあちゃんとおじいちゃんに手紙を書いたんだ。)

Dad : Sorry, Nick. I don't have any. You have to go to the post office.
(ごめんね、ニック。持っていないんだ。郵便局に行かないといけないね。)

Nick : OK. I'll go and get some there. I'll be right back.
(わかった、そこに行って買ってくるよ。すぐに戻ってくるよ。)

Dad : You don't have to hurry. The post office is open until four.
(急がなくていいよ。郵便局は4時まで開いているから。)

Nick : I see. Thanks. (なるほど。ありがとう。)

(3)

Mom : How was dinner? (夕食はどうだった？)

Nick : It was very good, Mom. (とても美味しかったよ。)

Mom : Great. Remember. You have to clear the table when you finish.
(よかった。忘れないでね。食べ終わったらテーブルを片付けてね。)

Nick : I know. Do I have to wash the dishes? (わかっているよ。ぼくがお皿を洗わないといけないの？)

Mom : No, you don't have to. It's Tina's turn this evening. Tina, you have to wash the dishes, OK?
(いいえ、洗わなくていいわ。今晩はティナの番だから。ティナ、お皿を洗ってね。)

Tina : OK. But if you want to wash the dishes, Nick, you can do it instead.
(いいよ、でも、洗いたいなら、ニック、代わりにあなたが洗ってもいいわよ。)

Nick : No way! I don't have to do that. (そんなわけないよ！ ぼくはしなくてもいいんだ。)

ポイント　音声の内容は次の通りです。下線部に注意して，音声を聞き，しなければならないことに○，してはならないことに×を書きましょう。

(1)

From summer to fall, we have typhoons.　（夏から秋にかけては台風が来ます。）

What must you remember to protect yourself against typhoons?
（台風から身を守るために覚えておかなければならないことは何でしょうか。）

When a typhoon is coming, you must always check the weather information. If you hear an emergency warning, move to a safe place quickly.　（台風が近づいてきたら，必ず気象情報をチェックしましょう。緊急警報が聞こえたら，すぐに安全な場所に移動しましょう。）

If you are outside, you must go into a nearby building and wait until the typhoon passes.
（外にいるときは，近くの建物に入って台風が通過するのを待たなければいけません。）

If you are at home, you must not leave home. It is particularly dangerous to go out to see a river.　（家にいるときは，絶対に外に出てはいけません。特に川を見に行くのは危険です。）

(2)

In summer, we have a lot of lightning.　（夏になると雷が多くなります。）

What must you remember to protect yourself against lightning?
（雷から身を守るために覚えておかなければならないことは何でしょうか。）

Lightning often strikes tall objects like trees. If you see lightning, you must stay away from tall trees. Keep at least two meters away from a tree.　（雷は，木などの高いものに落ちることが多いです。雷を見たら，高い木には近づかないようにしなければいけません。木からは最低でも2メートルは離れましょう。）

Some people are struck by lightning in an open space like a playing field, a golf course, or a beach. When you see lightning, you must not stay in an open space.　（運動場やゴルフ場，浜辺などの開けた場所で落雷に遭う人もいます。雷を見たときは，開けた場所にいてはいけません。）

If you are in an open space, move to a safe place. You must move to a building, car, or bus.　（開けた場所にいたら，安全な場所に移動しましょう。建物や車，バスなどに移動しなければなりません。）

(3)

In winter, we sometimes have heavy snow.　（冬になると大雪が降ることがあります。）

What must you remember to protect yourself against heavy snow?
（大雪から身を守るために覚えておかなければならないことは何でしょうか。）

If heavy snow is forecast, you must return home and stay there. You should prepare enough food because heavy snow can keep you in your home for a while.
（大雪の予報が出ている場合は，家に帰ってそこにいなければなりません。大雪でしばらく家にいなければいけないこともあるので，十分な食料を用意しておく必要があります。）

When it snows, roads become slippery. If you go outside, put on snow boots. You must not ride a bicycle. It's easy to slip and hurt yourself.　（雪が降ると道路が滑りやすくなります。外に出るときは，スノーブーツを履きましょう。自転車に乗ってはいけません。滑ってケガをしやすくなります。）

When you shovel snow from the roof, you must not work alone. If you work alone, no one will help you if you fall down from the roof. That's why you must work in a group.
（屋根の雪かきをするときは，1人で作業してはいけません。1人で作業していると，屋根から落ちても誰も助けてくれません。だから，集団で作業しなければならないのです。）

ポイント　音声の内容は次の通りです。下線部に注意して，音声を聞き，それぞれがどうすることにしたかを選んで，✔ を付けましょう。

(1)

Tina : Nick, look at that.　It's a kitten.　（ニック，あれを見て。子猫だよ。）

Nick : Oh, no!　Too bad ....　What should we do?

（そんな！　かわいそうに……。どうするべきかな？）

Tina : I'd like to bring her home, but we can't.　We already have Felix.

（家に連れて帰りたいけど，無理だよね。家にはもうフェリックスがいるから。）

Nick : I think we should take her to the police box.　（交番に連れて行くべきだと思う。）

Tina : Look.　She has a name tag.　We can check the phone number.

（見て。名札があるわ。電話番号を調べられるね。）

Nick : Great idea.　<u>We should call the number.</u>　（いいね。その番号に電話してみよう。）

Tina : OK.　（いいよ。）

(2)

Tina : Hey, Kota.　What's wrong?　You look so sad.　（ねえ，コウタ。どうしたの。悲しそうね。）

Kota : Tina, look at this.　My English test score was terrible.

（ティナ，これを見て。ぼくの英語のテストの点数がひどかったんだ。）

Do you know a good way to study English?　（英語のいい勉強法を知っている？）

Tina : You should talk to people in English.　It's the best way to get better.

（英語で人と話すことだよ。それがいちばん上達する方法よ。）

Kota : Tina, we're talking in English now!　I want to get better at reading.

（ティナ，今，ぼくたちは英語で話しているじゃないか！　読解力をつけたいんだ。）

Tina : Well, then <u>you should read Japanese comics in English.</u>　If you know the story, you can understand the English better.

（じゃあ，日本の漫画を英語で読むのがいいよ。ストーリーを知っていれば，もっと英語が理解できるよ。）

Kota : That's a good idea!　I'll read "One Piece" in English.

（それはいいアイデアだね！　『ワンピース』を英語で読んでみるよ。）

(3)

Ms. Brown : I am going to go to Korea next month.　（来月韓国に行く予定なの。）

Could you give me any recommendations, Hajin?

（ハジン，何かお勧めを教えてもらえる？）

Hajin : Sure!　For one thing, <u>you should eat kimchi *jjigae*.</u>

（もちろんです。1つは，キムチチゲを食べるべきです。）

Ms. Brown : Kimchi *jjigae*?　What is that?　（キムチチゲ？　それは何？）

Hajin : It's a kind of soup.　It tastes spicy.　It's delicious.

（スープの一種です。辛い味がするんですよ。おいしいですよ。）

Ms. Brown : Oh.　I love spicy food.　<u>I'll try it.</u>　（おおっ，辛いものは大好きよ。食べてみるね。）

Hajin : If you like fashion, <u>you should go shopping.</u>　There are so many clothes stores in Korea.

（ファッションが好きなら，買い物に行くといいですよ。韓国には洋服屋さんがたくさんあります。）

Ms. Brown : Sounds fun, but I have enough clothes, so <u>I shouldn't buy them.</u>

（楽しそうだけど，服は十分あるから買わない方がいいわね。）

Anyway, thank you for your advice, Hajin.　（とにかく，ハジン，アドバイスありがとう。）

Hajin : Have a nice trip!　（よい旅を！）

Listening Ms. Brown が防災バッグに入れるものについて説明しています。

[Which items should you pack in your emergency bag?]
(防災バッグにどの品を入れるべきですか。)

A flashlight （懐中電灯）　**B** radio （ラジオ）　**C** map （地図）　**D** whistle （ホイッスル）　**E** food （食料）　**F** bottled water （ペットボトルの水）

G medicine （薬）　**H** towels （タオル）　**I** clothes （衣類）　**J** gloves （軍手）　**K** pen （ペン）　（自分で考えて） notebook （ノート）

(1) 〜 (5) の説明を聞いて，当てはまるものを上から選び，表に記号を書きましょう。

(1)	(2)	(3)	(4)	(5)
D	C	A	G	J

ポイント 音声の内容は次の通りです。

(1)

This is useful when you want to call for help. If you're in trouble, you can make a loud sound with this.

(助けを呼びたいときに便利です。困ったときにはこれで大きな音を出すことができます。)

(2)

When you have to find a place, you need this. You should make sure that you know the way home. You should check the location of your home on it before packing.

(場所を探さなければならないとき，これが必要です。家への帰り道を確認しなければいけません。荷造りをする前に，家の場所をそれで確認しておくといいでしょう。)

(3)

It's a tool. You need it at night. And you can use this tool as a signal when it's dark. You should pack batteries with it.

(道具です。夜に必要です。暗くなったら，この道具を合図に使うことができます。電池をいっしょに入れておいた方がいいですよ。)

(4)

When you get sick or injured, you need these. Before packing, you should check the dates on the packages. You have to know how long they last.

(病気やケガをしたとき，必要です。荷造りする前に，パッケージに記載されている日付を確認しましょう。どれくらいの期間保存できるのかを知っておく必要があります。)

(5)

When the earthquake stops, there may be lots of bricks, glass or branches on the street. You sometimes need to carry them away. You have to protect your hands with these. （地震が止まると，道路にレンガやガラス，枝などがたくさん落ちていることがあります。それらを取り除かなければならないこともあります。これで手を守らなければなりません。）

● New Words **単語と語句** アクセントの位置に注意して，声に出して発音しよう。

☐ **medicine** [médəsin] 图 薬，薬剤   ☐ **glove(s)** [ɡlʌ́v(z)] 图 手袋

☐ **towel(s)** [táuəl(z)] 图 タオル   ☐ **reason(s)** [ríːzn(z)] 图 理由，わけ

Speaking グループで防災バッグを作りましょう。

1. 教科書p.70のリストから，家の防災バッグに備えておくべきだと思うものを5つ選び，✔ を付けましょう。
リストにないもので入れるべきだと思うものがあれば，空欄に追加しましょう。

2. グループになり，何を入れるべきかを話し合って決めましょう。

A： We should pack a radio. We have to get information.
（ラジオを入れるべきです。情報を手に入れなければいけません。）

B： We should pack bottled water.
（ペットボトルの水を入れるべきです。）

A： I don't think we should pack bottled water. It's too heavy.
（ペットボトルの水は入れるべきではないと思います。重すぎます。）

解答例 We should pack clothes. We can change them when they get dirty.
（衣類を入れるべきです。汚くなったら，着替えることができます。）

3. 防災バッグに入れるものと選んだ理由を書き，グループごとに発表しましょう。

解答例 **Our Group's Emergency Bag** （私たちのグループの防災バッグ）

Items （品物）	Reasons （理由）
flashlight （懐中電灯）	We need it at night. （夜に必要です。）
map （地図）	When we have to find a place, we need this. （場所を探さなければならないときに，これが必要です。）
bottled water （ペットボトルの水）	We can use it for drinking. （飲むのに使えます。）
towels （タオル）	When we get injured, we can use them. （けがをしたときに，使えます。）
gloves （軍手）	We have to protect our hands. （手を守る必要があります。）

ふり返り

CAN-DO 説明から，どんなものかを聞き取ることができる。　▶▶CAN-DO List (L-2)

CAN-DO 防災バッグに入れるものを決める，話し合いをすることができる。　▶▶CAN-DO List (SI-2)

イベントのお知らせ

Goal Reading 複数の掲示物から，自分が必要とする情報を読み取ることができる。

公民館の掲示板にイベントのお知らせが貼られています。自分の予定や希望に合うイベントを見つけましょう。

EVENTS IN OCTOBER （10月の行事）

Everyone is welcome to attend! （みなさんのご参加をお待ちしています！）

A

FOREST GARDEN PLANTING EVENT
（フォレストガーデン植樹イベント）

Sunday, October 21
（10月21日 日曜日）
9 a.m.-12 p.m.
（午前9時－12時）

Please come and plant trees in our Forest Garden.
（フォレストガーデンに木を植えにお越しください。）

B

USED BOOK COLLECTION
（古本回収）

Saturday, October 27
（10月27日土曜日）
1 p.m.-5 p.m.
（午後1時－5時）

Please bring your used books. They can help students in Africa and India.
（古本をお持ちください。アフリカとインドの学生を助けることができます。）

C

VOLUNTEER DAY
（ボランティアデー）

Sunday, October 28
（10月28日 日曜日）
9:30 a.m.-12 p.m.
（午前9時30分－12時）

Join your favorite volunteer activity.
（お気に入りのボランティア活動に参加しましょう。）

D

HALLOWEEN PARTY
（ハロウィンパーティー）

Sunday, October 28
（10月28日 日曜日）
10:30 a.m.-12 p.m.
（午前10時30分－12時）

Join us and have fun!
（参加して楽しもう！）

1. 以下の予定などを読んで，スケジュール帳に予定を書き，空いている日と時間帯を確かめましょう。

● You have to stay home and take care of your little brother on Saturday afternoons.
（土曜日の午後は家にいて，幼い弟の世話をしなければいけない。）

● You usually have nothing to do on Sundays.
（日曜日はたいてい何もすることがない。）

● On October 21, you should spend the whole day on studying.
（10月21日は，一日中勉強に費やすべきである。）

● You would like to do something for someone.
（誰かのために何かをしたい。）

20 SAT.	**21** SUN. studying （勉強する）
take care of my little brother （幼い弟の世話をする）	studying （勉強する）
27 SAT.	**28** SUN.
take care of my little brother （幼い弟の世話をする）	

2. 上の予定や希望に合うイベントはどれですか。
p.112の A ～ D から1つ選び，□ に記号を書きましょう。　

● New Words　単語と語句 アクセントの位置に注意して，声に出して発音しよう。

□ attend [əténd] 　動 出席する，参加する

□ **forest** [fɔ́ːrist] 　名 森林，森

□ **garden** [gáːrdn] 　名 庭，庭園

□ plant(ing) [plǽnt(iŋ)] 　動 （植物）を植える

□ **a.m.** [éiém] 　副 午前

□ **used** [júːzd] 　形 中古（品）の

□ collection [kəlékʃən] 　名 収集

□ Africa [ǽfrikə] 　名 アフリカ

□ **volunteer** [vὰləntíər] 　名 ボランティア

□ **join** [dʒɔ́in] 　動 （活動・イベント）に参加する，加わる

□ Halloween [hὰləwíːn] 　名 ハロウィーン

□ *have* [hǽv/əv] 　動 （楽しみ・困難などを）経験する

□ *little* [lítl] 　形 若い，年少の

□ **nothing** [nʌ́θiŋ] 　代 何も～ない，少しも～ない

□ **spend** [spénd] 　動 （時間）を過ごす［費やす，かける，使う］

□ **whole** [hóul] 　形 まるごとの，全ての

□ **someone** [sʌ́mwÀn] 　代 〔肯定で〕誰か，ある人

□ have fun　楽しむ，楽しい時間を過ごす

□ spend ～ on -ing　…するのに～を使う，～かけて…する

体調不良

Goal　Speaking　体調をたずねたり，助言をしたりするやり取りができる。

友達の体調がよくないようです。
体調をたずねたり，助言をしたりするときは，どう言うとよいでしょうか。

1. ペアになり，下のやり取りを演じましょう。

Cathy : **You look** pale. Are you sick?
（顔色が悪いね。具合が悪いの？）

Makoto : Mm, I have a headache.
（うーん，頭が痛いんだ。）

Cathy : Oh, that's too bad. Did you take any medicine?
（えっ，それはかわいそうに。何か薬は飲んだの？）

Makoto : No, I'll be OK .... Achoo!
（いや，大丈夫……。ハクション！）

Cathy : Hey, I think you **should** go home and go to bed.
（ねえ，家に帰って寝るべきだと思うよ。）

Makoto : But I have a club meeting. What **should** I do?
（だけど部活動のミーティングがあるんだ。どうすべきだろう。）

Cathy : Take it easy. I'll explain the situation for you. Take care of yourself first.
（無理をしないで。あなたのために事情を説明しておくよ。まずは自分の体を大事にしなきゃ。）

症状を言うとき	● I feel sick. ● I have a fever. ● I cut my finger with a knife.
	（具合が悪い）　（熱がある）　（ナイフで指を切った）
様子をたずねるとき	● Did you see a doctor? ● Does it hurt very much?
	（医者にかかりましたか。）　（とても痛いですか。）
	● What did you eat?
	（何を食べましたか。）
相手に助言するとき	● I think you should see a doctor.
	（医者にかかるべきだと思います。）
	● You should take some medicine.
	（何か薬を飲むべきです。）

2. p.114の言い方を参考にして，自分たちで考えたやり取りをしましょう。

解答例

A : You look pale. Are you sick?
（顔色が悪いですね。具合が悪いんですか。）

B : I have a fever.
（熱があります。）

A : Oh, that's too bad. Did you see a doctor?
（えっ，それはかわいそうに。医者にはかかりましたか。）

B : No, I'll be OK.
（いいえ，大丈夫です。）

A : Hey, I think you should see a doctor.
（ねえ，医者にかかるべきだと思います。）

B : But I have a exam. What should I do?
（でも試験があります。どうすべきでしょうか。）

A : Take it easy. I'll explain the situation for you.
Take care of yourself.
（無理をしないでください。あなたのために事情を説明しておきます。自分の体を大事にしてください。）

● New Words　**単語と語句**　アクセントの位置に注意して，声に出して発音しよう。

□ pale [péil]　形 (人・顔などが) 青白い

□ **sick** [sík]　形 病気の，具合が悪い

□ mm [mm]　間 うむ，ええと

□ **headache** [hédèik]　名 頭痛

□ *take* [téik]　動 (薬) を飲む，(薬) を服用する

□ achoo [ɑːtʃúː]　名「ハクション」の音

□ **meeting** [míːtiŋ]　名 会議，会合

□ *easy* [íːzi]　形 安楽な，心配のない，くつろいだ

□ **explain** [ikspléin]　動 〜を説明する

□ **situation** [sìtʃuéiʃən]　名 状況

□ *for* [fɔ́ːr/fər]　前〔代理・代表〕〜の代わりに

□ *cut* [kʌ́t]　動 cut の過去形，過去分詞

□ **finger** [fíŋgər]　名 (手の) 指

□ **knife** [náif]　名 ナイフ，包丁

□ *see* [síː]　動 (医者など) に見てもらう

□ **hurt** [hə́ːrt]　動 (体の部分が) 痛む，痛い

□ take some medicine　薬を飲む

□ Take it easy.　無理をしないで。肩の力を抜いて。

助動詞 （話し手の考えを動詞に加える言葉）

● 場面と意味

Mom, you shouldn't forget some cat food for Felix.
（お母さん，フェリックスのためのキャットフードを忘れてはだめだよ。）

Think　（例）防災バッグを準備している場面で，お母さんがしなければいけないことについて話している。

● 文の形

助動詞といっしょに使う動詞はいつも原形になります。

助動詞	働き	使い方の例
can	能力・可能	I **can** read this *kanji*.　（私はこの漢字が読めます。） I **can't** say this tongue twister.　（私はこの早口言葉を言えません。）
	依頼	**Can you** come with me?　（私といっしょに来てくれますか。） — Of course.　（もちろん。）　▶ Daily Life 1
	許可	You **can** use this computer.　（あなたはこのコンピュータを使ってもいいです。）
	許可を求める	**Can I** have a small-size pizza?　（小さいサイズのピザを頂けますか。） — Sure.　（どうぞ。）　▶ Daily Life 3
will	未来	She'**ll** meet him at the airport.　（彼女は彼と空港で会うでしょう。）　▶ Unit 3-2 It **will** be a hot summer.　（暑い夏になるでしょう。）
	依頼	**Will you** bring them now?　（それらを今持ってきてくれますか。） — Certainly.　（承知しました。）　▶ Daily Life 3
may	許可を求める	**May I** speak to Bill, please?　（ビルとお話ししたいのですが。） — Sure.　（もちろん。）　▶ Daily Life 1
shall	申し出る	**Shall I** take your order?　（ご注文をお伺いしてよろしいですか。） — Yes, please.　（はい，お願いします。）　▶ Daily Life 3
	提案	**Shall we** have lunch together?　（いっしょに昼食をとりますか。） — Yes, let's.　（はい，そうしましょう。）
could	依頼	**Could** you tell me the way to the museum?　（美術館への道を教えていただけますか。） — Of course.　（もちろん。）　▶ Daily Life 4
would	すすめる	**Would** you like some drinks?　（何か飲み物はいかがですか。） — Yes, please.　（はい，お願いします。）　▶ Daily Life 3
must	義務	You **must** check the weather information. （あなたは天気予報をチェックしないといけません。）　▶ Unit 5-2
	禁止	You **must not** go out from home.　（あなたは家から出てはいけません。）　▶ Unit 5-2
should	義務	We **should** pack a flashlight.　（私たちは懐中電灯を入れるべきです。）　▶ Unit 5-3
	助言	I think you **should** go home and go to bed. （あなたは家に帰って寝るべきだと思います。）　▶ Daily Life 6

Grammar Hunt　Unit 5のストーリーを読み，助動詞を○で囲みましょう。また，それらが表す意味を確かめましょう。

解答例　Unit 5　Part 1

Ms. Brown :　There ⦿will⦿ be an earthquake drill this afternoon.
　　　　　　　So today, we ⦿will⦿ make an English pamphlet
　　　　　　　about earthquake safety actions.　　　　　未来を表す。

➡ New Words　**単語と語句**　アクセントの位置に注意して，声に出して発音しよう。

☐ hunt(ing) [hʌ́nt(iŋ)]　動 狩りをする，狩猟する

☐ certainly [sə́ːrtnli]　副〔質問・依頼への返答として〕もちろん，その通り，承知しました

☐ Shall we ～ ?　～しませんか。

Unit 6

Goal

Reading

レポートから，職場で体験したことや感想などを読み取ることができる。

Writing

職場で体験したことや感想などを伝える，レポートを書くことができる。

職場体験

Work Experience

Check 教科書p.75の写真を見て，ストーリーの話題を予測する

- **About You** How was your work experience? （あなたの職場体験はどうでしたか。）

  （例）I took care of animals in a zoo. It was very fun.

  （私は動物園で動物の世話をしました。とても楽しかったです。）

- What did Kota learn through his experience?

  （コウタは体験を通して何を学びましたか。）

  （例）He learned that the teaching is hard work.

  （彼は，教えることは大変な仕事だということを学びました。）

Listen ストーリーのおおまかな内容をつかむ

Watch

1. 教科書p.75の写真を見て，音声を聞き，出来事の順に □ に数字を書きましょう。

   A 2   **B** 3   **C** 1

2. 映像を見て，内容を確かめましょう。

● New Words　**単語と語句**　アクセントの位置に注意して，声に出して発音しよう。

□ *work* [wə́ːrk]　名 仕事，業務，職場　　　□ **through** [θrúː]　前 ～を通じて，～によって

□ **experience** [ikspíəriəns]　名 体験，経験

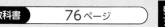

→ 本文の解説はp.124にあります。

Q. Kota は何をするために Ashim のもとへ行きましたか。

A.（例）凧を作る手伝いをするために行った。

Teacher :　① Ashim, this is Kota.　② He's here to help you.
先生：　　アシム，こちらはコウタ。　君を手伝うためにここにいるよ。

Kota :　③ Hi. I'm Kota.
コウタ：　やあ。コウタです。

Ashim :　④ Hi. I'm Ashim.
アシム：　こんにちは。アシムです。

Kota :　⑤ Where are you from?
コウタ：　どこから来たの？

Ashim :　⑥ Nepal.
アシム：　ネパールだよ。

Kota :　⑦ I see.　⑧ We'll make a kite today.
コウタ：　なるほど。　今日は凧を作るよ。

　　⑨ Do you fly kites in Nepal?
　　ネパールでは凧をあげるのかな。

Ashim :　⑩ Yes.　⑪ A kite is a *changa* in Nepali.
アシム：　うん。　凧はネパール語でチャンガと言うんだ。

　　⑫ We fly kites during the Dashain Festival.
　　ダサイン・フェスティバル期間中に凧をあげるんだ。

Kota :　⑬ That's interesting.
コウタ：　それはおもしろいね。

　　⑭ In Japan, we fly kites at *shogatsu*, the New Year.
　　日本ではお正月に凧あげをするんだよ。

Ashim :　⑮ Let's make a nice kite to fly at the New Year!
アシム：　お正月にあげるためにすてきな凧を作ろう！

● New Words　**単語と語句**　アクセントの位置に注意して，声に出して発音しよう。

□ Ashim　アシム〔男性の名〕

□ *to* [túː/tə]
　前〔to ＋ 動詞の原形で〕〜するために

□ *changa*　チャンガ

□ Nepali [nəpɔ́ːli]　名 ネパール語

□ Dashain Festival
　ダサイン・フェスティバル

Nick は最近，熱心に日本語の勉強をしています。
Nick が日本語を勉強する目的を2つ選んで，✔ を付けましょう。

→ 音声の内容はp.127にあります。

A to get a Japanese girlfriend ○　　**B** to read manga in Japanese ✓

C to talk with Kota in Japanese ✓　　**D** to become a language teacher ○

About You あなたが英語を勉強する目的を下の表から1つ選び，You の欄に○を付けましょう。
その後ペアになり，例を参考に相手の目的をたずね，Your friend の欄に○を付けましょう。

解答例

	You（あなた）	Your friend（あなたの友達）
(1) to travel abroad （海外旅行をするため）		
(2) to read English books （英語の本を読むため）		
(3) to make friends all over the world （世界中で友達を作るため）	○	
(4)（自分で考えて） to sing English songs （英語の歌を歌うため）		○

[例]　A： Why do you study English?
　　　（どうして英語を勉強しますか。）
　　B： I study English to travel abroad. How about you?
　　　（私は海外旅行をするために英語を勉強します。あなたはどうですか。）
　　A： I study English to read English books.
　　　（私は英語の本を読むために英語を勉強します。）

解答例　A： Why do you study English?　（どうして英語を勉強しますか。）
　　B： I study English to make friends all over the world. How about you?
　　　（私は世界中で友達を作るために英語を勉強します。あなたはどうですか。）
　　A： I study English to sing English songs.
　　　（私は英語の歌を歌うために英語を勉強します。）

About You 自分と友達が英語を勉強する目的をそれぞれ書きましょう。

解答例　I study English to make friends all over the world.
（私は世界中で友達を作るために英語を勉強します。）
Maiko studies English to sing English songs.
（マイコは英語の歌を歌うために英語を勉強します。）

基本文
目的を示して言う。
He's here **to help** you.　（彼はあなたを手伝うためにここにいます。）
I study English **to travel** abroad.　（私は海外旅行をするために英語を勉強します。）
▶ Active Grammar　p.132

● **New Words**　**単語と語句**　アクセントの位置に注意して，声に出して発音しよう。

□ girlfriend [gə́ːrlfrènd] 名 ガールフレンド

□ **language** [lǽŋgwidʒ] 名 言語

□ **abroad** [əbrɔ́ːd] 副 外国に [へ・で]，海外に [へ・で]

□ make friends　友達になる

教科書 78ページ

→ 本文の解説はp.125にあります。

Q. Kota と Ashim は，なぜコミュニケーションを取ることができたのでしょうか。

A. （例）英語で話したから。

① Today, I'll talk about my work experience at an elementary school.
今日は，小学校での職場体験についてお話します。

② I helped a teacher with an arts and crafts class.
ぼくは図工の授業で先生のお手伝いをしました。

③ The students made Japanese kites.
生徒たちは日本の凧を作りました。

④ I helped a student from Nepal.
ぼくはネパールから来た生徒の手伝いをしました。

⑤ We were able to communicate well because we talked in English.
ぼくたちは英語で話したので，コミュニケーションをうまく取ることができました。

⑥ It was my first time, but I enjoyed working with the students.
初めてでしたが，生徒と作業するのは楽しかったです。

⑦ I also learned that teaching is hard work.
教えることは大変な仕事だということも学びました。

● **New Words**　**単語と語句**　アクセントの位置に注意して，声に出して発音しよう。

□ *with* [wíð]　前 ～に関して，～について

□ **arts and crafts** [á:rts ənd krǽfts]
名 図工〔教科〕，（美術）工芸

□ **able** [éibl]　形 できる，能力がある

□ **communicate** [kəmjú:nəkèit]
動 気持ちを伝え合う，理解し合う，意思疎通をする

□ **because** [bikɔ́:z]　接 ～だから，～なので

□ **teach(ing)** [tí:tʃ(iŋ)]　動 教える

□ **talk about ～**　～について話す

□ **help ～ with ...**　～が…するのを手伝う

□ **be able to ～**
～することができる，～する能力がある

Hajin たちが，職場体験について話しています。それぞれの仕事が楽しかった理由，大変だったと思う理由は何でしょう。下の **A** ～ **H** から選びましょう。

→ 音声の内容はpp.128-129にあります。

(1) Eri			
fun （楽しい）	A	hard （難しい）	G

(2) Tina			
fun （楽しい）	D	hard （難しい）	H

(3) Hajin			
fun （楽しい）	C	hard （難しい）	F

A I like taking care of animals.
（私は動物の世話をするのが好きです。）

B I like cooking.
（私は料理をするのが好きです。）

C I ate some good food.
（私はおいしいものを食べました。）

D The people were kind.
（人々は親切でした。）

E I had to be quiet.
（私は静かにしなければいけませんでした。）

F I had to keep standing.
（私は立っていないといけませんでした。）

G I had to watch the children.
（私は子供たちを見ていなければいけませんでした。）

H I had to set the table three times a day.
（私は1日に3回テーブルをセットしなければいけませんでした。）

About You (1) ～ (4) について，楽しいと思うものには○，そうでないものには×を You の欄に書き，ペアになってその理由を伝え合いましょう。

解答例

	You （あなた）	Your friend （あなたの友達）
(1) cooking　（料理をすること）	○	×
(2) reading books　（本を読むこと）	×	○
(3) watching a baseball game　（野球の試合を見ること）	○	×
(4) （自分で考えて）　taking pictures　（写真を撮ること）	○	○

[例]　A：Cooking is fun because I can make my favorite food and eat it.
（好きな食べ物を作ることができて，それを食べられるので，料理をすることは楽しいです。）
How about you?　（あなたはどうですか。）

B：Cooking isn't fun because I'm not good at it.
（料理をすることが得意ではないので，楽しくありません。）

About You 自分が楽しいと思うことを，理由とともに書きましょう。

解答例　Taking pictures is fun because I can share my memories with others.
（ほかの人たちと私の思い出を共有することができるので，写真を撮ることは楽しいです。）

基本文

理由や原因を示して言う。
We were able to communicate well **because** we talked in English.
（私たちは英語で話したので，コミュニケーションをうまく取ることができました。）
Because we talked in English, we were able to communicate well.
（私たちは英語で話したので，コミュニケーションをうまく取ることができました。）

▶ Active Grammar　p.133

● New Words　**単語と語句**　アクセントの位置に注意して，声に出して発音しよう。

□ *time* [táim] 图 ～回，度

□ *a* [ə/éi] 冠 ～につき，～ごとに

□ **stand(ing)** [stǽnd(iŋ)]
動 立っている，立ち上がる

□ **child** [tʃáild] 图 子供
□ → **children** [tʃíldrən] 图 child の複数形

□ keep -ing　～し続ける

□ ～ times a day　1日に～回 [度]

教科書 80ページ

➡ 本文の解説はp.126にあります。

Listen and Read

Q. Ms. Brown は Kota の感想を聞いてどう思ったでしょうか。

A.（例）うれしく思った。

Hajin : ① What did you think of the students?
ハジン： 生徒たちについてどう思いましたか。

Kota : ② They did a good job, so I enjoyed working with them.
コウタ： よくやっていたので，いっしょに作業するのが楽しかったです。

Tina : ③ What was difficult about the job?
ティナ： その仕事で何が難しかったですか。

Kota : ④ There were many students in the class,
but I had to pay attention to each one.
コウタ： クラスにはたくさんの生徒がいましたが，1人1人に気を配らなければなりませんでした。

⑤ They all need help sometimes.
それぞれ，助けが必要なときもあります。

Eri : ⑥ Was anything surprising?
絵里： 驚いたことはありましたか。

Kota : ⑦ Well, teachers have to do a lot of preparation
for each class.
コウタ： えっと，先生はそれぞれの授業のためにたくさんの準備をしなければならないということです。

Ms. Brown : ⑧ You learned a lot, didn't you?
ブラウン先生： たくさん学んだでしょう。

⑨ Do you want to do it again?
またやってみたい？

Kota : ⑩ Yes!
コウタ： はい！

Ms. Brown : ⑪ I'm glad to hear that.
ブラウン先生： それを聞けてうれしいわ。

Think Kota はどんなことを学んだのでしょう。
（例）たくさんの生徒1人1人に気を配ることの難しさと，先生の授業準備の大変さ。

● New Words **単語と語句** アクセントの位置に注意して，声に出して発音しよう。

☐ **pay** [péi] 動 〜を払う

☐ **attention** [əténʃən] 名 注意，注目，配慮

☐ **surprising** [sərpráiziŋ]
形 （人を）驚かせるような，意外な

☐ preparation [prèpəréiʃən] 名 準備（すること）

☐ *well* [wél] 間 〔ためらい〕ええと，あのう，そうですね

☐ **again** [əgén] 副 再び，もう一度，また

☐ **glad** [glǽd] 形 うれしく思う

☐ pay attention to 〜 〜に注意を払う

それぞれの会話の最後に入るせりふを下から選び，□ に記号を書きましょう。

(1) B　(2) C　(3) A

→ 音声の内容は p.129 にあります。

A I'm happy to hear that.
（それを聞いてうれしく思います。）

B I'm glad to meet you.
（あなたに会えてうれしく思います。）

C I'm sorry to hear that.
（それを聞いて気の毒に思います。）

 About You ペアになり，上の **A** 〜 **C** のせりふから１つを選び，
そのせりふを使う会話の場面を考えてロールプレイをしましょう。

A : I passed the exam last week.
　（先週試験に合格しました。）

B : Really?　I'm happy to hear that.
　（本当ですか。それを聞いてうれしく思います。）

Word Board
・won first prize　（優勝した）
・failed the exam　（試験に落ちた）
・lost the match　（試合で負けた）

解答例 A : My favorite tennis player lost the match yesterday.
　　（好きなテニス選手が昨日試合で負けました。）

　　B : I'm sorry to hear that.
　　（それを聞いて気の毒に思います。）

 About You ロールプレイで話した内容を書きましょう。

Speak の解答例参照。

基本文

そう感じた原因を示して言う。
I'm glad **to hear** that.
（私はそれを聞いてうれしく思います。）

▶ Active Grammar　p.132

● New Words 単語と語句 アクセントの位置に注意して，声に出して発音しよう。

□ *pass* [pǽs] 動 （試験・学科）に合格する

□ **exam** [igzǽm] 名 試験，テスト

□ **week** [wíːk] 名 週

　win [wín] 動 （勝利・賞品）を勝ち取る
　→ □ **won** [wʌ́n] 動 win の過去形，過去分詞

□ **prize** [práiz] 名 賞

□ fail(ed) [féil(d)] 動 （学科・試験）に落ちる

□ **lose** [lúːz] 動 〜で負ける，敗れる
　→ **lost** [lɔ́st] 動 lose の過去形，過去分詞

□ **match** [mǽtʃ] 名 試合

□ pass the exam　試験に受かる

Part 1

基本文

目的を示して言う。

① **He's here to help you.**
（彼はあなたを手伝うためにここにいます。）

② **I study English to travel abroad.**
（私は海外旅行をするために英語を勉強します。）

学習のポイント

不定詞〈副詞的用法〉

①② 〈**to ＋ 動詞の原形**〉の形の不定詞が，動作や状態などに説明を加える副詞のような働きをすることがあります。
この不定詞は，「**〜のために**」という〈**目的**〉を表します。

He's here **to help** you.　　（彼はあなたを手伝うためにここにいます。）

I study English **to travel** abroad.　　（私は海外旅行をするために英語を勉強します。）

本文の解説　　教科書 p.76

② **He's here to help you.**
不定詞〈**to ＋ 動詞の原形**〉の副詞的用法です。to help「手伝うために」が，He is here「彼がここにいる」の〈**目的**〉を説明しています。

⑤ **Where are you from?**　（→教科書p.76　表現）
疑問詞 **where** で始まる疑問文です。「出身はどちらですか。」と，出身地をたずねるときの表現です。

⑧ **We'll make a kite today.**
未来を表す助動詞 **will** の文です。we'll は we will の短縮形です。助動詞 will があるため，動詞 make は原形になっています。

⑭ **In Japan, we fly kites at *shogatsu*, the New Year.**　（→教科書p.76　KEY）
「正月」という日本語の単語を，the New Year と言い換えています。日本語の単語の意味を説明するときは，このように表現する方法もあると覚えておきましょう。

⑮ **Let's make a nice kite to fly at the New Year!**
不定詞〈**to ＋ 動詞の原形**〉の副詞的用法です。to fly at the New Year「新年に飛ばすため」が，すぐ前の make a nice kite「凧を作る」の〈**目的**〉を説明しています。

Part 2

理由や原因を示して言う。

① We were able to communicate well because we talked in English.
（私たちは英語で話したので，コミュニケーションをうまく取ることができました。）

② Because we talked in English, we were able to communicate well.
（私たちは英語で話したので，コミュニケーションをうまく取ることができました。）

接続詞because

①② **because** は接続詞で，2つの文をつないで「**〜なので…**」と理由や原因を表します。
because に続く文は，文の頭にも途中にも置くことができます。

We were able to communicate well **because** we talked in English .
↑理由

Because we talked in English , we were able to communicate well.
↑理由　　　　　　　　　　↑コンマを付ける。

本文の解説

教科書 p.78

① Today, I'll talk about my work experience at an elementary school.
(→教科書p.78　KEY)

talk about 〜 で「**〜について話す**」という意味を表します。発表の初めに，トピックを伝えるときなどによく使われる文です。

② I helped a teacher with an arts and crafts class.
help 〜 with … で，「**〜が…するのを手伝う**」という意味を表します。an arts and crafts class は「図画工作の授業」のことです。

⑤ We were able to communicate well because we talked in English.
because は「**〜なので…**」という理由や原因を表す接続詞です。**be able to 〜** で「**〜することができる，〜する能力がある**」という可能を表します。

⑥ It was my first time, but I enjoyed working with the students.
working は work「働く，勤める」の -ing形で，動名詞です。enjoy「〜を楽しむ」は目的語に動名詞がくる動詞です。不定詞はこないので注意しましょう。

⑦ I also learned that teaching is hard work.
that は具体的な内容を表す文をつなぐ接続詞です。that 以下は「〜ということ」という意味を表し，learn「〜を学ぶ」の具体的な内容を示しています。teaching は teach の -ing形で，動名詞です。that 以下の文の主語になっています。

基本文

そう感じた原因を示して言う。

I'm glad to hear that.
（私はそれを聞いてうれしく思います。）

！学習のポイント

不定詞〈副詞的用法〉

〈**to** ＋ **動詞の原形**〉の形は，不定詞です。副詞のような働きをする不定詞が，「**〜して…**」という〈**ある感情が起きた原因**〉を表すことがあります。

I'm glad **to hear** that. （私はそれを聞いてうれしく思います。）

本文の解説

教科書 p.80

① **What did you think of the students?**

疑問詞 **what** で始まる過去の疑問文です。think of 〜 で「〜を思う，判断する」という意味になります。

④ **There were many students in the class, but I had to pay attention to each one.**

〈**There is [are]** 〜（＋ 場所を表す語句）〉の形の「（…に）〜があります [います]」という文です。

had は have の過去形です。〈**have to** ＋ **動詞の原形**〉で「〜する必要がある，〜しなければならない」という義務を表します。**pay attention to** 〜 で「〜に注意を払う」という意味を表し，「注意を払わなければいけなかった」という意味になります。

⑦ **Well, teachers have to do a lot of preparation for each class.**

〈**have to** ＋ **動詞の原形**〉で「〜する必要がある，〜しなければならない」という義務を表します。preparation for 〜 で「〜のために準備すること」という意味になります。

⑨ **Do you want to do it again?**

名詞的用法の不定詞の文です。want は目的語に不定詞がきます。動名詞は目的語にこないので注意しましょう。

⑪ **I'm glad to hear that.**

不定詞〈**to** ＋ **動詞の原形**〉の副詞的用法です。「〜して…」という〈**ある感情が起きた原因**〉を表します。to hear that が，直前の am glad「うれしく思う」の原因を表しています。that は，直前にコウタが言ったことを指しています。

Part 1 (教科書 p.77) の音声の内容

➡ 解答はp.119にあります。

ポイント 音声の内容は次の通りです。下線部に注意して，音声を聞き，Nick が日本語を勉強する目的を2つ選んで，✔ を付けましょう。

Tina : Hi, Nick. What are you doing? （やあ，ニック。何をしているの？）

Nick : I'm studying Japanese. （日本語を勉強してるよ。）

Tina : Again? You're studying Japanese very hard these days.
（また？ 最近，日本語を一生懸命勉強しているね。）

Nick : Yeah. （うん。）

Tina : Why? （どうして？）

Nick : Well .... （それは……。）

Tina : Oh, let me guess .... You're studying hard to get a Japanese girlfriend, right?
（うーん，私が思うには……。日本人の彼女を作るために必死に勉強しているのね。）

Nick : No. Don't be silly. That's not the reason.
（いや，ふざけないでよ。そんな理由じゃないよ。）

Tina : OK. So are you studying hard to become a Japanese language teacher?
（なるほど。じゃあ日本語教師になるために必死に勉強しているの？）

Nick : No. I don't want to be a teacher. I'm studying Japanese to read manga in Japanese.
（いや，先生になりたいわけじゃないよ。日本語で漫画を読むために日本語を勉強しているんだ。）

There are so many interesting manga here in Japan.
（日本にはおもしろい漫画がとてもたくさんあるからね。）

Tina : Oh, yes. I want to be able to read them in Japanese, too.
（そうね。私も日本語で読めるようになりたいな。）

Nick : And there's one more thing. （それともう1つ。）

Tina : What's that? （何？）

Nick : I want to talk with Kota in Japanese. He's such a nice guy.
（コウタと日本語で話したいんだ。彼はとてもいい人だよ。）

I like him and I want to get to know him better.
（彼のことが好きだし，もっとよく知りたいんだ。）

Tina : Yeah, he's really nice. By the way, how are your studies going?
（うん，本当にいい人だよ。ところで，勉強はどう？）

Nick : Well, *hiragana* and *katakana* are going OK, but the *kanji* are so difficult.
（そうだね，ひらがなとカタカナは順調だけど，漢字は難しいな。）

I'm learning to read and write *kanji* right now. （今は漢字の読み書きを勉強しているよ。）

Tina : Great. You can do it, Nick. （すごいね。あなたならできるよ，ニック。）

ポイント 音声の内容は次の通りです。下線部に注意して，音声を聞き，それぞれの仕事が楽しかった理由，大変だったと思う理由を選びましょう。

(1)

Tina : How was your work experience, Eri? （絵里，職場体験はどうだった？）

Eri : It was fun, but it was hard. （楽しかったけど，大変だったよ。）

Tina : Where did you do it? （どこでしたの？）

Eri : I worked at an aquarium. （水族館で働いたよ。）

Tina : An aquarium? That sounds fun! （水族館！　楽しそう！）

Eri : Yes. It was fun because I like taking care of animals.
（うん。動物のお世話をするのが好きだから，楽しかったよ。）
Sea animals are so interesting. But working at an aquarium is also hard work.
（海の生き物っておもしろいけど，水族館の仕事は大変だわ。）

Tina : How come? （どうして？）

Eri : It was hard mainly because I had to watch the children.
（子供たちを見なければいけないのがいちばん大変だったわ。）

Tina : Children? （子供たち？）

Eri : Yes. Lots of children come to the aquarium every day.
（そう。水族館には毎日たくさんの子供たちが来るの。）
They're always running around, and sometimes they get lost in the building.
（いつも走り回っていて，建物の中で迷子になることもあるんだ。）
Then they start crying. They're hard work! （そうすると泣き出すの。大変なんだ！）

Tina : Oh, I see. （そうなんだ。）

(2)

Eri : How about you, Tina? How was your work experience?
（ティナはどう？　職場体験はどうだった？）

Tina : It was interesting. I enjoyed it very much. （おもしろかったよ。とても楽しんだわ。）

Eri : Where did you work? （どこで働いていたの？）

Tina : I worked in a nursing home. （高齢者施設で働いたよ。）

Eri : Was it fun? （楽しかった？）

Tina : Yes. It was fun because the people there were very kind.
（うん。高齢者施設の人たちはとても親切だったから楽しかったわ。）
I enjoyed singing and making *origami* with them. But working in a nursing home is also hard. （いっしょに歌ったり，折り紙を作ったりするのが楽しかったわ。でも，高齢者施設で働くのも大変よ。）

Eri : How come? （どうして？）

Tina : It was hard because I had to set the table three times a day.
（1日に3回もテーブルをセットしなければならないから大変だったわ。）

Eri : And after that, you have to clear the table, right?
（それにそのあと，テーブルの片付けをしないといけないんだよね。）

Tina : That's right. （そうなの。）

(3)

Tina : How was your work experience, Hajin? （ハジン，職場体験はどうだった？）

Hajin : It was hard, but it was fun.　（大変だったけど，楽しかったよ。）

Tina : Where did you work?　（どこで働いたの？）

Hajin : I worked at a restaurant.　（レストランで働いたよ。）

Tina : Was working in a restaurant hard?　（レストランで働くのは大変だった？）

Hajin : Yes. It was hard because I had to keep standing.

　　　（うん。立っていないといけなかったから大変だったよ。）

　　　I felt really tired when I finished work. But it was also fun.

　　　（仕事が終わったときは本当に疲れた。でも楽しかったよ。）

Tina : How come?　（どうして？）

Hajin : It was fun mostly because I ate some good food.

　　　（楽しかったよ。主に，おいしいものを食べたからさ。）

Tina : Oh, I see.　（ああ，なるほど。）

Part 3 （教科書 p.81) の音声の内容

➡ 解答はp.123にあります。

ポイント 音声の内容は次の通りです。音声を聞き，それぞれの会話の最後に入るせりふを下から選び，
　　□ に記号を書きましょう。

(1)

Nick : Excuse me.　（すみません。）

Ted : Yes?　（はい？）

Nick : Are you Mr. Ted Baker?　（テッド・ベイカーさんですか。）

Ted : Yes, I am.　（はい，そうです。）

Nick : Wow! Unbelievable! What a surprise!

　　　（わあ！　信じられない！　びっくりした！）

　　　I'm Nick Rios. I'm a great fan of yours and your soccer team!

　　　（ニック・リオスです。あなたとあなたのサッカーチームの大ファンです！）

Ted : Oh, you are? Thanks. Do you play soccer, Nick?

　　　（ああ，そうなんですか。ありがとうございます。ニックはサッカーをするんですか。）

Nick : Yes! I love playing soccer.

　　　（はい！　サッカーをするのが大好きです。）

(2)

Tina : Hi, Eri. Oh, what happened to Randy?

　　　（こんにちは，絵里。あっ，ランディはどうしたの？）

Eri : He's sick. He's having trouble with his ears.　（病気なの。耳の調子が悪いの。）

　　　We're coming home from the animal hospital.　（動物病院から帰るところよ。）

Tina : Oh.　（あら。）

(3)

Kota : Hey, Hajin. How was the game?　（やあ，ハジン。試合はどうだった。）

Hajin : It was great. We won! I hit a three-point shot!

　　　（最高だった。勝ったよ！　スリーポイントシュートを打ったよ。）

Kota : Wow! You're awesome!

　　　（わぁ！　すごいね！）

Reading 職場体験について，Eri が書いたレポートを読みましょう。

---

(1)I went to an aquarium for my work experience.

（私は職場体験で水族館へ行きました。）

(2)I helped the staff with an event, the "Touch Pool." In that event, you can touch fish, shrimps, and starfish.

（私は「タッチ・プール」というイベントでスタッフの手伝いをしました。そのイベントでは，魚やエビ，ヒトデに触れることができます。）

(2)I stood by the pool to introduce the names of the fish to small children.

（私は小さな子供たちに魚の名前を紹介するためにプールのそばに立っていました。）

Some asked me questions, but I couldn't answer them all. I was happy when I could.

（質問をしてきた子供たちがいましたが，全部には答えることができませんでした。答えることができたときはうれしかったです。）

Now I want to learn more about sea animals. (3)Working at an aquarium is not easy because we must take care of living things, but it was fun anyway.

（今は海の生き物についてもっと学びたいです。生き物の世話をしなければならないため，水族館で働くことは容易ではありません。しかし，それでもやはり楽しかったです。）

[89 words] ［89語］

次の情報に当たる部分に，下線を引きましょう。

(1) どこで職場体験をした（働いた）か
(2) 体験したこと［2文］
(3) 感想

Words And Phrases 感想を表す言い方

I worked hard to 〜 （〜するために頑張った）
　[例] I worked hard to answer the questions. （私は質問に答えるために頑張りました。）
I was 〜, but it was .... （〜だったけど…だった）
　[例] I was tired, but it was a lot of fun. （私は疲れましたが，とても楽しかったです。）

□ **staff** [stǽf] 名職員，従業員，スタッフ

□ **shrimp(s)** [ʃrímp(s)] 名エビ

 stand [stǽnd] 動立っている，立ち上がる

 → □ **stood** [stúd] 動 stand の過去形，過去分詞

□ **question(s)** [kwéstʃən(z)] 名質問，問い

□ **sea** [síː] 名海

□ **living thing(s)** [lívɪŋ θíŋ(z)] 名生物

□ **touch** [tʌ́tʃ] 名触れること，接触

 動 ～に触れる，触る

□ **starfish** [stáːrfìʃ] 名ヒトデ

□ **introduce** [ìntrədjúːs] 動 ～を紹介する

□ *some* [sʌ́m/səm]

 代 ～する人たち〔some people などの略〕

□ **answer** [ǽnsər]

 動 (人・質問・指示など) に答える

□ **living** [lívɪŋ] 形生きている

□ **anyway** [éniwèi]

 副〔通例文末で〕それにもかかわらず，

 それでもやはり

Writing 今度は，あなたの職場体験について友達に報告し，その職業について知ってもらいましょう。

1. あなたの職場体験について，まず伝えたい情報をメモにまとめましょう。

解答例	(1) どこで職場体験をしたか	zoo （動物園）
	(2) 体験したこと	I helped the zookeeper. （飼育員を手伝った。）
	(3) 感想	I was tired, but it was interesting. （疲れたが，興味深かった。）

2. 上のメモをもとに，自分のレポートを書きましょう。

解答例

 I went to a zoo for my work experience.
（私は職場体験で動物園へ行きました。）

 I helped the zookeeper. It was really fun to feed animals, so I enjoyed working there.
（私は飼育員を手伝いました。動物にえさをやるのはとてもおもしろくて，私はそこで働くのを楽しみました。）

 Before feeding them, we had to do a lot of preparation because each animal eats different foods. I learned that taking care of them is hard work.
（それぞれの動物が違うえさを食べるので，えさをやる前に，たくさんの準備をしなければいけませんでした。私は，動物の世話をすることが大変な仕事だということを学びました。）

 I want to learn more about animals like elephants, giraffes, and lions. I was tired, but it was really interesting to work in the zoo.
（ゾウ，キリン，ライオンのような動物についてもっと学びたいです。私は疲れましたが，動物園で働くことは本当に興味深かったです。）

3. グループになってレポートを読み合い，自分も体験してみたいと思うものを選びましょう。

 ふり返り

 CAN-DO レポートから，職場で体験したことや感想などを読み取ることができる。 ▶▶CAN-DO List (R-2)

 CAN-DO 職場で体験したことや感想などを伝える，レポートを書くことができる。 ▶▶CAN-DO List (W-2)

Active Grammar ❻

不定詞〈形容詞的用法・副詞的用法〉
(to + 動詞の原形が表すいろいろな意味)

● 比べてみよう

(1) *Kota :* New York is amazing. There are so many fun things **to do** here.
（ニューヨークってすばらしいね。おもしろいことがたくさんある。）

(2) *Teacher :* He's here **to help you**.　（彼は君を手伝うためにここにいるよ。）

(3) *Ms. Brown :* You learned a lot, didn't you?
　　　　　　 Do you want to do it again?
　　　　　　 （たくさん学んだでしょう。またやってみたい？）
　Kota : Yes!　（はい！）
Ms. Brown : I'm glad **to hear that**.
　　　　　　 （それを聞けてうれしいわ。）

> 下線部の to do it again は want の目的語になる名詞のような働きをしています。

Think　（例）(1) to do は「するための」という意味で，直前の things に説明を加えている。
　　　　　　　　 (2) to help you は「君を手伝うため」という意味で，直前の He's here の目的を表している。
　　　　　　　　 (3) to hear that は「それを聞けて」という意味で，直前の I'm glad の原因を表している。

● 文の形

1　名詞に説明を追加する働き　〈形容詞的用法〉　▶ Unit 4-3

I need someone **to help** me .
（私には助けてくれる人が必要です。）

Kota has a place **to stay** in New York.
（コウタはニューヨークに泊まる場所があります。）

> 名詞に説明を加える形容詞のような働きもします。

2　目的を追加する働き　〈副詞的用法〉　▶ Unit 6-1

I study English **to go** abroad .
（私は海外に行くために英語を勉強しています。）

Kota was there **to help** Ashim .
（コウタはアシムを助けるためにそこにいました。）

> 動詞や形容詞，副詞など，名詞以外のものに説明を加える副詞のような働きもします。

3　感情の原因などを追加する働き　〈副詞的用法〉　▶ Unit 6-3

I'm glad **to see** you .
（私はあなたに会えてうれしいです。）

I was sad **to hear** that .
（私はそれを聞いて悲しかったです。）

Grammar Hunt　Unit 4, 6のストーリーを読み，不定詞を○で囲みましょう。
また，それぞれの意味や働きを確かめましょう。

　　　　　解答例　Unit 4　Part 3
　　　　Tina : Let's get something to eat.
　　　　something に説明を加える形容詞のような働き。

接続詞 （文と文をつなぐ言葉）

● 比べてみよう

(1) *Kota :* We were able to communicate well **because** we talked in English.
（ぼくたちは英語で話したので，コミュニケーションをうまく取ることができました。）

> because の後ろの文が，前の文の理由を表しています。

(2) *Kota :* I also learned **that** teaching is hard work.
（教えることは大変な仕事だということも学びました。）

> that の後ろの文全体が，learned の目的語として具体的な内容を表しています。

(Think) 　（例）（1）because の後ろの文が，前の文の理由や原因を表している。
　　　　　　（2）that の後ろの文全体が，目的語の役割を果たしている。

● 文の形

1 時，条件，理由などを表す文をつなぐ言葉

(1) when：同時であることを表す ▶ Unit 1-3

〈 Eri 〉 came by 〈 when 〉 〈 Hajin 〉 was studying Japanese.

（絵里はハジンが日本語を勉強しているときに来ました。）

(2) if：条件を表す ▶ Unit 3-3

〈 We 〉 can drive straight home 〈 if 〉 〈 you 〉 are tired.

（疲れていたらまっすぐ家に行くことができます。）

(3) because：理由を表す ▶ Unit 6-2

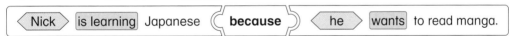
〈 Nick 〉 is learning Japanese 〈 because 〉 〈 he 〉 wants to read manga.

（ニックは漫画が読みたくて日本語を勉強しています。）

when, if, because がつなぐ文は，文の先頭にもっていくこともできます。
そのときは，コンマ (,) を忘れずに付けましょう。

2 that：具体的な内容を表す文をつなぐ言葉 ▶ Unit 2-3

〈 I 〉 think 〈 (that) 〉 〈 you 〉 are a good coach.

（あなたはいいコーチだと思います。）

〈 I 〉 am sure 〈 (that) 〉 〈 you 〉 will be a good teacher.

（あなたはきっといい先生になると思います。）

I know（私は知っている）や I believe（私は信じる），I say（私は言う）などの後ろにも，同様に that で文をつなぐことができます。この that はよく省略されるので注意しましょう。

Grammar Hunt 　Unit 5，6のストーリーを読み，接続詞を◯で囲みましょう。
また，それぞれの接続詞がどのように2つの文をつないでいるかを確かめましょう。

（解答例） Unit 5　Part 1

Kota : (When) the shaking stops, you can leave the building.

Tina : Do we have to take our bags?

when を使って，時を表す文をつないでいる。

Meet Hanyu Yuzuru 羽生結弦に会う

Goal Reading インタビュー記事から，人物の経歴や思いを読み取ることができる。

Before You Read あなたは，羽生選手についてどのようなことを知っていますか。

(例) 平昌オリンピックの金メダリスト。

TIPS for Reading

いちばん伝えたいこと
インタビュー記事を読むときは，質問に対する答えの中で，その人がいちばん伝えたいことを読み取ろう。そこから何かを感じたり学んだりするのもよい。

➡ 本文の解説は pp.139-140 にあります。

Q1

① **Yuzuru, you are a great figure skater.**
結弦，あなたはすばらしいフィギュアスケート選手です。

② **Your words and your way of thinking inspire many people, too.**
あなたの言葉や考え方も，多くの人々を鼓舞しています。

③ **What event in your life inspired you?**
あなたの人生のどんな出来事が，あなたを鼓舞したのでしょうか。

A1

④ One big event in my life was the Great East Japan Earthquake.
ぼくの人生の中での1つの大きな出来事は，東日本大震災でした。

⑤ I was 16 years old when I experienced it in Sendai.
仙台で被災したとき，ぼくは16歳でした。

⑥ When I saw the photos of the tsunami areas, I felt very, very sad.
津波があった地域の写真を見たとき，ぼくはとても，とても悲しくなりました。

⑦ I will never forget it.
決して忘れることはないでしょう。

⑧ I also felt scared because the disaster took away everything so quickly.
また，災害がとてもすばやくすべてを奪っていったため，恐怖を感じました。

⑨ I didn't feel safe in my everyday life.
日常生活の中で安心することができませんでした。

⑩ I couldn't use the ice-skating rink, and I couldn't think about skating.
スケートリンクを使うことができず，スケートのことを考えることもできませんでした。

⑪ Then, people came to support me.
その後，人々がぼくを支援しに来てくれました。

⑫ They came from a lot of places.
多くの場所から来てくださいました。

⑬ They gave me a place to practice.
彼らはぼくに練習するための場所をくれました。

⑭ I was glad to receive their help.
彼らの援助を受けることができ，うれしく思いました。

⑮ I was able to continue skating because of my supporters.
サポーターのみなさんのおかげでスケートを続けることができました。

⑯ Now I feel thankful every day.
今は日々感謝しています。

⑰ I always work hard and do my best.
常に一生懸命取り組み，全力を尽くしています。

Q2

⑱ **When you were a third-year high school student, you started to train in Canada.**
あなたは，高校3年生のとき，カナダでトレーニングをし始めましたね。

⑲ **Were you good at communicating in English?**
英語でのコミュニケーションはうまくできましたか。

A2

⑳ It was really difficult!
本当に難しかったです！

㉑ At first, when my coach spoke, I couldn't understand.
最初は，コーチが話をしたとき，理解することができませんでした。

㉒ I couldn't tell him my opinions in English.
英語で自分の意見を彼に伝えることができませんでした。

㉓ When I didn't know a word, I used gestures.
単語がわからなかったときは，ジェスチャーを使いました。

㉔ Sometimes I made mistakes, but I continued to try.
ときには間違えたこともありましたが，努力し続けました。

Q. What did Yuzuru's supporters do for him after the earthquake?
（結弦のサポーターは地震の後，彼のために何をしましたか。）

A. （例）They gave him a place to practice.
（彼らは彼に練習するための場所を与えました。）

➡ 本文の解説はp.140にあります。

① Now I can communicate with my coach somehow.
今はどうにかコーチとコミュニケーションを取ることができます。

② When I want to say something to him, I can say it in English.
彼に何かを言いたいときは，英語で言うことができます。

③ On the other hand, my English is still limited.
一方で，ぼくの英語にはまだ限度があります。

④ I sometimes feel I should learn more English.
もっと英語を学ばなければと，ときどき感じます。

Q3

⑤ **Before the 2018 Olympics, you injured your foot.**
2018年のオリンピックの前に，あなたは足をけがしました。

⑥ **Then you won the gold medal!**
その後，金メダルを取りましたよね！

⑦ **You always continue to skate in difficult times.**
あなたは辛いときでもいつもスケートをし続けています。

⑧ **How can you do it?**
どのようにやっているのでしょうか。

A3

⑨ First of all, I don't mind difficult times.
まず何より，ぼくは辛いときを気にしないんです。

⑩ I think I learned many things from my various experiences.
さまざまな経験から多くのことを学んできたと思っています。

⑪ I love to challenge my limits.
ぼくは自分の限界に挑戦するのが大好きです。

⑫ When I'm at my best, I can succeed in doing some very difficult jumps.
自分が最善の状態のとき，とても難しいジャンプを成功させることができます。

⑬ Then I'm really happy that I became a skater.
そんなとき，スケート選手になって本当によかったと思います。

Q. 1. What does he feel about English now?
（彼は英語について今何を感じていますか。）

A.（例）He feels he should learn more English.
（もっと英語を学ばなければと感じている。）

2. Does he mind difficult times?
（彼は辛い時期を気にしますか。）

A.（例）No, he doesn't.
（いいえ，気にしません。）

➡ 本文の解説はp.140にあります。

Q4

① **Finally, what is your message to junior high school students?**
最後に，中学生へのあなたのメッセージは何ですか。

A4

② When you try hard but you do not succeed, you may feel down.
一生懸命努力してもうまくいかないとき，落ち込んでしまうかもしれません。

③ You may feel sad.　④ But all of you can do something.
悲しいかもしれません。　　　だけど，君たちみんな，何かをすることができるんです。

⑤ Please find it!　⑥ You can find it by yourself.
それを見つけてください！　　自分自身で見つけることができます。

⑦ You can also ask your family and friends to find it for you.
家族や友達に頼んで，あなたのために見つけてもらうこともできます。

⑧ Be confident, and do your best in everything.
自信をもって，何事にも全力を尽くしてください。

⑨ I will always be on your side!
ぼくはいつでも君たちの味方です！　　　　　　　　　　　　　[394 words]　[394語]

After You Read

インタビューの内容に合うように，＿＿に入る語を本文から探して書きましょう。

1 今の考え方に大きな影響を与えた出来事
● After the Great East Japan Earthquake, I felt sad and ＿scared＿ .
（東日本大震災の後，ぼくは悲しく，そして恐ろしいと感じました。）
● Now I feel ＿thankful＿ every day.　（今は日々感謝しています。）

2 英語でのコミュニケーションについて
● Communicating in English was really ＿difficult＿ .
（英語でのコミュニケーションは本当に難しかったです。）
● I sometimes feel I should ＿learn＿ more English.　（もっと英語を学ばなければと，ときどき感じます。）

3 スケートを続けられる理由
● I don't ＿mind＿ difficult times.　（ぼくは辛いときを気にしないんです。）
● I love to ＿challenge＿ my limits.　（ぼくは自分の限界に挑戦するのが大好きです。）

4 メッセージ
● Be ＿confident＿ .　（自信をもってください。）
● Do your ＿best＿ .　（全力を尽くしてください。）

Think　1. 羽生選手からのメッセージを読んで，どのような感想をもちましたか。

（例）困難をものともしない強い精神力を持った人だからこそ，オリンピックで金メダルを取れたのだと思った。

2. あなた自身が羽生選手にインタビューをするとしたら，どのようなことを質問したいですか。

（例）When you feel down, what do you usually do?　（落ち込んだとき，いつも何をしますか。）

Let's Read ❷

□ figure skater [fígjər skèitər]
　名 フィギュアスケーター，フィギュアスケート選手

□ **word(s)** [wə́ːrd(z)] 名〔複数形で〕発言，言葉

□ *event* [ivént]
　名（重要な・変わった）出来事，事件

□ inspire [inspáiər] 動（人）を鼓舞する

□ *life* [láif] 名 人生

□ **east** [íːst] 名 東，東方

□ the Great East Japan Earthquake
　東日本大震災

□ *experience* [ikspíəriəns] 動 ～を経験する

□ **area(s)** [éəriə(z)] 名 地域

□ scared [skéərd] 形 おびえた，恐れる

□ disaster [dizǽstər] 名 災害

□ *safe* [séif] 形 安全な

□ **everyday** [évridèi] 形 毎日の，日々の，
　日常の

□ skate [skéit] 動 スケートをする
　→ skating [skéitiŋ] 名 スケート

□ **support** [səpɔ́ːrt] 動 ～を支援する，支持する

□ *from* [frʌ́m/frəm] 前 ～から

□ **receive** [risíːv] 動 ～を受ける，受け取る

□ **continue** [kəntínjuː] 動 ～を続ける

□ *of* [ʌ́v/əv] 前〔原因・理由・動機〕～のため

□ supporter(s) [səpɔ́ːrtər(z)] 名 支援者，
　支持者，サポーター，ファン

□ thankful [θǽŋkfəl] 形 感謝している，
　ありがたく思う

□ **high school** [hái skùːl] 名 高校

□ **start(ed)** [stá:rt(id)]
　動 ～を（することを）始める

□ **train** [tréin]
　動 トレーニングをする，訓練を受ける

□ speak [spíːk] 動（ある言語）を話す，
　話す能力がある
　→ □ **spoke** [spóuk] 動 speak の過去形

□ **understand** [ʌ̀ndərstǽnd]
　動 理解する，（意味などが）わかる

□ **opinion(s)** [əpínjən(z)] 名 意見，考え

□ gesture(s) [dʒéstʃər(z)] 名 身ぶり，
　ジェスチャー

□ **mistake(s)** [mistéik(s)] 名 間違い，誤り

□ way of ～　～するやり方，～の方法，～の仕方

□ continue -ing　～することを続ける

□ because of ～　～の理由で，～が原因で

□ at first　最初は，始めは

□ continue to ～　～することを続ける

□ somehow [sʌ́mhàu] 副 何とかして，
　どうにかして

□ limited [límitid] 形 限られた，限度のある

□ Olympic(s) [əlímpik(s)]
　名〔the ～s で〕オリンピック（大会）

□ injure(d) [índʒər(d)] 動 ～を痛める，傷つける

□ gold [góuld] 形 金の

□ medal [médl] 名 メダル

□ **mind** [máind] 動 ～を気にする

□ various [véəriəs] 形 さまざまな

□ **challenge** [tʃǽlindʒ] 動 ～に挑む

□ **limit(s)** [límit(s)] 名 限界，限度

□ *at* [ǽt/ət] 前 ～（の状態）で

□ succeed [səksíːd] 動 成功する，うまくいく

□ **become** [bikʌ́m] 動 ～になる，
　～の状態になる
　→ **became** [bikéim] 動 become の過去形

□ on the other hand　他方では，これに対して

□ at one's best　最高の状態で

□ succeed in -ing　～（すること）に成功する

単語と語句 アクセントの位置に注意して，声に出して発音しよう。

□ *may* [méi] 助 ～かもしれない   □ *side* [sáid] 名 側，派

□ *down* [dáun] 形 (精神的に) 落ち込んだ   □ ask ～ to ... ～に…するよう頼む

□ confident [kánfədənt] 形 自信がある，   □ be on one's side ～の味方である
自信に満ちた

本文の解説

② **Your words and your way of thinking inspire many people, too.**

way of ～ で「～するやり方，～の方法，～の仕方」という意味を表します。thinking は think の〈動詞の -ing形〉で，動名詞です。way of thinking で「考え方」という意味になります。

⑤ **I was 16 years old when I experienced it in Sendai.**

when は文と文をつなぐ接続詞で，〈… when ～〉の形で「～するとき，…」という意味を表します。

⑥ **When I saw the photos of the tsunami areas, I felt very, very sad.**

when は文と文をつなぐ接続詞です。when は文の頭にも途中にも置くことができます。

⑦ **I will never forget it.**

未来を表す助動詞 will の文です。never は「決して～ない」という否定を表します。

⑧ **I also felt scared because the disaster took away everything so quickly.**

felt は feel「～だと感じる」の過去形です。because は文と文をつなぐ接続詞で，〈… because ～〉の形で「～ なので …」という意味を表します。

⑪ **Then, people came to support me.**

to support は，副詞的用法の不定詞で，「～を支援するために」という意味です。people came「人々が来た」ことの目的を表しています。

⑭ **I was glad to receive their help.**

to receive は，副詞的用法の不定詞で，「～を受け取って」という意味を表しています。I was glad「私はうれしかった」と感じた原因を表しています。

⑮ **I was able to continue skating because of my supporters.**

be able to ～ で「～することができる，する能力がある」という意味を表します。〈**continue + 動詞の -ing形**〉で「～**することを続ける**」という意味になります。becauseは文と文をつなぐ接続詞で，〈… because ～〉の形で「～なので …」という意味を表します。

⑱ **When you were a third-year high school student, you started to train in Canada.**

when は文と文をつなぐ接続詞です。to train は，名詞的用法の不定詞で，「トレーニングすること」という意味です。

⑲ **Were you good at communicating in English?**

be good at ～ で「～が上手だ，うまい」という意味を表します。communicating は communicate の〈動詞の -ing形〉で，動名詞です。

㉑ **At first, when my coach spoke, I couldn't understand.**

at first は「最初は，始めは」という意味です。could は 可能を表す助動詞 can の過去形で，couldn't は could not の短縮形です。

㉓ **When I didn't know a word, I used gestures.**

when は文と文をつなぐ接続詞で、〈**when 〜，…**〉の形で「**〜するとき，…**」という意味を表します。when は文の頭にも途中にも置くことができます。

㉔ **Sometimes I made mistakes, but I continued to try.**

to try は，名詞的用法の不定詞で，「挑戦すること」という意味です。〈**continue + to + 動詞の原形**〉で「**〜すること を続ける**」という意味になります。

本文の解説

教科書 p.88

② **When I want to say something to him, I can say it in English.**

when は文と文をつなぐ接続詞です。名詞的用法の不定詞で，to say は「言うこと」という意味です。〈**want to + 動 詞の原形**〉で，「**〜したい**」という意味を表します。

③ **On the other hand, my English is still limited.**

on the other hand は「**他方では，これに対して**」という意味を表します。

④ **I sometimes feel I should learn more English.**

接続詞の that を使って，feel の後ろに文をつなげることができます。この that はよく省略され，この文でも，feel と I の間の that が省略されています。**should** は義務感を表す助動詞です。

⑦ **You always continue to skate in difficult times.**

to skate は，名詞的用法の不定詞で，「スケートすること」という意味です。〈**continue + to + 動詞の原形**〉で「**〜す ることを続ける**」という意味になります。

⑨ **First of all, I don't mind difficult times.**

first of all で「まず第一に，まず最初に」という意味を表します。mind は「〜を気にする」という意味の動詞です。

⑪ **I love to challenge my limits.**

to challenge は，名詞的用法の不定詞で，「挑戦すること」という意味です。

⑫ **When I'm at my best, I can succeed in doing some very difficult jumps.**

when は文と文をつなぐ接続詞です。**at one's best** で「**最高の状態で**」という意味を表します。〈**succeed in + 動 詞の -ing形**〉で「**〜（すること）に成功する**」という意味を表します。

⑬ **Then I'm really happy that I became a skater.**

接続詞の that が使って文をつなげることができます。that 以下は，「〜ということ」という意味になります。

本文の解説

教科書 p.89

② **When you try hard but you do not succeed, you may feel down.**

when は文と文をつなぐ接続詞です。may は推量を表す助動詞で，「〜かもしれない」という意味を表します。

⑦ **You can also ask your family and friends to find it for you.**

〈**ask 〜 to + 動詞の原形**〉で，「**〜に…するように頼む**」という意味を表します。

⑧ **Be confident, and do your best in everything.**

confident は「自信がある，自信に満ちた」という意味の形容詞です。**do one's best** で「**最善を尽くす，がんばる**」と いう意味を表します。

⑨ **I will always be on your side!**

未来を表す助動詞 will の文です。**be on one's side** で「**〜の味方である**」という意味を表します。

世界を舞台に働く人　世界で活躍する人たちについて知ろう

 教科書 pp.90-91 の **1**，**2** は，世界を舞台に働く人を紹介した映像から切り取った４つの場面です。場面を見て，それぞれどんな仕事をしている人かを予想しましょう。

1 (1) B　(2) A　(3) D　(4) C

 1. 教科書p.90 の (1) ～ (4) の場面に合う文をそれぞれ下から選び，上の □ に記号を書きましょう。

A When she was 23 years old, she went to study in Bangladesh. People lived in poverty there. She wanted to help them. "But what can I do?" she thought.　（彼女は23歳のとき，バングラデシュに留学しました。そこでは人々は貧しい暮らしをしていました。彼女は彼らを助けたかったのです。「だけど自分には何ができるのだろうか」と彼女は思いました。）

B Yamaguchi Eriko is the CEO and a designer of a fashion company. Why did she become a designer? I'd like to tell you about her life story.　（ヤマグチ・エリコは，ファッション会社の最高経営責任者兼デザイナーです。彼女はなぜデザイナーになったのでしょうか。彼女の人生の話について，お伝えしたいと思います。）

C Now her company has a lot of people. They make high quality bags in Bangladesh and sell them in Japan. Their bags are very popular.　（現在，彼女の会社には多くの人がいます。彼らはバングラデシュで高品質のバッグを作り，日本で販売しています。彼らのバッグはとても人気があります。）

D One day, she found that Bangladesh was good at producing jute. "This is it!" she thought. She decided to produce fashionable bags from jute. In 2006, she started her own business.　（ある日，彼女は，バングラデシュはジュートの生産が得意だということを見つけました。「これだ！」と彼女は思いました。彼女は，ジュートからおしゃれなバッグを製造することを決めました。2006年，彼女は自身の会社を立ち上げました。）

[112 words]　[112語]

 2. 音声を通して聞いて，正しい順番と内容を確かめましょう。

ポイント 音声の内容は次の通りです。訳は上の Read を参照。

Yamaguchi Eriko is the CEO and a designer of a fashion company. Why did she become a designer? I'd like to tell you about her life story.
When she was 23 years old, she went to study in Bangladesh. People lived in poverty there. She wanted to help them. "But what can I do?" she thought.
One day, she found that Bangladesh was good at producing jute. "This is it!" she thought. She decided to produce fashionable bags from jute. In 2006, she started her own business.
Now her company has a lot of people. They make high quality bags in Bangladesh and sell them in Japan. Their bags are very popular!

● New Words　単語と語句　アクセントの位置に注意して，声に出して発音しよう。

□ poverty [pávərti] 名 貧困
　think [θíŋk] 動 考える，思う
　→ □ **thought** [θɔ́ːt] 動 think の過去形，過去分詞
□ CEO [síːìːóu] 最高経営責任者
□ designer [dizáinər] 名 デザイナー
□ fashion [fǽʃən] 名 ファッション
□ company [kámpəni] 名 会社
□ story [stɔ́ːri] 名 話，説明
□ quality [kwáləti] 名 質，品質

□ **produce** [prədjúːs] 動 (製品)を製造する，生産する
　→ **producing** [prədjúːsiŋ] 動 produce の -ing形
□ jute ジュート
□ *it* [it] 代 最高のもの，まさにその人
□ **decide(d)** [disáid(id)] 動 ～を決める，決定する
□ **fashionable** [fǽʃənəbl] 形 流行の，はやりの
□ *from* [frʌm/frəm] 前 〔原料を示して〕～から
□ **business** [bíznis] 名 会社，商売，事業
□ decide to ～　～することに決める，～しようと決心する

2 (1) D (2) B (3) A (4) C

 1. 教科書 p.91 の (1) 〜 (4) の場面に合う文をそれぞれ下から選び、上の □ に記号を書きましょう。

A When he used the knife, he was so surprised. It was not only beautiful but also very sharp. He came to love Japanese knives, so he decided to open his own knife store. （その包丁を使ったとき、彼はとても驚きました。美しいだけでなく、とても切れ味がよかったのです。彼は和包丁が大好きになったので、自分の包丁のお店を開くことに決めました。）

B When he was 23 years old, Bjorn came to Japan. One day, he received a Japanese kitchen knife as a gift. （ビヨンは23歳のとき、日本にやってきました。ある日、彼は贈り物として和包丁をもらいました。）

C His store sells hundreds of Japanese knives. Bjorn explains his knives to customers by himself. He says, "Japanese knives are wonderful. I hope that they spread around the world." （彼のお店は数百本の和包丁を販売しています。ビヨンは自らお客さんに包丁の説明をします。「和包丁はすばらしい。それが世界中に広まることを望んでいます」と語ります。）

D Bjorn Heiberg is from Canada. He runs a Japanese knife store in Osaka. Why did he become a knife store owner in Japan? （ビヨン・ハイバーグはカナダ出身です。彼は大阪で和包丁のお店を営んでいます。なぜ彼は日本で包丁店の経営者になったのでしょうか。）

[106 words]　[106語]

 2. 音声を通して聞いて、正しい順番と内容を確かめましょう。

> **ポイント** 音声の内容は次の通りです。訳は上の Read を参照。
>
> Bjorn Heiberg is from Canada. He runs a Japanese knife store in Osaka. Why did he become a knife store owner in Japan?
> When he was 23 years old, Bjorn came to Japan. One day, he received a Japanese kitchen knife as a gift.
> When he used the knife, he was so surprised. It was not only beautiful but also very sharp. He came to love Japanese knives, so he decided to open his own knife store.
> His store sells hundreds of Japanese knives. Bjorn explains his knives to customers by himself. He says, "Japanese knives are wonderful. I hope that they spread around the world."

Think 日本の特産品や伝統文化に魅力を感じ、日本で活躍する外国人はたくさんいます。どんな人がいるか、調べてみましょう。　（例）ドナルド・キーン（日本文学研究者、文芸評論家）

● New Words　単語と語句 アクセントの位置に注意して、声に出して発音しよう。

□ Bjorn Heiberg
　ビヨン・ハイバーグ〔男性の名〕

□ **only** [óunli] 副 ただ〜だけ

□ sharp [ʃɑ́ːrp] 形 (刃物などが) 鋭い、よく切れる

□ come [kʌ́m] 動 (もの・ことが) 〜になる

□ knife [náif] 名 ナイフ、包丁
　→ knives [náivz] 名 knife の複数形

□ open [óupən] 動 〜を開ける、(店など) を始める

□ **store** [stɔ́ːr] 名 店

□ customer(s) [kʌ́stəmər(z)] 名 客

□ **himself** [himsélf] 代 彼自身

□ **spread** [spréd] 動 広まる

□ around [əráund] 前 〜のあちこちに [を]

□ **owner** [óunər] 名 持ち主、所有者

□ not only 〜 but also ... 〜ばかりでなく…も、〜どころか…

□ come to 〜 〜するようになる

□ hundreds of 〜 何百という〜、多数の〜

You Can Do It！❷　職業診断のチャートを作ろう

あなたは職業相談所の職員に任命されました。
どんな人にどんな職業が合うかを考える仕事です。

Reading　さまざまな職業に就く人たちに，その職業の「楽しいところ」「大変なところ」についての
インタビューをしました。しかし，メモが風で飛ばされてしまい，写真とコメントがばらばらです。
ペアになって，写真と職業にふさわしいコメントを，話し合って選びましょう。

Takahara Miyo	Fukuda Yoji	Tony Newman	Tada Saeko	Li Nang
（タカハラ・ミヨ）	（フクダ・ヨウジ）	（トニー・ニューマン）	（タダ・サエコ）	（リー・ナン）
farmer	**nurse**	**cook**	**artist**	**hair stylist**
（農場経営者）	（看護師）	（料理人）	（芸術家）	（ヘア・スタイリスト）
D	B	C	A	E

A

Fun（楽しいこと）
・I love to make things.
（私は物を作るのが大好きです。）
・I can express myself through my job.
（仕事を通じて自分自身を表現することができます。）

Hard（大変なこと）
・I have to keep learning to be creative.
（創造的でいるために学び続けなければなりません。）

B

Fun（楽しいこと）
・I like to talk with people.
（私は人と話すのが好きです。）
・I'm happy to help people.
（人を助けることができてうれしいです。）

Hard（大変なこと）
・I sometimes have to work late at night.
（私はときどき夜遅くに働かなければなりません。）
・I always need to be careful.
（常に注意深くなければいけません。）

C

Fun（楽しいこと）
・I like eating.（私は食べることが好きです。）
・I like to see happy faces at my restaurant.
（私のレストランで幸せそうな顔をしている人を見る
のが好きです。）

Hard（大変なこと）
・I have to work till late at night.
（私は夜遅くまで働かなくてはなりません。）
・I have to work during holidays.
（私は祝祭日の間働かなくてはなりません。）

D

Fun（楽しいこと）
・I love being in the open air.
（私は屋外にいるのが好きです。）
・I like growing plants.
（植物を育てるのが好きです。）

Hard（大変なこと）
・I can't take a long vacation because I
have to take care of living things.
（生き物の世話をしなければならないため，長い休暇
を取ることができません。）

E

Fun（楽しいこと）
・I love fashion.
（私はファッションが大好きです。）
・I can meet lots of people.
（たくさんの人と会うことができます。）

Hard（大変なこと）
・I have to keep practicing.
（私は練習し続けなければなりません。）
・I have to keep up with the latest fashion.
（最新の流行についていかなければなりません。）

[120 words]　[120語]

● New Words　単語と語句　アクセントの位置に注意して，声に出して発音しよう。

- □ Tony Newman
  トニー・ニューマン〔男性の名〕
- □ *cook* [kúk]　名 コック，料理人
- □ Li Nang　リー・ナン〔女性の名〕
- □ **farmer** [fáːrmər]　名 農場経営者，農場主
- □ stylist [stáilist]　名 美容師，スタイリスト
- □ **express** [iksprés]　動 ～を表現する
- □ creative [kriéitiv]　形 創造的な，独創的な
- □ **careful** [kéərfəl]　形 注意深い，慎重な
- □ **face(s)** [féis(iz)]　名 顔
- □ till [tíl]　前 ～まで
- □ air [éər]　名 空気

- □ open air [óupən éər]　名〔the を付けて〕戸外，野外
- □ *grow* [gróu]　動 (植物) を育てる，栽培する
- □ *plant* [plǽnt]　名 植物，草花
- □ latest [léitist]　形 最新の，最近の
- □ lots of ～　たくさんの～
- □ keep up with ～　～に追いつく，遅れずについていく
- □ *think* [θíŋk]　動 考える，思う
- □ prefer [prifə́ːr]　動 ～が好きである，～を好む
- □ animator [ǽnəmèitər]　名 アニメ作家
- □ **engineer** [èndʒiníər]　名 エンジニア，技師
- □ researcher [risə́ːrtʃər]　名 研究員，調査員

Thinking　自分にあった職業について考えるための診断チャートです。
グループになり，(?) の欄にどんな文言を入れたらよいか考えて，チャートを完成させましょう。

解答例

Do you want to go out with friends on weekends?
（あなたは週末友達と出かけたいですか。）

─ YES ─　　　─ NO ─

(?) Do you like writing your blog?
（ブログを書くことが好きですか。）

Do you like to think about the future?
（将来について考えることが好きですか。）

─ YES ─　─ NO ─　　　─ YES ─　─ NO ─

(?) Which do you usually do?
（どちらをよくしますか。）

(?) Which do you usually do?

Which do you prefer?
（どちらが好きですか。）

Which do you prefer?

(?) taking pictures（写真を撮ること）　(?) working as a volunteer（ボランティアをすること）

(?) making your lunch（昼食を作ること）　(?) watering the plants（植物に水をやること）

drawing pictures（絵を描くこと）　singing songs（歌を歌うこと）

surfing the Internet（ネットサーフィンすること）　reading books（本を読むこと）

artist（芸術家）　　nurse（看護師）

cook（料理人）　　farmer（農場経営者）

animator（アニメーター）　　musician（ミュージシャン）

engineer（エンジニア）　　researcher（研究員）

Speaking　グループどうしで，チャートを使って診断してみましょう。

ふり返り　職業診断のチャートを作ることができるかな。

　まだできない　　助けがあればできる　　ひとりでできる　　自信をもってできる

CAN-DO List (R-1) (SI-1)

Unit 7

Goal

Reading
観光紹介の記事から，名所や特色などを読み取ることができる。

Writing
町の名所や名物などを伝える，紹介文を書くことができる。

すばらしいオーストラリア
Amazing Australia

 Check 教科書p.95の写真を見て，ストーリーの話題を予測する

・ **About You** What do you know about Australia?
（オーストラリアについて何を知っていますか。）

（例）It's a country. It has many kinds of animals.
（それは国です。たくさんの種類の動物がいます。）

Word Board
・animals　（動物）
・building　（建物）
・continent　（大陸）
・sports　（スポーツ）
・nature　（自然）

・What will Kota learn about the country?
（コウタはその国の何を学びますか。）

（例）He'll learn about its great nature. （彼はその大自然について学びます。）

 Listen ストーリーのおおまかな内容をつかむ

 Watch

1. 音声を聞き，教科書p.95の3つの写真のうち，話に出たものに ✓ を付けましょう。

A 　　B 　　C

2. 映像を見て，内容を確かめましょう。

● **New Words**　**単語と語句** アクセントの位置に注意して，声に出して発音しよう。

□ **continent** [kántənənt]　名 大陸

オーストラリアってどんな国？

➡ 本文の解説はp.152にあります。

Listen and Read

Q. オーストラリアの大きさや人口は，日本と比べてどうでしょうか。

A. （例）オーストラリアは日本より大きいが，人口は日本の約５分の１である。

① Today, I want to tell you about my home country, Australia.
今日は，私の故郷，オーストラリアについてお話したいと思います。

② It's famous for its natural beauty and unique animals.
オーストラリアは，自然の美しさと独特の動物たちで有名です。

③ Where's Australia?
オーストラリアはどこにあるでしょうか？

④ Do you know?
知っていますか？

⑤ It's in the southern hemisphere.
南半球にあるんですよ。

⑥ Some people say Australia is the largest island in the world.
オーストラリアは，世界でいちばん大きな島だという人がいる一方で，

⑦ Others say it's the smallest continent.
いちばん小さな大陸だという人もいます。

⑧ Australia is larger than Japan, but its population is smaller than Japan's.
オーストラリアは日本より大きいですが，人口は日本よりも少ないです。

⑨ In fact, Australia's population is about one fifth of Japan's population.
実のところ，オーストラリアの人口は，日本の人口の約5分の1なんです。

New Words 単語と語句 アクセントの位置に注意して，声に出して発音しよう。

□ *home* [hóum] 图 故郷，郷里

□ **natural** [nǽtʃərəl] 形 自然の，天然の

□ beauty [bjúːti] 图 美しさ

□ unique [juːníːk] 形 唯一の，独特の

□ southern [sʌ́ðərn] 形 南の，南にある

□ hemisphere [hémisfìər] 图 （地球の）半球

□ **than** [ðǽn/ðən] 前 接 ～よりも

□ population [pàpjuléiʃən] 图 人口

□ **fact** [fǽkt] 图 事実

□ *fifth* [fífθ] 图 5分の1

□ be famous for ～　～で有名である

□ Some ～. Others ～.
～がいる一方で，～もいる。

□ in fact　実際は，実のところ

□ one fifth of ～　～の5分の1

Kota が富士山の周辺にある湖について調べています。
(1), (2) に当てはまる湖を選び, 表に○を書きましょう。

➡ 音声の内容は p.155 にあります。

	(1) the biggest (いちばん大きい)	(2) the deepest (いちばん深い)
Lake Motosu （本栖湖）		○
Lake Shoji （精進湖）		
Lake Sai （西湖）		
Lake Kawaguchi （河口湖）		
Lake Yamanaka （山中湖）	○	

 以下の川の長さと山の高さの順位を予想した後, ペアで分担して, それぞれの長さ・高さを調べましょう。
例のように質問し合い, 予想が当たっていたかを確かめましょう。

rivers in Japan （日本の川）
● the Tone River （利根川） 322km
● the Shinano River （信濃川） 367km
● the Ishikari River （石狩川） 268km

mountains in Japan （日本の山）
● Mt. Asama （浅間山） 2,568m
● Mt. Aso （阿蘇山） 1,592m
● Mt. Daisen （大山） 1,729m

[例] ・Which is the longest river of the three?
（3つの中でいちばん長い川はどれですか。）
・Which is longer, the Tone River or the Ishikari River?
（利根川と石狩川では, どちらが長いですか。）

解答例 ・Which is the highest mountain of the three?
（3つの中でいちばん高い山はどれですか。）
・Which is higher, Mt. Aso or Mt. Daisen?
（阿蘇山と大山では, どちらが高いですか。）

 調べた事柄について, 3つの順位がわかるように書きましょう。

[例] The Shinano River is the longest river of the three.
（信濃川は3つの中でいちばん長い川です。）
The Tone River is longer than the Ishikari River .
（利根川は石狩川より長いです。）

解答例 Mt. Asama is the highest mountain of the three.
（浅間山は3つの中でいちばん高い山です。）
Mt. Daisen is higher than Mt. Aso. （大山は阿蘇山より高いです。）

基本文
何かと比べて説明する。
Australia is large. （オーストラリアは大きいです。）
Australia is large**r than** Japan. （オーストラリアは日本より大きいです。）
Australia is **the** large**st** island in the world. （オーストラリアは世界でいちばん大きな島です。）

▶ Active Grammar p.164

● New Words **単語と語句** アクセントの位置に注意して, 声に出して発音しよう。

□ **deep** [díːp] 形 深い
□ **lake** [léik] 名 湖
□ **river** [rívər] 名 川, 河川
□ **of** [ʌv/əv] 前 〔部分〕〜の中の [で]

教科書　98ページ

本文の解説は pp.153-154 にあります。

Q. オーストラリアで最も人気があるスポーツは何でしょうか。

A. （例）オーストラリアン・フットボール。

Ms. Brown :　① Now, let's do a quiz to learn more about Australia.
ブラウン先生：　さて，オーストラリアについてもっと学ぶためにクイズをしましょう。

② Are you ready?
準備はいいですか。

③ Baseball and soccer are popular in Japan.
野球とサッカーは日本で人気がありますね。

Question : ④ Which sport is the most popular in Australia, (a) rugby, (b) soccer, or (c) Australian Football?
質問：どのスポーツが，オーストラリアで最も人気があるでしょう。
(a) ラグビー，(b) サッカー，(c) オーストラリアン・フットボール

Kota :　⑤ What is Australian Football?
コウタ：　オーストラリアン・フットボールとは何ですか。

Ms. Brown :　⑥ It's a mix of soccer and rugby.
ブラウン先生：　サッカーとラグビーを合わせたものです。

Hajin :　⑦ The most popular sport must be rugby, so I'll choose (a).
ハジン：　最も人気のあるスポーツはラグビーに違いありません。だからぼくは (a) を選びます。

Ms. Brown :　⑧ Not bad.
ブラウン先生：　なかなかいいですね。

⑨ Rugby is more popular than soccer, but it's not the most popular.
ラグビーはサッカーよりは人気があります。だけど，最も人気ではありません。

Kota :　⑩ OK. The answer is (c)!
コウタ：　わかりました。答えは (c) です！

Ms. Brown :　⑪ Yes. It's (c), Australian Football!
ブラウン先生：　そう。答えは (c)，オーストラリアン・フットボールです！

Hajin :　⑫ Very interesting! ⑬ I didn't know that.
ハジン：　とてもおもしろい！　　　それは知りませんでした。

● New Words　**単語と語句**　アクセントの位置に注意して，声に出して発音しよう。

□ **quiz** [kwíz]　图 クイズ

□ *more* [mɔ́ːr]
　副 〔形容詞・副詞の前に付けて〕（〜よりも）もっと
　图 それ以上のこと [もの・人]

□ **most** [móust]
　副 〔形容詞・副詞の前に付けて〕（〜の中で）最も

□ **rugby** [rʌ́gbi]　图 ラグビー

□ *must* [məst/mʌ́st]　助 〜に違いない

□ Australian [ɔːstréiljən]　形 オーストラリアの

□ **football** [fútbɔ̀ːl]　图 フットボール

□ *mix* [míks]　图 混成，組み合わせ

□ *answer* [ǽnsər]　图 答え，正解

Tina と Nick が見たいテレビ番組のことで言い争っています。
それぞれが見たい番組を下から選び，□ に記号を書きましょう。

➡ 音声の内容はp.156にあります。

Tina [B]   Nick [C]

A Quiz Don Don
（クイズドンドン）

B Sports Fan
（スポーツファン）

C Music Now
（ミュージックナウ）

下の質問から2つ選び，10人にインタビューをしましょう。

解答例

Questions （質問）	Answers （答え）	
(1) Which is more difficult for you, ① math or ② English? （① 数学と② 英語，どちらのほうがあなたにとってより難しいですか。）	① 4人	② 6人
(2) Which is more interesting for you, ① music or ② sports? （① 音楽と② スポーツ，どちらがあなたにとってよりおもしろいですか。）	① 4人	② 6人
(3) What is the most important thing in your life? （あなたの人生にとっていちばん大切なことは何ですか。）	my friends （友達）	
(4) （自分で考えて） What is the most famous building in your country? （あなたの国でいちばん有名な建物は何ですか。）	Tokyo Tower （東京タワー）	

インタビューした結果を書きましょう。

[例]　Six students think English is more difficult than math.
（6人の生徒が英語のほうが数学より難しいと思っています。）

Masami thinks the most important thing is having friends.
（マサミは友達を持つことがいちばん大切なことだと思っています。）

解答例　Four students think music is more interesting than sports.
（4人の生徒が音楽の方がスポーツよりおもしろいと思っています。）

Takeru thinks the most famous building is Tokyo Tower.
（タケルは，いちばん有名な建物は東京タワーだと思っています。）

基本文

何かと比べて説明する。

Rugby is popular in Australia.
（ラグビーはオーストラリアで人気です。）

Rugby is **more** popular **than** soccer in Australia.
（ラグビーはオーストラリアでサッカーより人気です。）

Which sport is **the most** popular in Australia?
（どのスポーツがオーストラリアでいちばん人気ですか。）

▶ Active Grammar　p.164

→ 本文の解説はp.154にあります。

Q. 「ウルル」は何と同じくらいの高さがあるでしょうか。

A.（例）東京タワー。

Ms. Brown :
ブラウン先生：

① Australia has some amazing nature.
オーストラリアにはすばらしい自然があります。

② Do you know Uluru?
あなたたちはウルルを知っていますか。

③ It's the second-biggest rock in the world.
世界で2番目に大きな岩です。

Next question : ④ How tall is Uluru?
次の質問です：ウルルの高さはどのくらいでしょう。

⑤ It's as tall as… (a) Tokyo Tower, (b) the Great Pyramid of Giza, (c) the Statue of Liberty.
…と同じくらいの高さです。(a) 東京タワー, (b) ギザの大ピラミッド, (c) 自由の女神

Ms. Brown :
ブラウン先生：

⑥ Kota, what do you think?
コウタ，どう思いますか。

Kota :
コウタ：

⑦ Is it as tall as the Statue of Liberty?　⑧ Is it (c)?
自由の女神と同じくらいの高さですか。　(c) ですか。

Eri :
絵里：

⑨ No, it must be taller.　⑩ Is it (a)?
いいえ，もっと高いに違いないよ。　(a) ですか。

Ms. Brown :
ブラウン先生：

⑪ Exactly!　⑫ Yes, it's (a).
その通り！　そう，正解は (a) です。

⑬ Uluru is as tall as Tokyo Tower.
ウルルは東京タワーと同じくらいの高さがあります。

Hajin :
ハジン：

⑭ That's a huge rock!
それは巨大な岩だなあ！

Ms. Brown :
ブラウン先生：

⑮ It's a sacred site for the Aboriginal people of the area.
ウルルは，その地域のアボリジナルにとっての神聖な場所なのです。

Think　あなたなら，日本に関してどのようなクイズを出題しますか。

（例）琵琶湖の広さはどれと同じくらいでしょう。（a）淡路島　（b）カスピ海　（c）バチカン市国
正解は（a）です。

● New Words　**単語と語句** アクセントの位置に注意して，声に出して発音しよう。

□ Uluru　ウルル	□ **exactly** [igzǽktli]　副 ちょうど，まさしく
□ **rock** [rák]　名 岩	□ huge [hjúːdʒ]　形 巨大な
□ **tower** [táuər]　名 塔，タワー	□ *as* [ǽz/əz]　副 同じくらいに
□ pyramid [pírəmìd]　名 ピラミッド	□ sacred [séikrid]　形 神聖な
□ Great Pyramid of Giza [gréit pírəmìd əv gíːzə]　ギザの大ピラミッド〔エジプトの名所〕	□ **site** [sáit]　名 場所，遺跡
	□ Aboriginal people [æbərídʒənl píːpl]　名 アボリジナル〔オーストラリア先住民〕

Listen

Ms. Brown がオーストラリアの友人への贈り物を買いに来ました。　→ 音声の内容は pp.156-157 にあります。

1. 店員の説明を聞き，表の (1) ～ (3) の条件に合うものに○を付けましょう。

	fan （扇子）	lunchbox （弁当箱）	Japanese doll （日本人形）	lantern （提灯）
(1) useful　（便利な）	○	○		
(2) popular　（人気のある）		○		○
(3) not expensive　（高くない）	○			○

2. Ms. Brown が最終的に選んだものに ✔ を付けましょう。

fan
（扇子）　✓　　lunchbox
（弁当箱）　○　　Japanese doll
（日本人形）　○　　lantern
（提灯）　○

Speak

About You　上の表から，ALT へのお土産として1つ選びましょう。
その後ペアになり，相手がどれを選んだか当て合いましょう。

[例]　A : It's not as useful as the lunchbox.　（それはお弁当箱ほど便利ではありません。）
　　　B : It's a lantern!　（それは提灯です。）
　　　A : No. It's as expensive as the lunchbox.　（いいえ。お弁当箱と同じくらい高いです。）
　　　B : It's a Japanese doll!　（それは日本人形です。）
　　　A : That's right.　（正解です。）

解答例　A : It's not as popular as the lantern.　（それは提灯ほど人気ではありません。）
　　　B : It's a Japanese doll!　（それは日本人形です。）
　　　A : No. It's as useful as the lunchbox.　（いいえ。お弁当箱と同じくらい便利です。）
　　　B : It's a fan!　（それは扇子です。）
　　　A : That's right.　（正解です。）

Write

About You　自分が選んだものについて，他のものと比較しながら説明する文を書きましょう。

解答例　I took a lantern as a gift.　（私はお土産として提灯を選びました。）
The lantern isn't as useful as the fan, but it's as popular as the lunchbox.
（提灯は扇子ほど便利ではありませんが，お弁当箱と同じくらい人気があります。）
It's not as expensive as the Japanese doll.　（日本人形ほど高くありません。）

基本文

同じくらいのものと比べて説明する。
　　　　Uluru is **as** tall **as** Tokyo Tower.
　　　　（ウルルは東京タワーと同じくらい高いです。）
The Statue of Liberty is **not as** tall **as** Tokyo Tower.
（自由の女神像は東京タワーほど高くはありません。）

▶ Active Grammar　p.164

● New Words　単語と語句　アクセントの位置に注意して，声に出して発音しよう。

□ lunchbox [lʌ́ntʃbàks] 名 弁当箱　　　　□ **expensive** [ikspénsiv]
　　　　　　　　　　　　　　　　　　　　　形 値段が高い，高価な
□ **doll** [dál] 名 人形

Part 1

基本文

何かと比べて説明する。

① **Australia is   large.**
（オーストラリアは大きいです。）

② **Australia is   larger than Japan.**
（オーストラリアは日本より大きいです。）

③ **Australia is the largest island in the world.**
（オーストラリアは世界でいちばん大きな島です。）

学習のポイント

比較級と最上級 (-er / -est)

何かを比べて「…より〜」と説明するときは，形容詞や副詞の語尾を -(e)r （比較級）に変え，〈**形容詞・副詞の比較級 + than ...**〉の形で表します。

「**いちばん〜**」と説明するときは，語尾を -(e)st （最上級）に変え，〈**the + 形容詞・副詞の最上級**〉の形で表します。「**…の中で**」と言うときは，後に同種類のもの（複数）がくる場合は **of**，場所や範囲を表す語句（単数）がくる場合は **in** を使って表します。

普通の文 ： Australia is large . （オーストラリアは大きいです。）

比較級の文 ： Australia is large**r** **than** Japan.
〈比較級 + than〉 （オーストラリアは日本より大きいです。）

最上級の文 ： Australia is **the** large**st** island **in** the world.
〈the + 最上級〉 （オーストラリアは世界でいちばん大きな島です。）

本文の解説

教科書 p.96

② **It's famous for its natural beauty and unique animals.**
be famous for 〜 で「〜で有名である」という意味を表します。It は 1 つ前の文の，Australia を指しています。

③ **Where's Australia?** ④ **Do you know?** （→教科書p.96 KEY）

⑤ **It's in the southern hemisphere.**
伝えたい事柄をすぐに言うのではなく，発表やスピーチに質問を織り交ぜることがあります。発表のテクニックとして，覚えておくとよいでしょう。

⑥ **Some people say Australia is the largest island in the world.**

⑦ **Others say it's the smallest continent.**
〈the + 形容詞・副詞の最上級〉で「いちばん〜」と説明する最上級の文です。形容詞 large を large**st**, small の語尾を small**est** と変えると，最上級になります。Some〜. Others〜. で「〜がいる一方で，〜もいる。」という意味を表します。

⑧ **Australia is larger than Japan, but its population is smaller than Japan's.**
〈形容詞・副詞の比較級 + than ...〉で何かを比べて「…より〜」と説明する比較級の文です。比較級の文を作るときは，形容詞や副詞の語尾を -(e)r に変えます。

Part 2

基本文

何かと比べて説明する。

① **Rugby is　　　popular　　　　　　　in Australia.**
（ラグビーはオーストラリアで人気です。）

② **Rugby is more　　popular than soccer in Australia.**
（ラグビーはオーストラリアでサッカーより人気です。）

③ **Which sport is the most popular　　　　　in Australia?**
（どのスポーツがオーストラリアでいちばん人気ですか。）

学習のポイント

比較級と最上級 (more / the most)

②③ 音節が2つ以上ある形容詞や副詞の中には，前に more を置いて，〈**more ＋ 形容詞・副詞の原級 ＋ than …**〉の形で比較級にするものがあります。最上級にするときは，the most を置いて，〈**the most ＋ 形容詞・副詞の原級**〉の形で表します。どちらも語尾は変化しません。原級とは，-(e)r や -(e)st が付かないもとの形のことです。

・比較級

　語尾に -er： I'm 　taller 　 **than** you.
　　　　　　　（私はあなたよりも背が高いです。）

　前に more： I'm **more nervous than** you.
　　　　　　　（私はあなたよりも緊張しています。）

・最上級

　語尾に -est： I'm the 　tallest 　 in my class.
　　　　　　　（私はクラスの中でいちばん背が高いです。）

　前に most： I'm the **most nervous** in my class.
　　　　　　　（私はクラスの中でいちばん緊張しています。）

本文の解説

教科書 p.98

① **Now, let's do a quiz to learn more about Australia.**

more は「もっと，多く」という意味で，この文では副詞として learn を修飾しています。

④ **Which sport is the most popular in Australia, (a) rugby, (b) soccer, or (c) Australian Football?**

popular のように音節が2つ以上の形容詞や副詞の中には，前に **the most** を置いて，〈**the most ＋ 形容詞・副詞の原級**〉の形で最上級にするものがあります。語尾は変化しないので注意しましょう。

⑦ **The most popular sport must be rugby, so I'll choose (a).**

the most を使った最上級の文です。must は「〜に違いない」という意味を表します。

⑧ **Not bad.** （→教科書p.98　表現）

「なかなかいいですよ。」という意味を表します。

⑨ **Rugby is more popular than soccer, but it's not the most popular.**

音節が2つ以上の形容詞や副詞の中には，前に **more** を置いて，〈**more ＋ 形容詞・副詞の原級 ＋ than** ...〉の形で比較級にするものがあります。語尾は変化しないので注意しましょう。

Part 3

同じくらいのものと比べて説明する。

① **Uluru is   as tall as Tokyo Tower.**
（ウルルは東京タワーと同じくらい高いです。）

② **The Statue of Liberty is not as tall as Tokyo Tower.**
（自由の女神像は東京タワーほど高くはありません。）

学習のポイント

as 〜 as ...

何かを比べて「…と同じくらい〜」と説明するときは，形容詞や副詞を as と as の間に置いて，〈**as ＋ 形容詞・副詞の原級 ＋ as** ...〉の形で表します。否定文では，「…ほど〜ではない」という意味になります。

Uluru is **as tall as** Tokyo Tower. （ウルルは東京タワーと同じくらい高いです。）
〈as ＋ 形容詞・副詞の原級 ＋ as〉

本文の解説

教科書 p.100

③ **It's the second-biggest rock in the world.**

the biggest は big の最上級で，いちばん大きいという意味ですが，second「2番目の」を付けることで，「2番目に大きい」という意味を表します。

⑤ **It's as tall as... (a) Tokyo Tower, (b) the Great Pyramid of Giza, (c) the Statue of Liberty.**

何かを比べて「…と同じくらい〜」と説明するときは，〈**as ＋ 形容詞・副詞の原級 ＋ as** ...〉の形で表します。

⑦ **Is it as tall as the Statue of Liberty?**

何かを比べて「…と同じくらい〜ですか。」とたずねる文です。it はその前の Ms. Brown の発言の中の，Uluru を指しています。

⑨ **No, it must be taller.**

助動詞 **must** は「〜に違いない」という必然性を表しています。tall の比較級 taller を使って，「もっと高いに違いない。」という意味になります。

⑪ **Exactly!** （→教科書p.100　表現）

「そのとおり！」と相手の発言を肯定するときに使います。

⑬ **Uluru is as tall as Tokyo Tower.**

何かを比べて「…と同じくらい〜」と説明するときは，〈**as ＋ 形容詞・副詞の原級 ＋ as** ...〉の形で表します。

Part 1 (教科書 p.97) の音声の内容

解答は p.147 にあります。

ポイント 音声の内容は次の通りです。下線部に注意して，音声を聞き，当てはまる湖を選び，表に○を書きましょう。

(1)

Tina : Kota, what are you doing?　（コウタ，何してるの？）

Kota : I'm reading about Fujigoko.　（富士五湖の本を読んでいるよ。）

Tina : Fujigoko?　（富士五湖？）

Kota : Yes. You know Mt. Fuji, right?　（そうだよ。富士山って知っているよね。）

Tina : Yes, of course. Everyone knows Mt. Fuji. It's the highest mountain in Japan.
　（ええ，もちろん。富士山は誰もが知っているよ。日本でいちばん高い山でしょ。）

Kota : Well, there are five lakes around Mt. Fuji. They are the "Fujigoko."
　（そうだよ。富士山の周りには5つの湖があるんだ。それが"富士五湖"だよ。）

　Look. Here's a map.　（見て。これが地図だよ。）

Tina : Lake Motosu, Lake Shoji, Lake Sai, Lake Kawaguchi, and Lake Yamanaka.
　（本栖湖，精進湖，西湖，河口湖，山中湖。）

　Lake Shoji is the smallest, right?　（精進湖がいちばん小さいんだよね。）

Kota : Yes.　（そうだよ。）

Tina : It seems that Lake Kawaguchi and Lake Yamanaka are bigger than the other three.
　（ほかの3つより河口湖と山中湖は大きいみたい。）

　Which is bigger, Lake Kawaguchi or Lake Yamanaka?
　（河口湖と山中湖，どちらが大きいの？）

Kota : Lake Yamanaka is bigger than Lake Kawaguchi. It's the biggest of the five.
　（河口湖より山中湖の方が大きいよ。5つの中ではいちばん大きいね。）

Tina : Oh, I see.　（へえ，そうなんだ。）

(2)

Kota : Lake Yamanaka and Lake Kawaguchi are big. But they are not so deep.
　（山中湖も河口湖も大きい。でも，そんなに深くないよ。）

Tina : Oh, really? How deep are they?　（そうなの？　どのくらい深いの？）

Kota : Only thirteen or fourteen meters. Lake Kawaguchi is a bit deeper than Lake Yamanaka.　（13メートルか14メートルだよ。河口湖は山中湖より少し深い。）

　But the other lakes are all deeper than Lake Kawaguchi.
　（でもほかの湖は全部河口湖より深いんだよ。）

Tina : Which is the deepest of all?　（どれがいちばん深いの？）

Kota : Lake Motosu. It's more than a hundred meters deep. It's the deepest of all. It has the clearest water, too.
　（本栖湖だよ。100メートル以上の深さがあるよ。5つの中でいちばん深いんだ。水もいちばん澄んでいるしね。）

Tina : Sounds great. I'd like to go to Lake Motosu.　（いいね。本栖湖に行ってみたいわ。）

解答は p.149 にあります。

ポイント 音声の内容は次の通りです。下線部に注意して，音声を聞き，それぞれが見たい番組を選び，□ に記号を書きましょう。

Nick : What are you watching, Tina? （ティナ，何見ているの？）

Tina : Sports Fan. I'm watching a report about taekwondo. That's the national sport of Korea. Hajin told us about it. （「スポーツファン」だよ。テコンドーについてのリポートを見ているの。韓国の国技なんだ。ハジンが私たちに教えてくれたの。）

Nick : Yes, I remember. But I want to watch another program.
（うん，覚えているよ。でもほかの番組が見たいな。）

Tina : Hey, Nick. What are you doing? I said I was watching Sports Fan.
（ちょっと，ニック。何してるの？ 「スポーツファン」を見ているって言ったでしょ。）

Nick : Yeah, but Music Now is much more exciting than Sports Fan. Justin Believer is on. His singing and dancing are so cool.
（でも「ミュージックナウ」は「スポーツファン」よりずっとわくわくするよ。ジャスティン・ビリーバーが出るんだ。歌とダンスがすごくかっこいいんだ。）

Tina : Nick. I was watching Sports Fan. （ニック，私は「スポーツファン」を見ていたのよ。）

Nick : Hey, Quiz Don Don! That's also more interesting than Sports Fan.
（あ，「クイズドンドン」！ それも「スポーツファン」よりおもしろいよ。）

You like quiz shows, too, don't you? How about watching that together?
（クイズ番組も好きだよね？ いっしょに見るのはどう？）

Tina : No. Sports Fan is the most interesting program. I want to watch it and talk about taekwondo with Hajin. Give me back the remote.
（いやよ。「スポーツファン」がいちばんおもしろい番組よ。それを見て，ハジンとテコンドーの話をしたいの。リモコンを返して。）

Nick : No way! （いやだよ！）

Tina : Nick! （ニック！）

Ms. Rios : Hey, you two! What are you doing? What's the matter?
（ねえ，2人とも！ 何をしているの？ どうしたの？）

Nick : I think Music Now is the most interesting program. But Tina won't let me watch it.
（「ミュージックナウ」はいちばんおもしろい番組だと思うんだ。でもティナが見させてくれないんだ。）

Tina : [sigh] （ため息）

解答は p.151 にあります。

ポイント 音声の内容は次の通りです。下線部に注意して，音声を聞き，表の (1) ～ (3) の条件に合うものに○を付けましょう。また，Ms. Brown が最終的に選んだものに ✔ を付けましょう。

(1)

Clerk : May I help you? （何かご入用ですか。）

Ms. Brown : Yes, please. I want to buy a gift for my friend in Australia.
（はい，お願いします。オーストラリアにいる友人にプレゼントを買いたいです。）

I want a traditional item from Japan. What do you recommend?
（日本の伝統的なものが欲しいです。おすすめは何ですか。）

Clerk : We have four nice things here. A traditional fan, a lunchbox, a Japanese doll, and a lantern. （すてきなものが4つあります。伝統的な扇子，お弁当箱，日本人形，提灯です。） I recommend the fan because it's so useful in hot weather. It is good for cooling down. （扇子は暑いときにとても重宝するのでおすすめです。涼をとるのにいいですよ。）

Ms. Brown : How about the other three? （ほかの3つはどうですか。）

Clerk : Well, the lunchbox is nice, and I think it's as useful as a fan.
（そうですね，お弁当箱もいいですし，扇子と同じくらい便利だと思います。）
The Japanese doll and lantern are nice, too. But they're not as useful as a fan or a lunchbox.
（日本人形や提灯もいいですね。でも，扇子やお弁当箱ほどの使い勝手はないですね。）

Ms. Brown : I see. （なるほど。）

(2)

Ms. Brown : By the way, are lunchboxes popular gifts for foreign people?
（ところで，お弁当箱は外国の方へのプレゼントとして人気がありますか。）

Clerk : Yes. They're very popular. （そうですね。とても人気があります。）

Ms. Brown : How about the other items? （ほかの商品はどうですか。）

Clerk : Well, the lantern is as popular as the lunchbox because of its *kanji* design.
（そうですね，提灯は漢字のデザインがあるので，お弁当箱と同じくらい人気があります。）
Fans and Japanese dolls are not as popular as the other two.
（扇子と日本人形はほかの2つほど人気がないんですよ。）

Ms. Brown : I see. （なるほど。）

(3)

Ms. Brown : OK. I'd like to give my friend a lunchbox. I think it'll be a good present for her. How much is it? （よし。友達にお弁当箱をプレゼントしたいと思います。彼女によいプレゼントになると思います。おいくらですか。）

Clerk : It's 12,000 yen. （12,000円です。）

Ms. Brown : Wow! That's expensive! （うわー！ 高いですね。）

Clerk : It's handmade. That's why it's so expensive.
（手作りなんですよ。だから高いんですよ。）

Ms. Brown : Hmm. I'd like something not so expensive.
（うーん。そんなに高くないものがいいですね。）

Clerk : Sure. Well, the Japanese dolls are as expensive as the lunchboxes.
（そうですね，日本人形はお弁当箱と同じくらい高いです。）
But the fans and the lanterns are not so expensive. A fan is 5,000 yen, and a lantern is 3,500 yen.
（でも，扇子や提灯はそんなに高くないですよ。扇子は5,000円，提灯は3,500円です。）

Ms. Brown : I see. OK, I'll take a fan. My friend will like this color.
（なるほど。では，扇子にします。友人はこの色が好きそうなので。）

Clerk : That's a good choice. A fan is useful but not so expensive. I think it's the best gift for your friend. （それはいい選択ですね。扇子は便利ですが，そんなに高価ではありません。お友達へのプレゼントには最適だと思いますよ。）

Ms. Brown : Thank you for your help. （ありがとうございます。助かりました。）

Clerk : Thank you so much. Have a nice day.
（ありがとうございました。よい一日をお過ごしください。）

Reading　Ms. Brown がオーストラリアについて紹介するために探した記事の1つを読みましょう。

The Great Barrier Reef
（グレート・バリア・リーフ）

Do you know about the Great Barrier Reef?
（グレート・バリア・リーフのことは知っていますか。）

The Great Barrier Reef is the largest coral reef system on earth. It is the only living thing visible from space. It is like a city under the sea. (1)About 1,500 kinds of fish and other small animals live there. (1)Dolphins, sea turtles, and whales swim nearby. The world's largest group of (1)dugongs also lives around the reef.

（グレート・バリア・リーフは地球上でいちばん大きなサンゴ礁群です。宇宙から見える唯一の生物です。グレート・バリア・リーフは海中にある都市のようです。そこにはおよそ1,500種類の魚やそのほかの小動物が住んでいます。イルカ、ウミガメ、クジラが近くを泳いでいます。世界最大のジュゴンの群れもまたサンゴ礁の周辺に生息しています。）

More than two million tourists come to see the Great Barrier Reef every year. Two of the most popular things to do are (2)scuba diving and snorkeling. Through these activities, tourists can enjoy their visit to the reef.

（毎年200万人以上の観光客がグレート・バリア・リーフを見るためにやってきます。グレート・バリア・リーフでする最も人気のあることの2つにスキューバダイビングとシュノーケリングがあります。これらのアクティビティを通じて、観光客はサンゴ礁への訪問を楽しむことができます。）

[105 words]　[105語]

次の内容を示す部分に下線を引きましょう。

(1) グレート・バリア・リーフにいる生き物
(2) グレート・バリア・リーフで人気のあるアクティビティ

□ barrier [bǽriər]　名 防壁

□ reef [ríːf]　名 岩礁

□ the Great Barrier Reef [ðə gréit bǽriər rìːf]
　　名 グレート・バリア・リーフ

□ coral [kɔ́ːrəl]　名 サンゴ

□ coral reef [kɔ́ːrəl rìːf]　名 サンゴ礁

□ **system** [sístəm]　名 体系

□ **earth** [ɔ́ːrθ]　名 地球

□ visible [vízəbl]　形 目に見える

□ *space* [spéis]　名 宇宙

□ *live* [lív]　動 暮らす，生活する，生息する

□ dolphin(s) [dάlfin(z)]　名 イルカ

□ turtle(s) [tɔ́ːrtl(z)]　名 ウミガメ，カメ

□ whale(s) [hwéil(z)]　名 クジラ

□ *nearby* [nìərbái]　副 近くに [で]

□ dugong(s) [dúːgɑŋ(z)]　名 ジュゴン

□ *around* [əráund]　前 ～の辺りで，
　　～の近くで [の]

□ **million** [míljən]　名 形 100万 (の)

□ tourist(s) [túərist(s)]　名 観光客

□ scuba diving [skjúːbə dàiviŋ]
　　名 スキューバ・ダイビング

□ snorkeling [snɔ́ːrkəliŋ]　名 シュノーケリング

□ *visit* [vízit]　名 見物，観光

□ more than ～　～より多い

Writing　自分の町の「観光大使」になったつもりで，外国からの観光客への情報発信をしましょう。

1. 紹介したい場所や名物，おすすめする理由について，教科書p.103の写真を参考に，
　 アイデアを広げましょう。

beautiful （美しい）	interesting （おもしろい）	delicious （おいしい）	popular （人気のある）
high （高い）	tall （背の高い）	famous （有名な）	old （年老いた）

2. 紹介するものの特徴が伝わるように，紹介文をまとめましょう。

[例]　Do you know *kiritampo*?
　　　（きりたんぽを知っていますか。）
　　　It is one of the most popular kinds of food in Akita.
　　　（秋田で最も人気のある種類の食べ物の1つです。）
　　　We usually put it in a hot pot.
　　　（普通はなべ料理に入れます。）
　　　I think it's the most delicious food here.
　　　（きりたんぽは秋田でいちばんおいしい食べ物だと思います。）
　　　When you come to Akita, you should try *kiritampo*!
　　　（秋田に来たら，きりたんぽを食べてみるべきです！）

解答例 Do you know about the Jigokudani Monkey Park in Nagano?

（長野の地獄谷野猿公苑について知っていますか。）

It's one of the most popular place to visit in Japan.

（日本で最も人気のある旅行先の1つです。）

It's famous for its hot spring and wild monkeys.

（温泉と野生のサルで有名です。）

Monkeys in this park are very unique because they take a bath in the hot spring just like us.

（まるで私たちのように温泉で入浴するので，この公苑のサルはとてもユニークです。）

I think it's the most interesting place in Japan.

（私はそこが日本で最もおもしろい場所だと思います。）

When you come to Nagano, you should meet cute monkeys!

（長野に来たら，かわいいサルに会うべきです！）

● New Words　**単語と語句**　アクセントの位置に注意して，声に出して発音しよう。

□ *old* [óuld]　形 （人・動植物が）年老いた

□ pot [pɑ̀t]　名 なべ

□ one of 〜　〜のうちの1人，1つ

ふり返り

CAN-DO 観光紹介の記事から，名所や特色などを読み取ることができる。　▶▶CAN-DO List（R-1）

CAN-DO 町の名所や名物などを伝える，紹介文を書くことができる。　▶▶CAN-DO List（W-2）

観光案内

Goal **Listening** 音声案内から，おおまかな情報を聞き取ることができる。

Reading 観光案内情報から，必要な情報を読み取ることができる。

あなたはボランティアとして観光案内所にいます。海外からの観光客が必要としている情報をいっしょに探すには，どのような点に注意して，案内を聞いたり読んだりするとよいでしょうか。

 観光地の音声案内が流れてきます。音声案内の内容に合うポスターを，観光客に教えましょう。
教科書p.104のポスターを見て，(1)・(2) それぞれについて **A**・**B** から選び，✔ を付けましょう。

(1) Hokkaido （北海道）

(2) Fukui （福井）

ポイント 音声の内容は次の通りです。

(1)

Why don't you enjoy the winter in Hokkaido?

（北海道の冬を満喫してみませんか。）

We have some exciting events in winter. For example, we have the Hyoto Festival at Lake Shikotsu. It is as much fun as the Sapporo Snow Festival. Many people visit it from both home and abroad.

（冬には，わくわくするようなイベントがいくつかあります。たとえば，支笏湖で行われる，氷濤まつり。さっぽろ雪まつりと同じくらい楽しいです。国内外から多くの人が訪れます。）

There are many ice sculptures at the festival. You can enjoy seeing them during the day, of course, but in the evening you can enjoy them even more. Colorful lights shine on the art works and make a fantastic scene. At the festival, you can also enjoy fireworks.

（氷濤まつりには，氷の彫刻がたくさんあります。昼間に見るのはもちろんですが，夜になるとさらに楽しむことができます。色とりどりの光が作品の上で輝き，幻想的な景色を作り出しています。祭りでは花火も楽しめます。）

The Hyoto Festival starts on the fourth Friday of January. Winter is the coldest season in Hokkaido, but it's also the most exciting.

（氷濤まつりは1月の第4金曜日から始まります。冬は北海道でいちばん寒い季節ですが，いちばん盛り上がる季節でもあります。）

(2)

Hi. Do you know the happiest prefecture in Japan? It's Fukui.

（こんにちは。日本でいちばん幸せな県を知っていますか。それは福井です。）

Why is Fukui the happiest prefecture? If you want to know the answer, come and visit Fukui. You can see the beauty of nature. You can eat delicious food. And you can meet kind people.

（なぜ福井がいちばん幸せな県なのでしょうか。その答えを知りたければ，福井を訪れてみてください。美しい自然を見ることができます。おいしいものが食べられます。そして優しい人に出会えます。）

Look. This is Tojinbo. Tojinbo is a long stretch of cliffs along the Fukui coast. There are a lot of strange rocks there. The wild waves of the sea made them. They look like art works. As for delicious food, do you know Echizen-gani? It's the most delicious crab in the world. Winter is the best season for Echizen-gani.

（見てください。ここは東尋坊です。東尋坊は福井の海岸沿いにある長い断崖絶壁です。そこにはたくさんの奇岩があります。海の荒波が作ったものです。まるで芸術作品のようですね。おいしいものといえば，越前ガニを知っていますか。世界でいちばんおいしいカニなんです。冬は，越前ガニの旬の季節です。）

Anyway, we are waiting for you. I'm sure you can have the happiest experience of your life here in Fukui.

（とにかく，お待ちしております。ここ福井で人生でいちばん幸せな体験ができると思います。）

 1. 山梨・長野・岐阜・愛知から旅行先を選びたい観光客から，次の３つの要望がありました。右の各県の案内を読み，それぞれの要望に合う情報が書かれている箇所に線を引きましょう。

(1) I'd like to see a Japanese castle. (———)

(2) I want to relax at a hot spring. (〜〜〜〜)

(3) I like Japanese noodles. (＝＝＝)

2. 各県の案内情報によると，上の (1) 〜 (3) の要望全てを満たすのはどこでしょうか。

（　Nagano　）

WELOCME to JAPAN
（日本へようこそ）

Yamanashi （山梨）

Yamanashi is one of the best places if you want to see beautiful views of Mt. Fuji. It's also famous for sweet fruits, such as grapes and peaches. You should also try *hoto*, local noodles with various kinds of vegetables. Please come and enjoy beautiful views and delicious food!

（富士山の美しい景色を見たいのであれば，山梨は最もよい場所の1つです。山梨はまたブドウやモモなどの甘い果物で有名です。また，さまざまな野菜が入った地元の麺料理，ほうとうも食べてみるべきです。ぜひお越しいただき，美しい景色とおいしい食べ物をお楽しみください！）

Gifu （岐阜）

Gifu is one of the best places if you want to see traditional Japanese culture. For example, you can see some old *Gassho-zukuri* houses in Shirakawa-go village.

You can relax in Gero-onsen. It's one of the best three hot springs in Japan. Enjoy your holiday in Gifu!

（もし伝統的な日本文化を見たいのであれば，岐阜は最もよい場所の1つです。たとえば，白川郷では合掌造りの古い家屋を見ることができます。
下呂温泉でくつろぐことができます。日本三名泉のうちの1つです。岐阜での休日をお楽しみください！）

Nagano （長野）

There are a lot of mountains, rivers, and hot springs in Nagano. You can enjoy camping, skiing, and relaxing in nature.

Matsumoto, the second-biggest city in the prefecture, has the famous Matsumoto Castle. It's a national treasure.

Nagano is also famous for *soba*, Japanese noodles. Please try them.

（長野には，たくさんの山や川，温泉があります。キャンプやスキー，自然の中でくつろぐことを楽しめます。
県で2番目に大きい都市である松本には，有名な松本城があります。松本城は国宝です。
また，長野は，日本の麺，そばでも有名です。ぜひ食べてみてください。）

Aichi （愛知）

Aichi is the home of three historical heroes of Japan : Oda Nobunaga, Toyotomi Hideyoshi, and Tokugawa Ieyasu. There are two famous castles in Aichi. One is Nagoya Castle. The other is Inuyama Castle.

Aichi has a lot of delicious food. *Misonikomi-udon* and *kishimen* are two of the famous noodle dishes of the prefecture. Why don't you try them?

（愛知は日本の歴史上の英雄である織田信長，豊臣秀吉，徳川家康の3人の故郷です。愛知には有名なお城が2つあります。1つは名古屋城です。もう1つは犬山城です。
愛知にはおいしい食べ物がたくさんあります。みそ煮込みうどんときしめんは愛知県で有名な麺料理の2つです。食べてみてはいかがでしょうか。）

[201 words]　[201語]

◆ New Words　**単語と語句**　アクセントの位置に注意して，声に出して発音しよう。

□ hot spring [hát sprín] 名 温泉	□ **village** [vílidʒ] 名 村，村落
□ *sweet* [swíːt] 形 甘い	□ **prefecture** [príːfektʃər] 名 県
□ **fruit(s)** [frúːt(s)] 名 果物	□ **national** [nǽʃənl] 名 国家の，自国の，国内の
□ **grape(s)** [gréip(s)] 名 ブドウ	
□ peach(es) [píːtʃ(iz)] 名 モモ	□ **treasure** [tréʒər] 名 宝物，重要品
□ **local** [lóukəl] 形 その土地の，地元の	□ **historical** [histɔ́ːrikəl] 形 歴史の，歴史上の
□ **vegetable(s)** [védʒətəbl(z)] 名 野菜	□ **hero(es)** [híərou(z)] 名 英雄
□ **culture** [kʌ́ltʃər] 名 文化	□ *dish* [díʃ] 名 料理，食べ物

比較表現 （何かを比べて説明する言い方）

● 場面と意味

Some people say Australia is the largest island in the world. Others say it's the smallest continent.
Australia is larger than Japan, but its population is smaller than Japan's.

（オーストラリアは，世界でいちばん大きな島だという人がいる一方で，いちばん小さな大陸だという人もいます。オーストラリアは日本より大きいですが，人口は日本よりも少ないです。）

(Think)　（例）オーストラリアの面積や人口について，比較しながら特徴を伝えている。

● 文の形

1　2つのものを比べて「…より〜」〈比較級〉　▶ Unit 7-1 7-2

|Australia| is larg**er than** |Japan|.　（オーストラリアは日本よりも大きいです。）

|Rugby| is **more popular than** |soccer| in Australia.
（オーストラリアではサッカーよりもラグビーの方が人気があります。）

|Tina| runs fast**er than** |Eri|.　（ティナは絵里よりも速く走ります。）

2　3つ以上のものを比べて「(…で) いちばん〜」〈最上級〉　▶ Unit 7-1 7-2

|Australia| is **the** small**est** continent *in* the world.　（オーストラリアは世界でいちばん小さな大陸です。）

|Australian Football| is **the most popular** sport *in* Australia.
（オーストラリアで最も人気のあるスポーツは，オーストラリアン・フットボールです。）

|Hajin| runs **the** fast**est** *of* the four.　（ハジンは4人の中でいちばん速く走ります。）

形容詞・副詞の変化

-er，-est を付ける　　（例）long（長い，長く）> longer > longest
-r，-st を付ける　　（例）large（大きい，広い）> larger > largest
語末の y を i に変え，-er，-est を付ける　　（例）easy（やさしい，簡単な）> easier > easiest
語末の子音字を重ね，-er，-est を付ける　　（例）big（大きい）> bigger > biggest
more，most を使う（多くの2音節以上の語など）
　　　　　　　　（例）beautiful（美しい）> more beautiful > most beautiful
不規則なもの　　（例）bad（悪い）> worse > worst, good / well（良い，よく）> better > best,
　　　　　　　　many / much（多くの）> more > most

3　2つのものを比べて「…と同じくらい〜」〈同等比較〉　▶ Unit 7-3

|Uluru| is **as tall as** |Tokyo Tower|.　（ウルルは東京タワーと同じくらいの高さです。）

|The Statue of Liberty| is **not as tall as** |Tokyo Tower|.　（自由の女神像は東京タワーほど高くありません。）

|Kota| practiced **as hard as** |Hajin|.　（コウタはハジンと同じくらい一生懸命練習しました。）

not as 〜 as ... にすると，「…ほど〜ではない」という意味になります。

Grammar Hunt　Unit 7のストーリーを読み，比較表現を使った文に○印を付けましょう。
また，それぞれの文が，何と何を比べているかを確かめましょう。

(解答例) Unit 7　Part1
Some people say Australia is (the largest) island in the world.　　オーストラリアと世界の島々。

Unit 8

Goal

Reading
学級新聞から，作品紹介のお
おまかな内容を読み取ること
ができる。

Speaking
作者やおおまかな内容などを
言って，好きな作品を紹介す
ることができる。

ミュージカルの上演
Staging a Musical

教科書p.107のイラストを見て，ストーリーの話題を予測する

- **About You** Are you good at dancing?　（あなたはダンスをするのが得意ですか。）

（例）Yes, I am. I like dancing.　（はい，得意です。ダンスをするのが好きです。）

- How about Kota and Hajin?　Are they good at dancing?
（コウタとハジンはどうですか。ダンスをするのが得意ですか。）

（例）No, they aren't.　（いいえ，得意ではありません。）

ストーリーのおおまかな内容をつかむ

1. 教科書p.107の絵を見て，音声を聞き，出来事の順に □ に数字を書きましょう。

A 2　　**B** 1　　**C** 3

2. 映像を見て，内容を確かめましょう。

New Words　**単語と語句**　アクセントの位置に注意して，声に出して発音しよう。

□ *stage* [stéidʒ]　動　～を上演する

→ 本文の解説は pp.172-173 にあります。

Q. Eri は *The Sound of Music* について，何と言っていますか。

A. （例）いまだに世界中で上演されている。

Tina : ① Which musical should we perform?
ティナ：　どのミュージカルを上演するべきかな？

Eri : ② I want to do *Wicked*.
絵里：　私は『ウィキッド』をやりたいな。

Tina : ③ Yeah, the songs are nice. ④ How about *The Sound of Music*?
ティナ：　うん，歌がいいよね。　　　　　　『サウンド・オブ・ミュージック』はどう？

Eri : ⑤ That's good, too. ⑥ It's still performed all over the world.
絵里：　それもいいね。　　　いまだに世界中で上演されているよね。

Tina : ⑦ Yeah. The songs were written by Rodgers and Hammerstein.
ティナ：　そう。歌はロジャーズとハマースタインによって書かれたんだよ。

⑧ They wrote so many hits.
彼らは多くのヒット曲を書いてるよね。

⑨ I think "My Favorite Things" is one of their best.
『私のお気に入り』は彼らの傑作のひとつだと思う。

Eri : ⑩ Why don't we choose our favorite songs and scenes from different musicals?
絵里：　違うミュージカルから私たちのお気に入りの歌とシーンを選ぶのはどうかな？

Tina : ⑪ That's a good idea.
ティナ：　それはいいアイディアだね。

⑫ In any case, we need more people, don't we?
いずれにせよ，私たちにはもっと人が必要だよね？

Eri : ⑬ Let's ask Kota and Hajin.
絵里：　コウタとハジンに聞いてみよう。

◆ New Words　**単語と語句**　アクセントの位置に注意して，声に出して発音しよう。

☐ *Wicked* [wíkid]　『ウィキッド』〔作品名〕

☐ *The Sound of Music* [ðə sáund əv mjú:zik]
『サウンド・オブ・ミュージック』〔作品名〕

write [ráit]　動 〜を書く
→ ☐ **written** [rítn]　動 write の過去分詞

☐ Rodgers and Hammerstein
[rɑ́dʒərz ən hǽmərstàin]
アメリカの作曲家リチャード・ロジャーズと
作詞家オスカー・ハマースタイン2世のコンビ

☐ *hit* [hít]　名 ヒット曲

☐ "My Favorite Things" [mái féivərit θíŋz]
『私のお気に入り』〔曲名〕

☐ *different* [dífərənt]　形 〔複数形の名詞とともに〕
いろいろな，さまざまな

☐ scene(s) [sí:n(z)]
名 〔映画・小説などの〕場面，シーン

☐ *any* [éni/əni]　形 どれでも，どんな

☐ *case* [kéis]　名 場合，状況

☐ Why don't we 〜 ?　〜しませんか。

☐ in any case　ともかく，いずれにせよ

Listen

Tina がクイズを出しています。
(1) 〜 (4) について，答えを選び，✔ を付けましょう。

➡ 音声の内容はp.175にあります。

(1) sport　（スポーツ）	(2) language　（言語）	(3) building　（建造物）	(4) painting　（絵画）
played　（プレーされる）	spoken　（話される）	built　（建てられる）	painted　（描かれる）
soccer（サッカー）　✔	English（英語）　◯	Osaka Castle（大阪城）　✔	*The Scream*（『叫び』）　◯
baseball（野球）　◯	Chinese（中国語）　✔	Nagoya Castle（名古屋城）　◯	*Mona Lisa*（『モナ・リザ』）　✔

Speak

ペアになり，上の表を参考にしてクイズを出し合いましょう。

[例]　A : This is a sport. It's played by nine players.
　　　（これはスポーツです。それは9人の選手でプレーされます。）
　　　It's popular in many countries.
　　　（それは多くの国で人気があります。）
　　B : It's baseball.　（それは野球です。）
　　A : That's right.　（正解です。）

解答例　A : This is a building. It was built by Tokugawa Ieyasu.
　　　（これは建造物です。それは徳川家康によって建てられました。）
　　　It's in Nagoya.　（名古屋にあります。）
　　B : It's Nagoya Castle.　（名古屋城です。）
　　A : That's right.　（正解です。）

Write

自分が出したクイズの問題を書きましょう。

解答例　This is a painting.　（これは絵です。）
It was painted by Edvard Munch in 1893.
（それは1893年にエドヴァルド・ムンクによって描かれました。）
You can see a man in the painting.
（絵の中に男性が見えます。）

基本文

何かをされている状態を説明する。
It's still **performed** all over the world.
（それは今でも世界中で演じられています。）
The songs **were written** by Rodgers and Hammerstein.
（その歌はロジャーズとハマースタインによって書かれました。）

▶ Active Grammar　p.180

● New Words　単語と語句　アクセントの位置に注意して，声に出して発音しよう。

speak [spíːk]
動 (ある言語) を話す，話す能力がある
→ □ spoken [spóukən]　動 speak の過去分詞

□ Chinese [tʃàiníːz]　名 中国語

□ **build** [bíld]　動 〜を建てる
→ □ built [bílt]　動 build の過去形，過去分詞

□ painting [péintiŋ]　名 絵，絵画

□ scream [skríːm]　名 叫び，悲鳴

□ *The Scream* [ðə skríːm]　『叫び』〔作品名〕

□ *Mona Lisa*　『モナ・リザ』〔作品名〕

➡ 本文の解説はp.173にあります。

Q. Hajin は，何に緊張すると言っていますか。

A. （例）ステージに立つこと。

Tina : ① Kota, Hajin, can you help us?
ティナ： コウタ，ハジン，私たちを助けてくれない？

② We need more people.
もっと人が必要なの。

Hajin : ③ I'm an athlete.
ハジン： ぼくはスポーツ選手だよ。

④ I don't know anything about acting or dancing.
演技やダンスについては何もわからないよ。

⑤ Actually, the stage makes me nervous!
実際のところ，ステージはぼくを緊張させるんだ！

Eri : ⑥ Don't worry.
絵里： 心配しないで。

⑦ We can practice together.
私たち，いっしょに練習できるから。

Tina : ⑧ Kota, can you play the trumpet and dance on the stage?
ティナ： コウタ，ステージでトランペットを吹いて踊ることはできるかな？

Kota : ⑨ Well, I can try.
コウタ： ええと，やってみることはできるよ。

Tina : ⑩ Yes, let's try it.
ティナ： そう，やってみようよ。

⑪ It'll make our performance more exciting!
私たちの公演をもっとわくわくするようなものにしてくれるはずだよ。

● New Words **単語と語句** アクセントの位置に注意して，声に出して発音しよう。

☐ act(ing) [ǽkt(iŋ)] 動 （役を）演じる

☐ **actually** [ǽktʃuəli] 副 実は，実際のところ

☐ *make* [méik] 動 ～を…にする

☐ **performance** [pərfɔ́ːrməns] 名 公演，上演

Kotaたちは，海外の姉妹校に向けたビデオメッセージを撮影しています。
それぞれ，どんなことが [ ] のような気持ちにさせると言っているか，
教科書p.111のイラストを見て，当てはまるほうに ✔ を付けましょう。　➡ 音声の内容はp.176にあります。

(1) Kota [nervous] （不安で，緊張して）	(2) Eri [excited] （興奮して，わくわくして）	(3) Tina [happy] （うれしい，幸せな）
A ○　B ✓	C ○　D ✓	E ✓　F ○

Tina : We call our cat Felix. （私たちは自分たちのネコをフェリックスとよびます。）

 About You ペアになり，何が (1) ～ (3) のような気持ちにさせるかをたずね合いましょう。

[例]　A : Talking with my friends makes me happy.
（友達と話すことは，私をうれしくさせます。）
How about you? What makes you happy?
（あなたはどうですか。何があなたをうれしくさせますか。）
B : Playing with my dog makes me happy.
（自分の犬と遊ぶことは私をうれしくさせます。）

解答例 A : Looking at the stars makes me excited.
（星を見ることは，私をわくわくさせます。）
How about you? What makes you excited?
（あなたはどうですか。何があなたをわくわくさせますか。）
B : Watching baseball games makes me excited.
（野球の試合を観戦することは，私をわくわくさせます。）

Word Board
・eating snacks（おやつを食べること）
・looking at the stars（星を見ること）
・walking along the coast（海岸沿いを歩くこと）

Write **About You** あなたが happy か excited だと感じることを伝える文章を書きましょう。

Speak の解答例参照。

基本文
「何かをある状態にする」と言う。
The stage **makes** me nervous.
（ステージは私を緊張させます。）
We **call** our cat Felix.
（私たちは，自分たちのネコをフェリックスとよびます。）

● New Words **単語と語句** アクセントの位置に注意して，声に出して発音しよう。

□ **snack(s)** [snǽk(s)] 名 軽食，間食，おやつ

□ **star(s)** [stáːr(z)] 名 星

□ **coast** [kóust] 名 沿岸，海岸

Unit 8　**169**

教科書　112ページ　教科書二次元コード

Listen and Read

➡ 本文の解説はp.174にあります。

Q. 公演に向けて練習中の4人。Eri は Kota に何をしてほしいと言っていますか。

A. （例）左右にトランペットを動かすこと。

Eri : ① Hajin, you blew your lines.
絵里：　ハジン，せりふを忘れているよ。

Hajin : ② I know, but when I dance, I forget the words!
ハジン：　わかっているよ，だけど踊ると言葉を忘れるんだよ！

Eri : ③ Kota, the trumpet sounds great, but can you do this?
絵里：　コウタ，トランペットはすごくすてきに聞こえるんだけど，こうすることはできる？

④ I want you to move your trumpet from side to side.
左右にトランペットを動かしてもらいたいな。

⑤ It's like a dance.
ダンスのように。

Kota : ⑥ That's hard!
コウタ：　それは難しいよ！

Tina : ⑦ Yes, it is.　⑧ But it'll look great on stage.
ティナ：　うん，そうだよね。　でもステージではすごくかっこよく見えるよ。

Eri : ⑨ OK, from the top, everybody!
絵里：　よし，頭からね，みんな！

Kota : ⑩ Why is Eri so strict?
コウタ：　なんで絵里はあんなに厳しいんだ？

Hajin : ⑪ She just wants us to do our best.
ハジン：　ただぼくたちに最善を尽くしてほしいだけだよ。

⑫ Let's give it our best shot!
全力を尽くそう！

Think 友達に協力してもらいたいときには，どんなことが必要だと思いますか。
（例）丁寧に頼むことが必要だと思う。

● New Words　**単語と語句** アクセントの位置に注意して，声に出して発音しよう。

☐ **blow** [blóu] 動 ～を破壊する，～を飛ばす
→ ☐ **blew** [blú:] 動 blow の過去形
☐ *line* [láin] 名 せりふ
☐ *move* [mú:v] 動 （人・物）を移動させる，動かす
☐ *side* [sáid] 名 片側
☐ *top* [táp] 名 〔the を付けて〕最初，冒頭

☐ **everybody** [évribàdi]
代 〔話し言葉で〕みんな，全ての人
☐ *shot* [ʃát] 名 試み，企て
☐ blow one's lines　せりふを忘れる
☐ from side to side　左右に
☐ from the top　初めから

Listen

練習を重ねたミュージカルのステージは大成功。Tina たちはパーティーを計画します。
(1) ～ (5) について，Tina はそれぞれ誰に頼んでいるでしょうか。
当てはまるほうを○で囲みましょう。

➡ 音声の内容はp.177にあります。

(1) Tina will tell [Eri / Kota] to come to her house at ten o'clock.
（ティナは［絵里／コウタ］に10時に彼女の家に来るように言います。）

(2) Tina wants [Hajin / Kota] to bring some drinks.
（ティナは［ハジン／コウタ］に何か飲み物を持ってきてほしいです。）

(3) Tina wants [Hajin / Kota] to write a card for Eri.
（ティナは［ハジン／コウタ］に絵里へのカードを書いてほしいです。）

(4) Tina will ask [Mr. Rios / Ms. Brown] to make a big chocolate cake.
（ティナは［リオスさん／ブラウン先生］に大きなチョコレートケーキを作るよう頼みます。）

(5) Tina will ask [Ms. Rios / Ms. Brown] to bring her camera.
（ティナは［リオスさん／ブラウン先生］にカメラを持ってくるよう頼みます。）

Speak

About You クラスでパーティーを開くとしたら，誰に何をしてもらいたいですか。
友達に質問をして情報を集め，例のように発表しましょう。

解答例

Questions　（質問）	Name　（名前）
(1) Can you play any musical instruments?　（何か楽器を演奏できますか。）	Mika
(2) Do you have a camera?　（カメラを持っていますか。）	Taku
(3) Do you like cooking?　（料理をするのが好きですか。）	Kazuma
(4) Can you perform magic tricks?　（手品をすることができますか。）	Emi
(5) （自分で考えて）　Can you sing well? （歌うのが上手ですか。）	Yuji

[例]　Mika can play the piano. I want her to play the piano at the party.
（ミカはピアノを弾けます。私は彼女にパーティーでピアノを弾いてほしいです。）

解答例 Yuji can sing well. I want him to sing at the party.
（ユウジは歌を上手に歌えます。私は彼にパーティーで歌ってほしいです。）

Write

About You 誰に何をしてほしいかを1つ書きましょう。

Speak の解答例参照。

基本文

「人に何かをしてほしい」と言う。
She wants　to do her best.
（彼女は最善を尽くしたいです。）
She **wants** us **to do** our best.
（彼女は私たちに最善を尽くしてほしいです。）

● **New Words**　**単語と語句** アクセントの位置に注意して，声に出して発音しよう。

□ **camera** [kǽmərə] 图 カメラ

□ **magic** [mǽdʒik] 形 奇術の，魔法の

□ **trick(s)** [trík(s)] 图 芸，手品

□ **magic tricks** [mǽdʒik tríks] 图 手品

□ **tell ～ to ...** ～に…するように言う［命じる］

Part 1

基本文

何かをされている状態を説明する。

① **It's still performed all over the world.**
(それは今でも世界中で演じられています。)

② **The songs were written by Rodgers and Hammerstein.**
(その歌はロジャーズとハマースタインによって書かれました。)

学習のポイント

受け身の文

① ものや人が何かを「**されている**」と説明するときは、〈**be動詞 + 動詞の過去分詞**〉で表します。動詞の過去分詞は過去形と同じものと異なるものがあります。
受け身では、〈**by + 行為者**〉を付けて、「**…によって**」と動作を行う人を示すことがあります。

People still performe it all over the world.

It 's still **performed** all over the world.
〈be動詞 + 動詞の過去分詞〉

② 過去の受け身を表すときは、〈**be動詞 + 動詞の過去分詞**〉の形の be動詞を過去形(was[were])にします。このとき、動詞の過去分詞は変化しないので注意しましょう。

現在: The songs **are** written by Rodgers and Hammerstein.
(その歌はロジャーズとハマースタインによって書かれています。)

過去: The songs **were** written by Rodgers and Hammerstein.
(その歌はロジャーズとハマースタインによって書かれました。)

本文の解説

教科書 p.108

① **Which musical should we perform?**
義務感を表す助動詞 **should** の文です。疑問詞 **which** は「どれ、どちらの」という意味を表します。

② **I want to do *Wicked*.**
名詞的用法の不定詞の文です。〈**to + 動詞の原形**〉で「~すること」という意味を表します。

⑥ **It's still performed all over the world.**
〈**be動詞 + 動詞の過去分詞**〉で表される受け身の文です。It は1つ前の Tina のセリフの、*The Sound of Music* を指しています。

⑦ **Yeah. The songs were written by Rodgers and Hammerstein.**
〈**be動詞 + 動詞の過去分詞**〉の形で表される過去の受け身です。〈**by + 行為者**〉を付けて、「**…によって**」と動作を行う人を示します。

⑪ **That's a good idea.**

⑫ **In any case, we need more people, don't we?** (→教科書p.108　KEY)
in any case で，「ともかく，いずれにせよ」という意味を表します。相手の提案を受け入れ，さらに提案するときなどに使うことができます。

Part 2

基本文

「何かをある状態にする」と言う。

① **The stage makes me　　nervous.**
（ステージは私を緊張させます。）

② **We　　call　　our cat Felix.**
（私たちは，自分たちのネコをフェリックスとよびます。）

学習のポイント

make ＋ 人・もの ＋ 形容詞

① make の後ろに人・もの，形容詞と続けて〈**make ＋ 人・もの ＋ 形容詞**〉の形で，「**人・ものを～にする**」という意味になります。

The stage **makes** me nervous .　（ステージは私を緊張させます。）
　　　　　〈**make ＋ 人 ＋ 形容詞**〉

② 〈**call ＋ 人・もの ＋ 名詞**〉は，「**人・ものを～とよぶ**」という意味になります。

We **call** our cat Felix .　（私たちは，自分たちのネコをフェリックスとよびます。）
　　　〈**call ＋ もの ＋ 名詞**〉

本文の解説
教科書 p.110

② **We need more people.** (→教科書p.110　KEY)
more は「さらに多くの」という意味の形容詞で，people を修飾しています。
Part1 で Tina が Eri に提案したことを，あらためて Kota と Hajin に説明しています。

⑤ **Actually, the stage makes me nervous!**
〈**make ＋ 人 ＋ 形容詞**〉で「**人を～にする**」という意味を表します。

⑨ **Well, I can try.** (→教科書p.110　表現)
Well は「ええと。」と間を取るときに使う表現です。

⑪ **It'll make our performance more exciting!**
It'll は It will の短縮形で，未来を表します。It は前の Tina のセリフを指しています。〈**make ＋ もの ＋ 形容詞**〉で「ものを～にする」という意味を表し，「それが私たちのパフォーマンスをもっとわくわくするようなものにさせるでしょう。」という意味になります。

Part 3

基本文

「人に何かをしてほしい」と言う。

① **She wants　　to do her best.**
（彼女は最善を尽くしたいです。）

② **She wants us to do our best.**
（彼女は私たちに最善を尽くしてほしいです。）

学習のポイント

want + 人 + 不定詞

want の後ろに人，不定詞と続けて〈**want + 人 + 不定詞**〉の形で，「**人に〜してほしい**」という意味になります。

他に，tell や ask なども同じ形で使うことができます。

She wants　　to do her best.　（彼女は最善を尽くしたいです。）

She **wants** us **to do** our best.　（彼女は私たちに最善を尽くしてほしいです。）
　　〈want + 人 + 不定詞〉

本文の解説

教科書 p.112

① **Hajin, you blew your lines.**

blow は「〜を破壊する，〜を飛ばす」という意味の動詞です。**blow one's line** で「**せりふを忘れる**」という意味を表します。

② **I know, but when I dance, I forget the words!**

when は文と文をつなぐ接続詞で，〈**when 〜, ...**〉の形で「**〜するとき，…**」という意味を表します。

④ **I want you to move your trumpet from side to side.**

〈**want + 人 + 不定詞**〉で「**人に〜してほしい**」という意味になります。

⑧ **But it'll look great on stage.**

未来を表す助動詞 **will** の文です。it'll は it will の短縮形です。it は前述の to move your trumpet from side to side「トランペットを左右に動かすこと」を指しています。

⑨ **OK, from the top, everybody!**

top は，the を前に付けて「最初，冒頭」という意味を表します。**from the top** で「**初めから**」という意味になります。

⑩ **Why is Eri so strict?**

why は「**なぜ**」という意味を表す疑問詞です。so は「とても，非常に」という意味で，strict「厳しい」の程度を表しています。

⑪ **She just wants us to do our best.**

〈**want + 人 + 不定詞**〉で「**人に〜してほしい**」という意味になります。do one's best で「最善を尽くす」という意味を表します。

⑫ **Let's give it our best shot!**　（→教科書p.112　表現）

best は good の最上級で，「最もよい，最良の」という意味を表します。**shot** は「**試み，企て**」という意味の名詞です。Let's give it our best shot. で「全力を尽くしましょう。」という意味になります。

Part 1 (教科書 p.109) の音声の内容

解答は p.167 にあります。

ポイント 音声の内容は次の通りです。下線部に注意して音声を聞き，答えを選び，✔ を付けましょう。

(1)

Hello, everyone. I'm Tina. I'm going to give you a quiz about culture.

（皆さん，こんにちは。私はティナです。文化についてのクイズを出します。）

Listen carefully and choose the right answer for each question. Are you ready?

（よく聞いて，各問題の正解を選んでください。準備はいいですか。）

Question No.1: （第1問）

This is a sport. It's played by eleven players.

（これはスポーツです。11人の選手で行われます。）

It's popular in many countries. In this sport, there's a World Cup Tournament every four years.

（多くの国で人気があります。このスポーツでは，4年に1度ワールドカップ大会があります。）

(2)

That first question was the easiest one. The next one is a bit more difficult, I think.

（最初の問題はいちばん簡単でしたね。次はもう少し難しいと思います。）

Question No. 2: （第2問）

This is a language. It's spoken by more people than any other language.

（これは言語です。ほかのどの言語よりも多くの人に話されています。）

When they say hello, they say "Ni-hao." （彼らが挨拶をするときは，「ニーハオ」と言います。）

(3)

The next one is about Japanese history. I think it'll be a piece of cake for you.

（次は日本史についてです。簡単に答えられると思いますよ。）

Question No. 3: （第3問）

This is a castle. It was built in 1583. It was built by Toyotomi Hideyoshi. And ... it's in Osaka.

（これはお城です。1583年に建てられました。豊臣秀吉によって建てられました。そして...大阪にあります。）

(4)

OK, this is the final question. Do you like art? （さて，最後の問題です。芸術は好きですか。）

Question No.4: （第4問）

This is a painting. It's a portrait of a woman, and it was painted by Leonardo da Vinci in the 16th century.

（これは絵画です。女性の肖像画で，16世紀にレオナルド・ダ・ヴィンチによって描かれました。）

You can see a smiling woman in the center of the picture. She looks mysterious, doesn't she?

（絵の中央に笑顔の女性が描かれています。神秘的な女性に見えますよね。）

ポイント 音声の内容は次の通りです。下線部に注意して音声を聞き，当てはまるほうに ✔ を付けましょう。

(1)

Hello. My name is Imura Kotaro. Everybody calls me Kota, so please do the same.
（こんにちは。井村光太郎です。みんなぼくをコウタとよぶので，同じようによんでください。）

Do you like music? I like music very much, so I joined the brass band at Honcho Junior High School. （音楽は好きですか。ぼくは音楽がすごく好きで，本町中学校の吹奏楽部に入りました。）

I play the trumpet in the band. We practice on Mondays, Wednesdays and Fridays and sometimes have concerts. （吹奏楽部ではトランペットを吹いています。月曜日，水曜日，そして金曜日に練習をして，ときどき演奏会をしています。）

For me, playing the trumpet is great fun. But performing on stage makes me nervous.
（ぼくにとってトランペットを吹くのは大きな楽しみです。でも，ステージで演奏するのは緊張します。）

I really don't like playing the trumpet in front of lots of people. I am not used to it. How about you? （大勢の人の前でトランペットを吹くのは本当に好きではありません。慣れていないからです。あなたはどうですか。）

(2)

Hi, I'm Goto Eri. My friends call me Eri. But my parents call me Eri-chan. So please call me Eri or Eri-chan.
（こんにちは，後藤絵里です。友達からは絵里とよばれています。でも，両親からは絵里ちゃんとよばれています。だから，絵里か絵里ちゃんとよんでください。）

What do you do on weekends? I sometimes go to karaoke with my family. I really like to sing. （週末は何をしていますか。私はときどき家族とカラオケに行きます。本当に歌うのが好きです。）

And I also like to watch movies, TV dramas, and especially musicals!
（また，映画やドラマ，特にミュージカルを見るのが好きです！）

Watching musicals makes me so excited. How about you? What makes you excited?
（ミュージカルを見るとわくわくします。あなたはどうですか。何でわくわくしますか。）

(3)

Hello there! How are you? My name is Christina Rios. Everybody calls me Tina. So please do the same. （こんにちは！ お元気ですか。私はクリスティーナ・リオスです。みんなはティナとよびます。だから同じようによんでください。）

I'm from New York, but now I live in Kanagawa, Japan. Do you have any pets at home? I have a cat. （ニューヨーク出身で，今は神奈川に住んでいます。家にペットはいますか。私は猫を飼っています。）

One day he came to our house and became a member of our family.
（ある日，彼が家に来て，家族の一員になりました。）

We named him Felix. My brother wanted to have a dog, but now he and Felix are good friends.
（名前はフェリックスと名付けました。弟は犬を飼いたがっていましたが，今では彼とフェリックスは親友です。）

They always play together. At night, sleeping with Felix makes me happy.
（いつもいっしょに遊んでいます。夜，フェリックスといっしょに寝ると幸せな気分になります。）

ポイント　音声の内容は次の通りです。下線部に注意して音声を聞き，Tina はそれぞれ誰に頼んでいるか，当てはまるほうを〇で囲みましょう。

Tina : Thank you, Kota, Hajin. Our musical was a great success.
（コウタ，ハジン，ありがとう。私たちのミュージカルは大成功だったよ。）

Kota : Yes. We did it! Eri was strict, but I think we should be grateful to her.
（そうだね。やったね！　絵里は厳しかったけど，感謝しないといけないと思う。）

Hajin : Yeah, I think so, too.　（うん，ぼくもそう思う。）

Tina : Eri worked really hard. So I have an idea.
（絵里は本当に頑張ったよ。だから，考えがあるんだよね。）

Kota : What's the idea?　（どんなアイデア？）

Tina : Why don't we have a surprise party for her at my house this weekend?
（今週末，私の家で彼女のためにサプライズパーティーをしない？）

Hajin : Oh, great.　（あ，いいね。）

Tina : I'll tell Eri that my family is going to have a party on Sunday.
（私の家族が日曜日にパーティーをすることを絵里に伝えておくわ。）
I'll tell her to come to my house at ten o'clock. OK?
（10時に私の家に来るように言っておくわ。いい？）

Kota : Sure.　（いいよ。）

Tina : I have a request. I want both of you to help me. Hajin, I want you to bring some drinks.　（お願いがあるの。2人に手伝って欲しいの。ハジン，飲み物を持ってきてくれる？）
I already have plenty of soda at home, so please bring some other drinks.
（家にはすでにソーダがたくさんあるから，ほかの飲み物を持ってきてほしいの。）

Hajin : All right. I'll bring some oolong tea and orange juice.
（わかった。ぼくはウーロン茶とオレンジジュースを持っていくよ。）

Tina : That's great. Kota, can you come early and help me? I want you to write a card for her from all of us.
（それはいいね。コウタ，早く来て手伝ってくれる？　みんなから彼女へのカードを書いてほしいの。）

Kota : Write a card? OK. I can do that.　（カードを書く？　いいよ。それはぼくに任せて。）

Tina : Now, we also need a big cake. My dad's a good cook. I'll ask him to make a big chocolate cake for us.
（さて，大きなケーキも必要だね。パパは料理が得意なんだ。大きなチョコレートケーキを作ってもらおう。）

Hajin : That's a good idea. By the way, will you tell Ms. Brown about the party?
（それはいいね。ところで，ブラウン先生にはパーティーのことを教えるの？）

Tina : Yes, I will. I think she'll come, too. I'll ask her to bring her camera. She has a really good camera and can take wonderful pictures.
（うん，伝えておくわ。先生も来てくれるでしょう。先生にカメラを持ってくるように頼んでおくね。先生は本当にいいカメラを持っていて，すばらしい写真を撮ることができるの。）

Hajin : Great.　（いいね。）

Kota : I can't wait!　（待ち遠しいね！）

Hajin : Let's all do our best to make a fun party!　（みんなで楽しいパーティーをするために頑張ろうね！）

Goal 「私のお気に入り」を紹介しよう

Reading Eri が大好きなミュージカルについて，学級新聞で紹介しています。
記事を読んで，下の質問に答えましょう。

My Favorite Musical　（私のお気に入りのミュージカル）

I want to introduce my favorite musical, *Wicked*.
（私のお気に入りのミュージカル，『ウィキッド』を紹介したいです。）

This musical is based on *The Wizard of Oz*. It was first played at a theater in San Francisco in 2003.
（このミュージカルは『オズの魔法使い』がもとになっています。2003年，サン・フランシスコの劇場で初めて上演されました。）

There are two lead roles in this musical. They are witches. Their names are Glinda and Elphaba. They are totally different. On one hand, Glinda is popular, and she is good at making friends. On the other hand, Elphaba is not. She is lonely. But one day they became friends. When no one believed Elphaba, Glinda was always on her side. They trust and understand each other.
（このミュージカルには2人の主人公がいます。彼女たちは魔女です。名前はグリンダとエルファバです。彼女たちはまったく異なります。一方のグリンダは人気者で，友達を作るのが得意です。もう一方のエルファバは違います。彼女は孤独です。しかしある日，彼女たちは友達になりました。誰もエルファバを信じなかったときでも，グリンダはいつも彼女の味方でした。彼女たちは互いに信頼し，理解し合っています。）

I think the message behind this story is true. There is always someone on your side. This idea makes me happy.
（このお話の裏にあるメッセージは真実だと思います。自分の味方になってくれる人は必ずいます。この考えは私を幸せな気持ちにさせます。）

[117 words]　[117語]

---

(1) What is *Wicked*?　（『ウィキッド』とは何ですか。）
　（例）It's a musical. It is based on *The Wizard of Oz*.
　　　（それはミュージカルです。『オズの魔法使い』がもとになっています。）

(2) Where was *Wicked* first performed?
　（『ウィキッド』が最初に上演されたのはどこですか。）
　（例）It was performed at a theater in San Francisco.
　　　（サン・フランシスコの劇場で上演されました。）

(3) Who are the two witches?　（2人の魔女とは誰ですか。）
　（例）They are Glinda and Elphaba.　（グリンダとエルファバです。）

(4) What does Eri think about the story of *Wicked*?
　（絵里は『ウィキッド』のストーリーについて何を思いましたか。）
　（例）She thinks that the message behind this story is true.
　　　（彼女はこのお話の裏にあるメッセージは真実だと思っています。）

●━ New Words 単語と語句 アクセントの位置に注意して，声に出して発音しよう。

- ☐ base(d) [béis(t)] 動 ～をもとにする
- ☐ wizard [wízərd] 名 (男の) 魔法使い
- ☐ *The Wizard of Oz* [ðə wízərd əv áz]
  『オズの魔法使い』〔作品名〕
- ☐ San Francisco [sæn frənsískou]
  名 サンフランシスコ〔アメリカの都市〕
- ☐ *lead* [líːd] 形 最も重要な
- ☐ role(s) [róul(z)] 名 〔劇などで〕役
- ☐ witch(es) [wítʃ(iz)] 名 魔女
- ☐ Glinda グリンダ〔女性の名〕

- ☐ Elphaba エルファバ〔女性の名〕
- ☐ totally [tóutəli] 副 まったく，すっかり，完全に
- ☐ lonely [lóunli] 形 ひとりぼっちの，孤独な
- ☐ no one [nóu wʌ́n] 代 誰も～ない
- ☐ trust [trʌ́st] 動 (人) を信用する，信頼する
- ☐ each other お互い
- ☐ On one hand ～. On the other hand ～.
  一方では～。他方では，～。

Speaking 友達におすすめしたい「私のお気に入り」を紹介しましょう。

1. 紹介したい作品を，本や映画，漫画，歌などから選んで，情報を書き出しましょう。

解答例

紹介したい作品	*The Little Prince* （『星の王子さま』）
作者/制作年	Antoine de Saint-Exupéry / 1943 （アントワーヌ・ド・サン＝テグジュペリ / 1943年）
あらすじ/主人公/歌詞について	A pilot meets a little boy. （パイロットと小さな男の子が出会います。）
感想	I was very impressed. （とても感動しました。）

2. グループになり，それぞれの「お気に入り」を紹介し合いましょう。

I want to introduce *Momo*. （私は『モモ』を紹介したいと思います。）
It was written by Michael Ende. （ミヒャエル・エンデによって書かれました。）
Momo is a little girl. （モモは小さな女の子です。）
She makes everyone happy because she is good at listening.
（彼女は聞き上手なのでみんなを幸せな気持ちにします。）
I want to be like her. （私は彼女のようになりたいです。）

解答例 I want to introduce my favorite book, *The Little Prince*.
（私はお気に入りの本である，『星の王子さま』を紹介したいと思います。）

It was written by Antoine de Saint-Exupéry in 1943.
（それは1943年にアントワーヌ・ド・サン＝テグジュペリによって書かれました。）

One day, a pilot meets a mysterious little boy.
（ある日，パイロットは不思議な男の子に出会います。）

The pilot learns a lot of important things from the little boy.
（パイロットはその小さな男の子からたくさんの大切なことを学びます。）

I was very impressed when I read it. （私はそれを読んだとき，とても感動しました。）

3. グループの友達の「お気に入り」を教科書p.115の表に書き出しましょう。
興味をもった作品について，右の欄に ✓ を付けましょう。

●━ New Words 単語と語句 アクセントの位置に注意して，声に出して発音しよう。

- ☐ *Momo* 『モモ』〔作品名〕
- ☐ Michael Ende ミヒャエル・エンデ〔作家の名〕

ふり返り

CAN-DO 学級新聞から，作品紹介のおおまかな内容を読み取ることができる。 ▶▶CAN-DO List (R-2)
CAN-DO 作者やおおまかな内容などを言って，好きな作品を紹介することができる。 ▶▶CAN-DO List (SP-1)

受け身の文 （何かをされていると説明する言い方）

● 場面と意味

Tina : How about *The Sound of Music*?　（『サウンド・オブ・ミュージック』はどう？）

Eri : That's good, too. It's still performed all over the world.
（それもいいね。いまだに世界中で上演されているよね。）

Tina : Yeah. The songs were written by Rodgers and Hammerstein.
（そう。曲はロジャーズとハマースタインによって書かれたんだよ。）

They wrote so many hits.　（彼らは多くのヒット曲を書いているよね。）

Think　（例）『サウンド・オブ・ミュージック』が世界中で上演されていること，曲がロジャーズとハマースタインによって書かれていることについて話している。

● 文の形

受け身の文 〈be 動詞＋過去分詞〉　　　　　　　　　　　　　　　　▶ Unit 8-1

肯定文	This song　**was**　**written** in the 1980s.（この曲は1980年代に書かれました。）	
疑問文	**Was**　that song　**written** in the 1980s?（この曲は1980年代に書かれましたか。）　— Yes, it **was**. / No, it **wasn't**.　（はい，そうです。／いいえ，そうではありません。）	
否定文	It　**was** not　**written** in the 1980s.（それは1980年代に書かれたのではありません。）	

> 動作をした人やものを示すときは，過去分詞の後ろに by ～ と続けます。

● 比べてみよう

下の2つの発話には，内容にどんな違いがありますか。

Kota : My favorite musician is Stevie Wonder. He wrote "I Just Called to Say I Love You."
（ぼくのお気に入りの歌手はスティーヴィー・ワンダーです。彼は『心の愛』を書きました。）

Hajin : My favorite song is "I Just Called to Say I Love You." It was written by Stevie Wonder.
（私のお気に入りの歌は『心の愛』です。それはスティーヴィー・ワンダーによって書かれました。）

（例）話の中心が違う。コウタはお気に入りの歌手について話しているので，「彼が書いた」という説明につなげている。一方ハジンは，お気に入りの歌について話しているので，次に続く文では，その歌が誰によって書かれたかを説明している。

Grammar Hunt　Unit 8のストーリーを読み，受け身の文に○印を付けましょう。
また，それらがどんな意味を表しているかを確かめましょう。

解答例 Unit 8　Goal

It was first played at a theater in San Francisco in 2003

主語が何かをされていることを表している。

音声ガイド

Goal Listening 音声ガイドから，絵画のおおまかな情報を聞き取ることができる。

外国の美術館で，作品の説明をする音声ガイドを聞きます。描かれた情景を思い浮かべながら聞きましょう。

Listen

1. 葛飾北斎「冨嶽三十六景」の音声ガイドです。
3つのうちどの作品について説明して
いるか，正しいものに ✔ を付けましょう。

Thirty-Six Views of Mount Fuji （冨嶽三十六景）
Artist　Katsushika Hokusai　（作者：葛飾北斎）
Period　the Edo period　（時代：江戸時代）

○ *South Wind, Clear Sky*
「凱風快晴」

○ *Under the Waves off Kanagawa*
「神奈川沖浪裏」

✔ *Rainstorm Beneath the Summit*
「山下白雨」

ポイント 音声の内容は次の通りです。

This series is known as "Thirty-Six Views of Mount Fuji." It was made by Katsushika Hokusai in Edo period. Mt. Fuji is the most beautiful and most popular mountain in Japan. And Hokusai is one of the world's greatest artists. （このシリーズは「冨嶽三十六景」として知られています。江戸時代に葛飾北斎によって作られたものです。富士山は日本で最も美しく，最も人気のある山です。そして，北斎は世界で最も偉大な芸術家の1人です。）

This series is also well known for its blue color. It is called "Berlin Blue." It was a color newly introduced by Dutch people at that time. With that color, Hokusai could express various things in nature such as the waves, the sky and the shadows of the clouds. （このシリーズは，その青色でもよく知られています。"ベルリンブルー"とよばれています。当時，オランダ人によって新たにもたらされた色です。北斎はこの色で，波や空，雲の影など，自然界のさまざまなものを表現することができました。）

In this print, you can see the sacred Mt. Fuji on the right side of the picture. The top of the mountain is covered with snow. And behind that, there are many white clouds in the clear blue sky. Below the mountain, you can see the lightning. Can you find it? Look at the lines on the lower right corner. It seems to be raining hard under the clouds. （この版画では，絵の右手に神聖な富士山が見えます。山頂は雪に覆われています。そしてその背後には，澄み切った青空に白い雲がたくさん見えます。山の下には，雷もあります。見つけることができますか。右下のすみの線を見てください。雲の下では激しい雨が降っているようです。）

2. 北斎や「冨嶽三十六景」についてわかったことをメモに取り，友達と教え合いましょう。

（例）冨嶽三十六景はその青色で知られている。

New Words 単語と語句 アクセントの位置に注意して，声に出して発音しよう。

□ **period** [píəriəd] 名 時代
□ **south** [sáuθ] 名 南から吹く
□ *clear* [klíər] 形 晴れた，快晴の
□ **sky** [skái] 名 空
□ **wave(s)** [wéiv(z)] 名 波

□ *off* [ɔːf] 前 〔海岸など〕の沖に〔で〕
□ rainstorm [réinstɔ̀ːrm] 名 土砂降り，集中豪雨
□ beneath [biníːθ] 前 ～の下に
□ summit [sʌ́mit] 名 頂上

Your Coach ❸ 英文を読むコツをつかもう

Q まとまりのある英文を読むコツを教えてください。

A1 英文の構成を３つの部分で捉えてみましょう。

まとまりのある英文の構成を,「伝えたいこと」「具体的な説明」「まとめ」という３つの部分で捉えてみましょう。
※「まとめ」の部分は,「伝えたいこと」を言い換えていることも多いです。

まとまりのある英文の構成の例

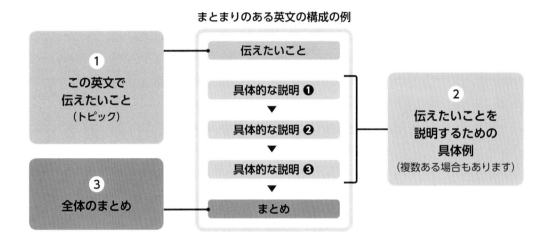

下のまとまりのある英文の例を見てみましょう。
「伝えたいこと」「具体的な説明」「まとめ」で構成されています。

▨ の部分＝伝えたいことを表す文
＿ の部分＝具体的な説明の文
▨ の部分＝まとめの文

　　There are a lot of club activities in this school. For example, we have a soccer team, a baseball team, a basketball team, a judo club, and a *kendo* club. We also have a music club, an art club, a science club, and an English club. Most of the students take part in their club activities after classes.

　　この学校には多くのクラブ活動がある。 例えば, サッカー部, 野球部, バスケットボール部, 柔道部, 剣道部。 また, 音楽部や美術部, 科学部, 英語部もある。 ほとんどの生徒たちが放課後のクラブ活動に参加している。

A2 わからないところは推測してみましょう。

知らない単語があっても, 全体構成がわかっていると, 前後の文脈から意味を推測できることがあります。

● Words 　**単語と語句** アクセントの位置に注意して, 声に出して発音しよう。

□ *most* [móust] 　代 大部分, たいていの人

Emojis – From Japan to the World   絵文字 ― 日本から世界へ

Goal **Reading** 説明文から，絵文字の概要を読み取ることができる。

Before You Read 絵文字を使ってメッセージのやり取りをすることには，どのような利点や気をつけなければならない点があると思いますか。

(例) 文字だけでは伝わりづらい気持ちを表すことができる。
いろいろな意味にとれてしまう絵文字がある。

TIPS **for Reading ❶**

要点と詳細
説明的な文章では，それぞれの段落の最初の部分にその段落で伝えたいこと (要点) が，その後にその理由やわかりやすく説明するための具体例 (詳細) が書いてあることが多い。

➡ 本文の解説はp.188にあります。

① Do you like to use emojis?
絵文字を使うのは好きですか。

② Emojis were invented in Japan in 1999.
絵文字は1999年に日本で考案されました。

③ They were inspired by Japanese manga and pictograms, and they were made for Japanese cellphones.
絵文字は，日本のマンガとピクトグラムに着想を得て，日本の携帯電話用に作られました。

④ Now, emojis are popular all over the world.
現在，絵文字は世界中で人気があります。

⑤ Everyone knows the word "emoji."
みんなが「絵文字」という言葉を知っています。

⑥ In fact, a famous dictionary in the U.K. chose an emoji, (Face of Tears of Joy), as its "Word of the Year" in 2015.
実際，イギリスの有名な辞書は，2015年の「ワード・オブ・ザ・イヤー (今年の単語)」として (うれし泣きの顔) の絵文字を選びました。

⑦ About 90% of the world's online population use emojis.
世界のオンライン人口のおよそ90%が絵文字を使っています。

Do you use emojis? （あなたは絵文字を使いますか。）
YES 90% NO 10% （はい 90%　いいえ 10%）

Q. When and where were emojis invented?
（絵文字はいつ，どこで考案されましたか。）

A. （例）They were invented in Japan in 1999.
（それらは1999年に日本で考案されました。）

➡ 本文の解説はpp.188-189にあります。

① We like emojis because they show our feelings.
私たちが絵文字を好む理由は，自分たちの気持ちを表現してくれるからです。

② In conversation, we can use facial expression and tone of voice.
会話では，私たちは表情や声のトーンを使うことができます。

③ But showing our feelings in text is sometimes difficult.
しかし，テキストの中で気持ちを表現するのはときとして難しいことです。

④ That's why emojis are convenient for everyone.
それが，みんなにとって絵文字が便利な理由です。

⑤ They are used by lots of people in the world in various situations.
絵文字はさまざまな場面で世界の多くの人々によって使われています。

⑥ There are over 1,800 different emojis, for example, faces, animals, foods, and weather.
絵文字は1,800個以上あります。たとえば，顔や動物，食べ物，天気などです。

⑦ By the way, how do people in other countries use emojis?
ところで，ほかの国の人々はどのように絵文字を使っているのでしょうか。

⑧ Is it the same way as Japanese people do it?
日本人がするのと同じやり方なのでしょうか。

⑨ The answer is no.
答えはいいえです。

⑩ There are some differences.
いくつか違いがあります。

⑪ What kind of differences are there?
どのような違いがあるのでしょうか。

⑫ Firstly, some emojis have different meanings in other countries.
まず，いくつかの絵文字はほかの国では異なる意味合いを持ちます。

⑬ For example, the "folded hands" means "thank you" in Japan, but in some other countries, it means clapping, blessed, or praying.
たとえば，「合わせた両手」は，日本では「ありがとう」を意味しますが，いくつかのほかの国では，拍手，恵まれた，祈っているといった意味になります。

⑭ Another example is the face of "tears of joy."
もう1つの例は「うれし泣き」の顔です。

⑮ It has a positive meaning in Japan, but in the United States, it has both positive and negative meanings.
日本では肯定的な意味ですが，アメリカでは，肯定的と否定的の両方の意味があります。

Q. Why are emojis convenient for everyone?
　　（どうして絵文字はみんなにとって便利なのですか。）

A.　（例）Because they show our feelings. Showing our feelings in text is sometimes difficult.
　　　　　（私たちの気持ちを表現してくれるからです。テキストの中で気持ちを表現するのはときとして難しいことです。）

➡ 本文の解説はp.189にあります。

① You have to be careful of these differences because they may cause problems.
こういった違いは問題を引き起こすかもしれないため，気をつけなければなりません。

② For example, you should not use the waving hand emoji with friends in China.
たとえば，中国にいる友達に手を振っている絵文字を使うべきではありません。

③ It sometimes means "I don't want to be your friend" in their country.
中国では，ときに「あなたの友達になりたくないです」という意味になるからです。

④ Secondly, speakers of different languages have their favorite emojis and use them very often.
2つ目に，異なる言語を話す人たちは，それぞれ好みの絵文字があり，それらをしばしば使います。

⑤ For example, Arabic speakers love flowers, plants, and sun emojis.
たとえば，アラビア語を話す人々は，花や植物，太陽の絵文字が大好きです。

⑥ French speakers love heart emojis.
フランス語を話す人は，ハートの絵文字がとても好きです。

⑦ The table below shows the favorite emojis of each language speaker.
下の表は，それぞれの言語を話す人々のお気に入りの絵文字を示しています。

⑧ They reflect differences of language and culture.
お気に入りの絵文字は，言語と文化の違いを映し出します。

TIPS for Reading ❷

図表やグラフ
図表やグラフには，文章に書かれている内容をわかりやすく示す役割がある。文章を読んでも理解できないときには，図表やグラフを手がかりにしよう。

さまざまな言語や国でよく使われる絵文字の分野の例　Emoji Report (2015) より

English (Australia)	Spanish (Spain)	French	Arabic
Holiday（休暇）	Party（パーティー）	Hearts（ハート）	Flowers（花）
Mammals（哺乳類）		Wedding（結婚）	Clocks（時計）
Junk food（ジャンクフード）			Male（男）
Birds（鳥）			Stars（星）
Clothing（服）			Plants（植物）
Pets（ペット）			Fruit（果物）

Q. What does the waving hand emoji sometimes mean in China?
（手を振る絵文字は，中国ではときに何という意味になりますか。）

A. （例）It sometimes means "I don't want to be your friend."
（ときに「あなたの友達になりたくないです」という意味になります。）

➡ 本文の解説はp.189にあります。

① Emojis were born in Japan, but now they are used by people around the world in different ways.
絵文字は日本で誕生しましたが，今では世界中の人々によっていろいろな方法で使われています。

② There are a lot of languages and cultures in the world, and we sometimes misunderstand each other.
世界には多くの言語と文化があり，私たちはときにお互いに誤解してしまいます。

③ We should be careful when we choose our words.
言葉を選ぶときは気をつけなければいけません。

④ We should be careful when we choose our emojis, too!
絵文字を選ぶときもまた，気をつけるべきでしょう！

[369 words]　[369語]

After You Read

文章の内容に合うように，＿＿に入る語句を下から選んで書き入れ，下のメモを完成させましょう。

Emojis （絵文字）

They were ＿invented＿ in Japan in 1999.
（1999年に日本で考案されました。）

- **Emojis are ＿convenient＿ for everyone**.（みんなにとって絵文字は便利です。）

  理由　Emojis ＿show our feelings＿.（絵文字は自分たちの気持ちを表現してくれます。）

- **There are some ＿differences＿ in the way to use emojis**.
  （絵文字の使い方にはいくつか違いがあります。）

  理由1　Some emojis have different ＿meanings＿ in different countries.
  （いくつかの絵文字は違う国では異なる意味合いを持ちます。）

  → You should ＿be careful＿ of these differences.
  （これらの違いに気をつけたほうがよいでしょう。）

  理由2　Speakers of different ＿languages＿ have their own favorite emojis.
  （異なる言語を話す人たちは，それぞれ好みの絵文字があります。）

  We should be careful when we ＿choose＿ emojis.
  （絵文字を選ぶときに，気をつけた方がよいでしょう。）

---

be careful （気をつける）/ choose （選ぶ）/ convenient （便利な）/ meanings （意味）/
invented （発明された）/ show our feelings （感情を表す）/ languages （言語）/ differences （違い）

Think　グループになり，次のどちらかの話題について，自分の経験や考えを伝え合いましょう。

(1) あなた自身の経験で，絵文字があって便利だったことや，誤解されてしまったこと

(例) どれぐらいおもしろいと思っているのか，同じ文章でも，笑顔の絵文字の使い分けだけで相手に伝えることができる。逆に，絵文字のとらえ方の違いで思ったより喜んでいないと思われたときがある。

(2) 本文の内容で，共感できるところや異なる考えをもったところ

(例) メッセージに絵文字を付けて送るような相手は大抵すでにとても親しい相手なので，言葉を選ぶとき以上に気をつける必要はないと思う。

● New Words　単語と語句　アクセントの位置に注意して，声に出して発音しよう。　教科書 p.120

- ☐ invent(ed) [invént(id)]　動 〜を発明する，考案する
- ☐ inspire [inspáiər]　動 〔通例受身〕〜の着想をもたらす
- ☐ pictogram(s) [píktəgræm(z)]　名 ピクトグラム
- ☐ cellphone(s) [sélfòun(z)]　名 携帯電話
- ☐ **dictionary** [díkʃənèri]　名 辞書，辞典

- ☐ **choose** [tʃúːz]　動 〜を選ぶ
  → chose [tʃóuz]　動 choose の過去形
- ☐ **tear(s)** [tíər(z)]　名 〔通例 s を付けて〕涙
- ☐ joy [dʒɔ́i]　名 喜び，うれしさ，歓喜
- ☐ online [ánláin]　形 オンラインの（インターネットで他のコンピュータと情報のやり取りができる状態にあること）

● New Words　単語と語句　アクセントの位置に注意して，声に出して発音しよう。　教科書 p.121

- ☐ **conversation** [kànvərséiʃən]　名 会話
- ☐ facial [féiʃəl]　形 顔の
- ☐ expression [ikspréʃən]　名 表情
- ☐ tone [tóun]　名 語調，口調，話し方
- ☐ text [tékst]　名 文書，テキスト
- ☐ **convenient** [kənvíːnjənt]　形 便利な，都合のよい，手ごろな
- ☐ over [óuvər]　前 〜より多く，〜より上で
- ☐ as [ǽz/əz]　接 〜するように
- ☐ **difference(s)** [dífərəns(iz)]　名 違い，相違
- ☐ firstly [fáːrstli]　副 〔文頭で〕第一に

- ☐ **meaning(s)** [míːniŋ(z)]　名 意味
- ☐ fold(ed) [fóuld(id)]　動 〜を折り重ねる
- ☐ **mean(s)** [míːn(z)]　動 〜を意味する
- ☐ clap(ping) [klǽp(iŋ)]　動 拍手する
- ☐ blessed [blést]　形 恵まれた
- ☐ pray(ing) [préi(iŋ)]　動 祈る
- ☐ **another** [ənʌ́ðər]　形 もう1つの，もう1人の
- ☐ positive [pázətiv]　形 よい，前向きの
- ☐ negative [négətiv]　形 悪い，後ろ向きの
- ☐ That's why 〜.　それが〜の理由です。
- ☐ both 〜 and ...　〜と…のどちらも

● New Words　単語と語句　アクセントの位置に注意して，声に出して発音しよう。　教科書 p.122

- ☐ cause [kɔ́ːz]　動 〜の原因となる，〜を引き起こす
- ☐ wave [wéiv]　動 （手や旗など）を振る
- ☐ secondly [sékəndli]　副 〔文頭で〕第二に
- ☐ speaker(s) [spíːkər(z)]　名 〔ある言語を〕話す人，話者
- ☐ **often** [ɔ́ːfən]　副 よく，たびたび，しばしば
- ☐ Arabic [ǽrəbik]　形 アラビア語の　名 アラビア語
- ☐ French [fréntʃ]　名 フランス語
- ☐ table [téibl]　名 一覧表
- ☐ **below** [bilóu]　副 下の〔に・へ・を〕

- ☐ reflect [riflékt]　動 〜を表す，示す，映す
- ☐ Spanish [spǽniʃ]　名 スペイン語
- ☐ Spain [spéin]　名 スペイン
- ☐ mammal(s) [mǽməl(z)]　名 哺乳類
- ☐ junk food [dʒʌ́ŋk fùːd]　ジャンクフード
- ☐ clothing [klóuðiŋ]　名 衣類，衣品
- ☐ heart [háːrt]　名 （愛情のシンボルとしての）ハート
- ☐ wedding [wédiŋ]　名 結婚式，婚礼
- ☐ **clock(s)** [klák(s)]　名 時計
- ☐ male [méil]　名 男，男子

● New Words　単語と語句　アクセントの位置に注意して，声に出して発音しよう。　教科書 p.123

- ☐ **born** [bɔ́ːrn]　動 〔be born で〕生まれる
- ☐ misunderstand [mìsʌndərstǽnd]　動 〜を誤解する

- ☐ be born　生まれる

本文の解説

① **Do you like to use emojis?**
to use は，〈**to ＋ 動詞の原形**〉の形で「使うこと」という意味を表す，名詞的用法の不定詞です。

....

② **Emojis were invented in Japan in 1999.**
〈**be動詞 ＋ 動詞の過去分詞**〉という受け身の形で「〜されます」という意味を表します。be動詞が過去形なので，「〜されました」という過去の意味になります。

....

③ **They were inspired by Japanese manga and pictograms, and they were made for Japanese cellphones.**
〈**be動詞 ＋ 動詞の過去分詞**〉という受け身の形の文です。They は 前述の Emojis「絵文字」を指しています。

....

⑥ **In fact, a famous dictionary in the U.K. chose an emoji, (Face of Tears of Joy), as its "Word of the Year" in 2015.**
chose は choose「〜を選ぶ」の過去形です。
in fact は「**実際は，実のところ**」という意味を表します。

本文の解説

① **We like emojis because they show our feelings.**
because は文と文をつなぐ接続詞で理由や原因を表します。〈… **because** 〜〉の形で「〜なので…」という意味を表します。

....

③ **But showing our feelings in text is sometimes difficult.**
showing は show の〈**動詞の -ing形**〉で，動名詞です。名詞と同じ働きをし，この文では文の主語になっています。

....

④ **That's why emojis are convenient for everyone.**
That's why 〜. で「**それが〜の理由です。**」という意味を表します。〜 には文が入ります。

....

⑤ **They are used by lots of people in the world in various situations.**
〈**be動詞 ＋ 動詞の過去分詞**〉という受け身の形で「〜されます」という意味を表します。by は「〜によって」という意味で，受け身の文の動作主を示しています。

....

⑥ **There are over 1,800 different emojis, for example, faces, animals, foods, and weather.**
〈**There is[are] 〜（＋ 場所を表す語句）.**〉の形の「**（…に）〜があります[います]。**」という文です。1,800 different emojis が複数なので，be動詞は are になります。

....

⑦ **By the way, how do people in other countries use emojis?**
by the way で「ところで」という意味を表します。

....

⑩ **There are some differences.**
〈**There is[are] 〜（＋ 場所を表す語句）.**〉の形の「**（…に）〜があります[います]。**」という文です。

....

⑪ **What kind of differences are there?**
What kind of 〜 ? で「**どんな種類の〜ですか。**」という意味を表します。疑問文なので，there are「（…に）〜があります[います]。」が are there の形になっています。

⑫ **Firstly, some emojis have different meanings in other countries.**
Firstly は文頭で「**第一に**」という意味を表します。

⑮ **It has a positive meaning in Japan, but in the United States, it has both positive and negative meanings.**
both ～ and ... で「**～と…のどちらも**」という意味を表します。

本文の解説

① **You have to be careful of these differences because they may cause problems.**
because は文と文をつなぐ接続詞で理由や原因を表します。〈**have to ＋ 動詞の原形**〉で「～する必要がある」という意味を表します。may は「～かもしれない」という推量を表します。be careful of ～ で「～に注意する」という意味になります。

② **For example, you should not use the waving hand emoji with friends in China.**
for example で「たとえば」という意味を表します。should は忠告や助言などを表す助動詞です。

④ **Secondly, speakers of different languages have their favorite emojis and use them very often.**
Secondly は文頭で「**第二に**」という意味を表します。

本文の解説

① **Emojis were born in Japan, but now they are used by people around the world in different ways.**
be born で「生まれる」という意味を表します。〈**be動詞 ＋ 動詞の過去分詞**〉という受け身の形で「～されます」という意味を表します。by は「～によって」という意味で，受け身の文の動作主を示しています。

② **There are a lot of languages and cultures in the world, and we sometimes misunderstand each other.**
〈**There is[are]** ～（＋ 場所を表す語句）.〉の形の「(…に) ～があります [います]。」という文です。主語 a lot of languages and cultures が複数なので，be動詞は are になります。

③ **We should be careful when we choose our words.**
④ **We should be careful when we choose our emojis, too!**
should は義務感などを表します。**when** は文と文を結ぶ接続詞で，〈... **when** ～〉の形で「**～するとき，…**」という意味を表します。

世界遺産めぐり　いろいろな国の世界遺産について知ろう

 1. 教科書 pp.124-125 それぞれの世界遺産がある場所を予想し，
予想の欄にＡ～Ｅの記号を書きましょう。

 2. 世界の中学生が自分の国にある世界遺産を紹介しています。
音声を聞いて，答えの欄に記号を書きましょう。また，＿＿＿に合う語句や数字を書きましょう。

---

1 Victoria Falls
ヴィクトリアの滝

予想 ☐ 答え E

It is one of the ＿largest＿ falls in the world.
（世界で最も大きな滝の1つです。）

---

2 The Vatican City
バチカン市国

予想 ☐ 答え B

It is the ＿smallest＿ country in the world.
（世界でいちばん小さい国です。）

Population : about ＿800 people＿
（人口：約800人）

---

3 Machu Picchu
マチュピチュ

予想 ☐ 答え D

It is located ＿2,430＿ meters above sea level.
（海抜2,430メートルに位置しています。）

---

4 The Great Wall
万里の長城

予想 ☐ 答え C

It is the ＿longest＿ wall in the world.
（世界でいちばん長い壁です。）

Length : ＿20,000＿ km
（長さ：20,000キロメートル）

---

5 Yellowstone National Park
イエローストーン国立公園

予想 ☐ 答え A

It is the world's ＿first＿ national park.
（世界初の国立公園です。）

Think 日本にもたくさんの世界遺産があります。
調べて，説明してみましょう。

（例）Itsukushima Shrine　（厳島神社）
It's known for its gate in the sea.
（海の中の鳥居で知られています。）

ポイント 音声の内容は次の通りです。

1 Victoria Falls（ヴィクトリアの滝）

Hi, I'm Sepo, from Zambia, in Africa. I'm going to talk about Victoria Falls. It's one of the largest waterfalls in the world. It's about 100 meters high and about 1,700 meters wide. It looks like a curtain of water. It's beautiful. If you're lucky, you'll see rainbows over the falls. Please come and visit!

（こんにちは，アフリカのザンビア出身のセポです。ヴィクトリアの滝についてお話しします。世界で最も大きな滝の1つです。高さは約100メートル，幅は約1,700メートルです。水のカーテンのように見えます。きれいなんですよ。運が良ければ，滝の上に虹が見えるそうです。ぜひ一度足を運んでみてください！）

2 The Vatican City （バチカン市国）

Hi, I'm Leonardo, from Italy, in Europe. I'm going to talk about the Vatican City. It is the center of the Roman Catholic religion. Some say it's the smallest country in the world. It's 0.44 km². The population is about 800 people. It's a country, but you don't need to show your passport! If you come to Italy, you should visit the Vatican!

（こんにちは，ヨーロッパのイタリア出身のレオナルドです。バチカン市国についてお話します。ローマ・カトリックの中心地です。世界でいちばん小さい国だと言われています。面積は 0.44 km² です。人口は約 800 人です。国ですが，パスポートの提示は必要ありません！ イタリアに来たら，ぜひバチカンに行ってみてください！）

3 Machu Picchu （マチュピチュ）

I'm Maria, from Peru, in South America. I'm going to talk about Machu Picchu. It was an urban creation of the Inca Empire. Machu Picchu was very difficult to get to because it's so high in the mountains. It's located 2,430 meters above sea level. It's really mysterious. If you come to Peru, you should come to see Machu Picchu.

（南米ペルー出身のマリアです。マチュピチュについてお話します。それはインカ帝国の都市としてつくられたものでした。マチュピチュは山の高いところにあるので，たどり着くのが大変でした。海抜2,430メートルに位置しています。本当に神秘的です。ペルーに来たら，マチュピチュを見に来てください。）

4 The Great Wall （万里の長城）

Hi, I'm Wei, from China, in Asia. I'm going to talk about the Great Wall. It was built to protect the north of the Chinese Empire from enemy attacks. It's the longest wall in the world. It's about 20,000 kilometers long. You can enjoy hiking there. It's exciting. Please come! （こんにちは，アジアの中国出身のウェイです。万里の長城についてお話します。敵の攻撃から中国の帝国の北側を守るために建てられました。世界でいちばん長い壁です。長さは約 2 万キロメートルあります。そこではハイキングを楽しむことができます。わくわくしますよ。ぜひ来てください！）

5 Yellowstone National Park （イエローストーン国立公園）

Hi, I'm Tina, from the United States, in North America. I'm going to talk about Yellowstone National Park. It is the world's first national park. It's famous for its hot springs. In addition, there are many wild species. You can enjoy beautiful natural landscapes there. If you come to the United States, please come and see this park!

（こんにちは，北米のアメリカ出身のティナです。イエローストーン国立公園についてお話します。世界初の国立公園です。温泉があることで有名です。また，野生の生き物も多くいます。ここでは美しい自然の風景を楽しむことができます。アメリカに来たら，ぜひこの公園を見に来てくださいね！）

◆● New Words **単語と語句** アクセントの位置に注意して，声に出して発音しよう。

□ *fall* [fɔ́ːl] 名 滝

□ locate(d) [lóukeit(id)]
　　動〔be located の形で〕（〜に）位置している

□ be located （〜に）位置している

□ 〜 meters above sea level
　[míːtərz əbʌ́v síː lèvəl] 海抜〜メートル

あなたは「日本文化」を発信するプロジェクトの担当者になりました。
日本へ来たことのない人に、「おもしろそうだな」と思ってもらうことがあなたの仕事です。
それぞれの魅力が伝わるような紹介を考えましょう。

Listening 日本への旅行者に、「日本でおもしろいと思ったものは何ですか」というインタビューをしました。
それぞれの人は、A〜Mのうち、どの写真について話しているでしょうか。
教科書pp.126-127の写真を見ながら答えましょう。

(1) Pilar and Gernot F
（ピラールとゲルノート）
Spain and Austria
（スペインとオーストリア）

(2) David G
（デイヴィッド）
the U.K.
（イギリス）

(3) Masly L
（マスリー）
Indonesia
（インドネシア）

ポイント 音声の内容は次の通りです。

(1) Pilar and Gernot　（ピラールとゲルノート）

Pilar : Hi, I'm Pilar. I'm from Spain. And this is Gernot, from Austria.

（こんにちは、私はピラールです。スペイン出身です。そしてこちらはゲルノート、オーストリア出身です。）

Gernot : Hi. （やあ。）

Pilar : This is our honeymoon and it's our second visit to Japan.

（これは私たちの新婚旅行で、2度目の日本への訪問です。）

This is a kind of food. There's no food like this in either Spain or Austria.

（これは食べ物の一種です。スペインにもオーストリアにもこのような食べ物はありません。）

I think it is made from a kind of potato. （私はそれがイモの一種からできていると思います。）

It tastes of nothing! The shop staff gave me some dressing ... umm ... what is its

name ... （何の味もしないんです！ お店の人がいくつかドレッシングをくれて……ええと……名

前は何だったかな……。）

Gernot : It's "*miso*." （"みそ"だよ。）

Pilar : Yes, the shop staff gave me some *miso* and then it tasted good.

（そう、お店の人がみそをくれて、そうするとおいしくなりました。）

I think this food is very healthy. And it's very popular in winter. You can eat it in *oden*

in winter. （私はこの食べ物はとてもヘルシーだと思います。そして、冬にはとても人気があります。

冬は、おでんで食べられます。）

(2) David　（デイヴィッド）

Hi, I'm David, from the U.K. This is my first time in Japan.

（やあ、私はデイヴィッド、イギリス出身です。今回初めて日本に来ました。）

I visited my friend in Nagoya. I was very glad to see Mt. Fuji from the Shinkansen. It was

amazing. （私は名古屋の友達を訪ねました。新幹線から富士山を見ることができてとてもうれしかったです。

すばらしかったです。）

This is my favorite place. At first, I didn't know what to do. One day, my Japanese friend

took me there. （これは私のお気に入りの場所です。最初、私は何をすればいいかわかりませんでした。ある

日、日本人の友達がそこに私を連れて行きました。）

Many people were in a big bath. （たくさんの人が大きなお風呂の中にいました。）

The bath tub was a very big one, and there was a beautiful painting on the wall.
（その湯舟はとても大きく，壁には美しい絵がありました。）

It was a really interesting experience for me. （私にとって，本当におもしろい体験でした。）

(3) Masly （マスリー）

Hi, I'm Masly, from Indonesia. I like Japanese anime and manga.
（やぁ，私はマスリー，インドネシア出身です。私は日本のアニメとマンガが好きです。）

I went to Akihabara and Harajuku, and then I went down to Kitakyusyu.
（私は秋葉原と原宿へ行き，それから北九州へ下りました。）

There's a manga museum there. It was great fun. I want to come back to Japan next year.
（そこには漫画博物館がありました。すごく楽しかったです。来年も日本に戻ってきたいです。）

This is a kind of tool. You use it when it's rainy. I think it's very cool and convenient.
（これは道具の一種です。雨が降っているときに使うことができます。とてもかっこよくて便利だと思います。）

You can see the sky even when it is raining.
（雨が降っているときでさえ，空を見ることができます。）

You can buy them everywhere .... In convenience stores, at the station, and so on.
（あなたはそれらをどこでも買うことができます……。コンビニ，駅などです。）

They're not expensive. Actually, I bought some for my friends as souvenirs.
（それらは高くありません。実際，私はいくつか友達にお土産として買いました。）

● **New Words** **単語と語句** アクセントの位置に注意して，声に出して発音しよう。

□ Pilar　ピラール〔女性の名〕　　　　　□ David　デイヴィッド〔男性の名〕
□ Gernot　ゲルノート〔男性の名〕　　　　□ Masly　マスリー〔男性の名〕
□ Austria [ɔ́:striə] 图 オーストリア　　　□ Indonesia [indəní:ʒə] 图 インドネシア

Thinking　ペアになり，写真の中から紹介するものを2つ決めて，メモにまとめましょう。

解答例	紹介するもの	おもしろいポイント
	Maneki - neko （招きねこ）	It brings good luck to the owner. （持ち主に幸運を運びます。）

Speaking　ペア対ペアで，何を紹介しているかを当て合うクイズをしましょう。

解答例　It looks like a cat. You can find it at the entrance of a shop or a restaurant. It brings good luck to the owner. You can buy it at souvenir shops.
（それはネコのように見えます。あなたはお店やレストランなどの入り口でそれを見つけることができます。それは持ち主に幸運を運びます。あなたはお土産屋さんでそれを買うことができます。）

ふり返り　日本のおもしろいものを紹介することができるかな。

✓ まだできない　　✓ 助けがあればできる　　✓ ひとりでできる　　✓ 自信をもってできる

CAN-DO List（L-2）(SP-2)

Goal ストーリーについて，簡単な語句や文を使い，その場で話すことができる。

Speak

教科書pp.128-129の絵を使い，ストーリーを自分の言葉で伝えましょう。

Unit 1 **Hajin's Diary** [教科書 p.9]

1　the same class　（同じクラス）
Kota, Eri, Tina, and Hajin are all in the same class. They are talking about the spring vacation.
（コウタ，絵里，ティナとハジンはみんな同じクラスです。彼らは春休みについて話しています。）

2　trip to Korea　（韓国旅行）
Hajin is talking about his trip to Korea. He went to Busan in the spring vacation.
（ハジンは韓国旅行について話しています。彼は春休みにプサンに行きました。）

3　library ／ study Japanese ／ *kanji*　（図書室 ／ 日本語を勉強する ／ 漢字）
In the library, Hajin was studying Japanese. He was studying *kanji*. Eri was looking for him.
（図書室でハジンが日本語を勉強していました。漢字を勉強していました。絵里は彼を探していました。）

4　basketball tournament ／ coach　（バスケットボール大会 ／ 〜のコーチをする）
The school basketball tournament is next month. She asks him to coach the other students in the class.
（学校のバスケットボール大会が来月開催されます。彼女は彼にクラスのほかの生徒のコーチをするよう頼みました。）

5　diary ／ the same class ／ gifts　（日記 ／ 同じクラス ／ 土産物）
Hajin kept a diary. He was in the same class with his friends and everyone liked his gifts.
（ハジンは日記をつけました。彼は，友達と同じクラスで，みんな彼のお土産を気に入ってくれました。）

6　library ／ help　（図書室 ／ 援助）
When Hajin was studying at the library, Eri came to ask him for help. He was excited about the basketball tournament.
（ハジンが図書室で勉強しているとき，絵里が協力を求めに来ました。彼はバスケットボール大会にわくわくしました。）

Unit 2 **Basketball Tournament** [教科書 p.19]

1　basketball ／ the ball ／ easy　（バスケットボール ／ ボール ／ 簡単な）
Kota doesn't like playing basketball. He isn't good at passing the ball. Hajin says passing the ball isn't easy for beginners.　（コウタはバスケットボールをするのが好きではありません。彼はボールをパスするのが得意ではありません。ハジンは初心者にとってボールをパスするのは簡単じゃないと言います。）

2　some practice ／ show　（練習 ／ 〜を見せる）
Kota needs some practice. He asks Hajin to show him the way of passing the ball.
（コウタは少し練習が必要です。彼はハジンに，ボールのパスの仕方を見せてくれるよう頼みます。）

3　more points ／ shoot　（さらに多くの点 ／ シュートする）
Tina and Eri are watching the game. Kota's team needs more points. Hajin wants to shoot.
（ティナと絵里は試合を見ています。コウタのチームにはもっと点が必要です。ハジンはシュートをしたがっています。）

4　not easy ／ work　（簡単ではない ／ （うまく）いく）
To pass the ball to Hajin was not easy. Kota tried to pass it to Hajin. It worked.　（ハジンにボールをパスすることは簡単ではありませんでした。コウタはハジンにボールをパスしようと試みました。うまくいきました。）

5　congratulations ／ a great job　（おめでとう ／ 〔do を前に付けて〕うまいこと）
Eri said congratulations to Kota and Hajin. They did a great job.
（絵里はコウタとハジンに「おめでとう。」と言いました。彼らはよくやりました。）

6　thanks to ／ proud of　（〜のおかげで ／ 〔be を前に付けて〕〜を誇りにしている）
Thanks to Hajin, his class won. Tina is so proud of them all.
（ハジンのおかげで，彼のクラスは勝ちました。ティナは彼らみんなを誇りに思っています。）

教科書pp.130-131の絵を使い，ストーリーを自分の言葉で伝えましょう。

Unit 3 **Plans for the Summer** [教科書 p.31]

1 summer／tournament／Okinawa　（夏／大会／沖縄）
Kota, Eri, Tina, and Hajin are talking about their plans for the summer. Hajin has a basketball tournament. Eri is going to visit her cousins in Okinawa. （コウタ，絵里，ティナとハジンは彼らの夏の予定について話しています。ハジンはバスケットボール大会があります。絵里は沖縄のいとこを訪ねる予定です。）

2 New York／someday　（ニューヨーク／いつか）
Tina is going to stay with her grandparents in New York. Kota wants to go there someday.
（ティナはニューヨークで祖父母の家に滞在する予定です。コウタはいつかそこに行きたいと思っています。）

3 ready／enjoy　（用意ができた／〜を楽しむ）
Kota reads Tina's message. She says, "Are you ready for your trip?" She is enjoying her time with her grandparents. （コウタはティナのメッセージを読みます。彼女は「旅行の準備はできている？」と言っています。彼女は祖父母との時間を楽しんでいます。）

4 flight／airport／hot　（フライト／空港／暑い）
Tina asks Kota about his flight. They will meet at the airport. Her grandfather says it will be a hot summer. （ティナはコウタのフライトについてたずねます。彼らは空港で会います。彼女の祖父は，暑い夏になると言っています。）

5 New York／suitcase　（ニューヨーク／スーツケース）
Kota arrived in New York. Tina's grandfather put Kota's suitcase in his car.
（コウタはニューヨークに着きました。ティナのおじいさんはコウタのスーツケースを車に置きました。）

6 tired／starving　（疲れた／非常に空腹な）
Tina's grandfather says that they can drive straight home if Kota is tired. But Kota is fine. They will go for a pizza on the way home. Kota is starving. （ティナのおじいさんはコウタに，もし彼が疲れているなら，まっすぐ帰ることができると言います。でも，コウタは大丈夫です。彼らは帰りにピザを買いに行きます。コウタはお腹がぺこぺこです。）

Unit 4 **Tour in New York City** [教科書 p.51]

1 a musical／Central Park　（ミュージカル／セントラルパーク）
Kota wants to see the Statue of Liberty. He also wants to see a musical and go to Central Park.
（コウタは自由の女神像を見たいと思っています。彼はミュージカルも見たいと思っていて，セントラルパークにも行きたいと思っています。）

2 a ferry／*Aladdin*　（フェリー／アラジン）
There is a ferry to the Liberty island. Kota wants to see *Aladdin* in a theater on Broadway.
（リバティ島へのフェリーがあります。コウタはブロードウェイの劇場で『アラジン』を見たがっています。）

3 93／225／torch　（93／225／たいまつ）
The Statue of Liberty is 93 meters tall and 225 tons in weight. She's holding a torch.
（自由の女神像は高さ93メートルで重さ225トンです。彼女はたいまつを持っています。）

4 the leaflet／history　（パンフレット／歴史）
The leaflet tells him the history of the statue. （パンフレットは像の歴史を彼に教えてくれます。）

5 difficult／pamphlet　（難しい／パンフレット）
Kota went to see the musical. The English was difficult, but Kota enjoyed the musical. They buy Eri the pamphlet. （コウタはミュージカルを見に行きました。英語は難しかったけれど，コウタはミュージカルを楽しみました。彼らは絵里にパンフレットを買います。）

6 amazing／eat　（すばらしい／食べる）
Kota says New York is amazing. They will get something to eat.
（コウタはニューヨークはすばらしいと言っています。彼らは何か食べるものを買います。）

教科書pp.132-133の絵を使い，ストーリーを自分の言葉で伝えましょう。

Unit 5 Earthquake Drill [教科書 p.63]

1 earthquake drill ／ pamphlet （防災訓練 ／ パンフレット）
There will be an earthquake drill, so they will make an English pamphlet about earthquake safety actions. （防災訓練があるため，彼らは地震時の安全確保のための行動についての英語のパンフレットを作ります。）

2 the floor ／ a desk ／ bags （床 ／ 机 ／ かばん）
First, you have to get down on the floor and then get under a desk. When the shaking stops, you can leave the building. You don't have to take your bags. （まず，床にかがんで机の下にもぐります。揺れがおさまったら，建物から離れます。かばんを持っていく必要はありません。）

3 windows ／ cover （窓 ／ 覆う）
You have to stay away from windows. You have to cover your head and neck with both arms. （窓から離れなければいけません。両腕を使って頭と首を覆わなければいけません。）

4 push ／ run （押す ／ 走る）
When the shaking stops, leave the building quickly. You mustn't push. You mustn't run. （揺れがおさまったら，すばやく建物から離れてください。押してはいけません。走ってはいけません。）

5 an emergency bag ／ pamphlet （防災バッグ ／ パンフレット）
Tina, Nick, and Ms. Rios are preparing an emergency bag. They have an English pamphlet about earthquake evacuation. （ティナ，ニック，リオスさんは防災バッグを準備しています。彼らは地震時の避難についての英語のパンフレットを持っています。）

6 a checklist ／ cookies （チェックリスト ／ クッキー）
They have a checklist of items. They pack a flashlight, a radio, a map, a whistle, and some cat food. Nick wants to put some cookies in the emergency bag. （持ち物リストを持っています。懐中電灯，ラジオ，地図，ホイッスル，ネコのエサを入れます。ニックはクッキーを防災バッグに入れたがっています。）

Unit 6 Work Experience [教科書 p.75]

1 Ashim ／ Nepal （アシム ／ ネパール）
Kota is at an elementary school for his work experience and meets Ashim. Ashim is from Nepal. （コウタは職場体験のため小学校へ行き，アシムに会います。アシムはネパール出身です。）

2 a kite ／ a *changa* ／ the Dashain Festival （凧 ／ チャンガ ／ ダサイン・フェスティバル）
They'll make a kite. A kite is a *changa* in Nepali. They fly kites during the Dashain Festival. （彼らは凧を作ります。凧はネパール語でチャンガと言います。ダサイン・フェスティバルの期間中に凧をあげます。）

3 work experience ／ Japanese kites （職場体験 ／ 日本の凧）
Kota is talking about his work experience at an elementary school. He helped a teacher with an arts and crafts class. The students made Japanese kites. （コウタは小学校での職場体験について話します。彼は図工の授業で先生を手伝いました。生徒たちは日本の凧を作りました。）

4 Nepal ／ English （ネパール ／ 英語）
Kota helped a student from Nepal. They could communicate well because they talked in English. （コウタはネパール出身の生徒を手伝いました。英語で話したので，うまくコミュニケーションが取れました。）

5 a good job ／ need help （〔do を前に付けて〕うまいこと ／ 助けを必要とする）
The elementary school students did a good job, but they all needed help sometimes. （小学生たちはよくやっていましたが，それぞれ助けが必要なときがありました。）

6 preparation ／ learn ／ again （準備 ／ 〜を学ぶ ／ もう一度）
Teachers have to do a lot of preparation for each class. Kota learned a lot. He wants to do it again. （先生はそれぞれの授業のためにたくさんの準備をする必要があります。コウタはたくさん学びました。もう一度したいと思っています。）

教科書pp.134-135の絵を使い，ストーリーを自分の言葉で伝えましょう。

Unit 7 **Amazing Australia** [教科書 p.95]

1 Australia / the southern hemisphere　（オーストラリア／南半球）
Ms. Brown is talking about Australia. It's in the southern hemisphere.
（ブラウン先生はオーストラリアについて話しています。オーストラリアは南半球にあります。）

2 continent / population / one fifth　（大陸／人口／5分の1）
Some people say Australia is the largest island in the world. Others say it's the smallest continent. Australia is larger than Japan, but Australia's population is about one fifth of Japan's population.　（オーストラリアが世界でいちばん大きな島だという人がいる一方で，いちばん小さな大陸だという人もいます。オーストラリアは日本より大きいですが，オーストラリアの人口は日本の5分の1です。）

3 sport / the most popular　（スポーツ／いちばん人気のある）
Ms. Brown asks her students a question : Which sport is the most popular in Australia, (a) rugby, (b) soccer, or (c) Australian Football?　（ブラウン先生は生徒に質問します。オーストラリアで最も人気があるスポーツはどれですか。(a) ラグビー，(b) サッカー，または (c) オーストラリアン・フットボール。）

4 Australian Football / choose / more popular　（オーストラリアン・フットボール／～を選ぶ／もっと人気のある）
Australian Football is a mix of soccer and rugby. Hajin chooses (a). Rugby is more popular than soccer, but it's not the most popular.
（オーストラリアン・フットボールはサッカーとラグビーを合わせたものです。ハジンは (a) を選びます。ラグビーはサッカーより人気ですが，いちばん人気ではありません。）

5 Uluru / the second-biggest / tall　（ウルル／2番目に大きい／背の高い）
Uluru is the second-biggest rock in the world. Uluru is as tall as Tokyo Tower.
（ウルルは世界で2番目に大きい岩です。ウルルは東京タワーと同じくらい高いです。）

6 huge / a sacred site　（巨大な／神聖な場所）
Uluru is huge. It's a sacred site for the Aboriginal people of the area.
（ウルルは巨大です。その地域のアボリジナルにとっての神聖な場所です。）

Unit 8 **Staging a Musical** [教科書 p.107]

1 musical / *Wicked* / *The Sound of Music*　（ミュージカル／『ウィキッド』／『サウンド・オブ・ミュージック』）
Eri and Tina will perform a musical on stage. Eri wants to do *Wicked*. Tina thinks *The Sound of Music* is also good.　（絵里とティナはミュージカルを上演します。絵里は『ウィキッド』をしたいと思っています。ティナは『サウンド・オブ・ミュージック』もいいと思っています。）

2 "My Favorite Things" / more people　（『私のお気に入り』／もっと多くの人）
Tina likes the song, "My Favorite Things." Eri and Tina choose their favorite songs and scenes from different musicals. They need more people to perform a musical.
（ティナは『私のお気に入り』という歌が好きです。絵里とティナは違うミュージカルからお気に入りの歌とシーンを選ぶことにします。ミュージカルをするために，もっと人が必要です。）

3 help / nervous / together　（援助／緊張して／いっしょに）
Tina asks Kota and Hajin for help. Hajin says the stage makes him nervous. They practice together.　（ティナはコウタとハジンに協力を頼みます。ハジンはステージでは緊張してしまうと言ってます。彼らはいっしょに練習します。）

4 the trumpet / dance / try　（トランペット／踊る／～を試みる）
Tina asks Kota to play the trumpet and dance on the stage. He will try.
（ティナはコウタにトランペットを吹いて踊るよう頼みます。彼は挑戦してみます。）

5 lines / move / great　（せりふ／動かす／すばらしい）
They all practice a musical. Hajin blows his lines. Eri wants Kota to move his trumpet from side to side. Tina says it'll look great on stage.
（ミュージカルの練習をしています。ハジンは，せりふを忘れてしまいます。絵里は，コウタにトランペットを左右に動かしてほしいと思っています。ティナは，それはステージ上でかっこよく見えると言います。）

6 strict / our best shot　（厳しい／〔give を前に付けて〕全力を尽くそう）
Eri is strict. Hajin says, "Let's give it our best shot."
（絵里は厳しいです。ハジンは「全力を尽くそう」と言います。）

Your Coach ❹ 得意な話題を増やそう

Speak

Q 会話を楽しく続ける方法を教えてください。

A1 好きなことや興味のある話題をふくらませましょう。

実際の会話を聞き，話題をふくらませながら会話を続けるイメージをもちましょう。
話し手は，自分の好きな話題についてどのようなことを話しているでしょうか。

ポイント 音声の内容は次の通りです。

男子生徒： Do you like sports, Kana?　（カナ，スポーツは好きですか。）
女子生徒： I don't play any sports, but I like watching soccer.
　　　　　（スポーツは何もしませんが，サッカーを見るのは好きです。）
男子生徒： Oh really?　What's your favorite team?
　　　　　（本当に？　お気に入りのチームは何ですか。）
女子生徒： I like Barcelona.　（私はバルセロナが好きです。）
男子生徒： Do you like ... , what?　（好きなのは…何ですか。）
女子生徒： Barcelona.　It's a famous soccer team in Spain.
　　　　　（バルセロナ。スペインで有名なサッカーチームです。）
男子生徒： Oh, I see.　（あぁ，なるほど。）
女子生徒： I'm going to watch them this weekend.　I'm so excited!
　　　　　（今週末，彼らを見に行きます。とてもわくわくしています！）
男子生徒： Sounds fun!　（楽しそうですね！）

A2 1つずつ，得意な話題を増やしていきましょう。

よくある話題について話す練習をするのも，得意な話題を増やす方法の1つです。
例えば，次のような話題で練習してみましょう。

1. How was your weekend?　（週末はどうでしたか。）
2. What kind of music do you like?　（あなたの好きな音楽は何ですか。）
3. Tell me about your prefecture.　（あなたの都道府県について私に教えてください。）

Responses　相づち

便利な表現	相手の言葉を繰り返す	驚いたときの表現	続きを聞きたいときの表現	聞き直したいときの表現
I see. （わかりました，なるほど）	Oh, you like music. （あぁ，音楽が好きなんですね。）	Wow. （うわぁ，やあ）	Tell me more. （もっと話してください。）	Can you say that again? （もう一度言ってください。）
Uh-huh. （うん，うんうん，あぁ）	Oh, do [did] you? （あぁ，そうなんですか。）	Really? （えっ，ほんと？）	And then? （それから？）	**間を取る**
That's nice. （いいですね。）	**相手に同意を求める**	Are you kidding? （冗談でしょう。まさか。）	What else? （ほかに何かありますか。）	Let me see. （ええと）
That sounds good. （よさそうですね。）	～, isn't it? （～ですよね。）	I didn't know that. （知りませんでした。）		Well, ～ . （ええと，あのう，そうですね）
That's too bad. （残念です。気の毒です。）				

Let's Talk!

Goal 自分や相手のことについて，その場でやり取りすることができる。

1 This Is Me 私ってこんな人

自分のことを話すとき，どのようなことを伝えるといいかな。

[やり取りの例]

Kana : Ken, do you like playing any sport? （ケン，何かスポーツをするのは好きですか。）

Ken : Yes. I like playing volleyball. I like swimming, too.
（はい。ぼくはバレーボールをするのが好きです。水泳も好きです。）

Kana : Oh, great. Are you in the swimming club? （へえ，すごいですね。水泳部に入っているんですか。）

Ken : No, but I go to swimming school every Sunday. I am in the volleyball club.
（いいえ，でも，毎週日曜日にスイミングスクールに通っています。バレーボール部に入っています。）

Questions & Answers （質問と答え）

解答例

1. How was your vacation? （休暇はいかがでしたか。）
   It was good because I visited my grandparents. （よかったです。なぜなら祖父母を訪ねたからです。）
2. What do you want for your birthday? （あなたは誕生日に何がほしいですか。）
   I want a new bike. （私は新しい自転車がほしいです。）
3. Do you cook? （あなたは料理をしますか。）
   I can cook curry. （私はカレーを作ることができます。）
4. Do you like playing any sport? （あなたは何かスポーツをするのは好きですか。）
   I like playing basketball. （私はバスケットボールをするのが好きです。）
5. What are you going to do this weekend? （あなたは今週末，何をする予定ですか。）
   I'm going to go hiking. （私はハイキングへ行く予定です。）
6. What is your favorite manga or anime? （あなたのお気に入りのマンガやアニメは何ですか。）
   My favorite is *The Lion King*. （私のお気に入りは『ライオン・キング』です。）
7. Do you have any favorite English song? （あなたは何かお気に入りの英語の歌はありますか。）
   My favorite is *Killer Queen*. （私のお気に入りは『キラー・クイーン』です。）
8. Who is your favorite athlete? （あなたのお気に入りのスポーツ選手は誰ですか。）
   It's Osaka Naomi. （それは大坂なおみ選手です。）
9. Which do you like better, watching TV or browsing websites?
   （あなたは，テレビを見るのとウェブサイトを閲覧するのでは，どちらが好きですか。）
   I like browsing websites better because I can get much useful information.
   （たくさんの役に立つ情報が得られるので，私はウェブサイトを閲覧するほうが好きです。）
10. How long do you use the Internet a day? （あなたは1日にどのくらいの時間インターネットを使っていますか。）
    About fifty minutes. （およそ50分です。）

[Topics] 会話が続くようになってきたら，トピックを1つ決めて，話を深めよう。

☐ **My Favorites** 私の好きなもの・こと
　manga　マンガ
　anime　アニメ
　song　歌
　athlete　スポーツ選手

☐ **My Family or Pets** 私の家族やペット
☐ **My Friends** 私の友達
☐ **My Town** 私の町

●━ **New Words** 単語と語句 アクセントの位置に注意して，声に出して発音しよう。

☐ **browse** [bráuz] 動 インターネットで〜を
ブラウズする，閲覧する

☐ **better** [bétər] 副 もっとよく，より以上に
〔very muchの比較級〕

2 My Life　私の日常

おたがいをよく知るために日常生活について話すとき，どのようなことを伝えるといいかな。

[やり取りの例]

Ken : Kana, which do you like better, rice or bread?
（カナ，お米とパンでは，どちらが好きですか。）

Kana : Umm ... I like rice better than bread. I especially like rice balls.
（えっと… 私はパンよりお米が好きです。特におにぎりが好きです。）

Ken : Oh, do you? Me, too! What kind do you like most?
（そうなんですか？　ぼくもです！　何の種類のおにぎりが好きですか。）

Kana : I like salmon most. I sometimes make salmon rice balls with my mother.
（私はサケがいちばん好きです。ときどきお母さんといっしょにサケのおにぎりを作ります。）

Questions & Answers　（質問と答え）

解答例

1. What time do you get up on weekends?　（あなたは週末，何時に起きますか。）
   I get up at seven o'clock.　（私は7時に起きます。）
2. What time did you go to bed last night?　（あなたは昨晩，何時に寝ましたか。）
   I went to bed at ten o'clock.　（私は10時に寝ました。）
3. Are you in any club?　（あなたは何か部活に入っていますか。）
   I'm in the tennis club.　（私はテニス部に入っています。）
4. Do you use a computer at home?　（あなたは自宅でコンピュータを使いますか。）
   I use it every day.　（私は毎日使います。）
5. Which do you like better, bread or rice?　（あなたはパンかお米のどちらが好きですか。）
   I like bread better because it's easy to prepare.　（私は準備するのが簡単なのでパンのほうが好きです。）
6. If it's sunny this weekend, what will you do?　（今週末晴れていたら，あなたは何をするつもりですか。）
   I will run in the park.　（私は公園でランニングするつもりです。）
7. Which school event do you like most?　（あなたはどの学校行事がいちばん好きですか。）
   I like chorus contest most because I like singing.
   （歌うことが好きなので，私は合唱コンクールがいちばん好きです。）
8. What's your favorite shop?　（あなたのお気に入りのお店はどこですか。）
   It's a stationery shop.　（それは文房具店です。）
9. Which do you like better, playing outside or staying at home?
   （あなたは，屋外で遊ぶのと家にいるのとでは，どちらが好きですか。）
   I like staying at home better because I like watching videos.
   （動画を見るのが好きなので，私は家にいるほうが好きです。）

[Topics]　会話が続くようになってきたら，トピックを1つ決めて，話を深めよう。

□ **My School Life**　学校生活
　schedule　時間割
　club activity　部活動
　school events　学校行事
□ **After-School Life**　放課後

□ **At Home**　家では
　daily tasks　日課
　free time　時間があるとき

□ **On Vacation**　休みの日には
　on weekends　週末
　last weekend　先週末
　summer [winter] vacation
　夏 [冬] 休み
□ **My Ideal Life**　理想の生活

● **New Words**　**単語と語句**　アクセントの位置に注意して，声に出して発音しよう。

□ **especially** [ispéʃəli]　副 特に，とりわけ

3 My Future　私のしたいこと

おたがいの夢や将来の目標について話すとき，どんなことを伝えるといいかな。

[やり取りの例]

Kana : Ken, what kind of house do you want to have in the future?
　　（ケン，将来どんな家を持ちたいですか。）

Ken : I want to have a house like a castle. I really like Japanese castles.
　　（ぼくはお城のような家を持ちたいです。ぼくは本当に日本のお城が好きなんです。）

Kana : Wow. What is your favorite castle?
　　（すごい。お気に入りのお城はどれですか。）

Ken : It's Matsue Castle, in Shimane. It was built by Horio Yoshiharu in 1611.
　　（島根県の松江城です。1611 年に堀尾吉晴氏によって建てられました。）

Questions & Answers　（質問と答え）

解答例

1. Where do you want to live in the future?
   （あなたは将来どこに住みたいですか。）
   I want to live in Italy.　（私はイタリアに住みたいです。）
2. Which country do you want to visit most?
   （あなたはいちばんどの国を訪れたいですか。）
   I want to visit Canada.　（私はカナダを訪れたいです。）
3. What kind of house do you want to have in the future?
   （あなたは将来どんな家を持ちたいですか。）
   I want to have a traditional Japanese house.
   （私は伝統的な日本の家を持ちたいです。）
4. How many days a week do you study English?
   （あなたは週に何日英語を勉強しますか。）
   I study it three days a week.　（私は1週間に3日勉強します。）
5. What sport do you want to try?　（あなたはどんなスポーツに挑戦したいですか。）
   I want to try rugby.　（私はラグビーに挑戦したいです。）
6. Which do you like better, living in a big city or in the countryside?
   （あなたは，大都市に住むのと田舎に住むのとでは，どちらが好きですか。）
   I like living in a big city better because there are a lot of things to do.
   （たくさんすることがあるので，私は大都市に住むほうが好きです。）
7. What do you want to do when you become a third grader?
   （あなたは3年生になったら何をしたいですか。）
   I want to work as a volunteer.
   （私はボランティアとして活動したいです。）

[Topics]　会話が続くようになってきたら，トピックを1つ決めて，話を深めよう。

☐ **Dreams and Goals**　夢や目標
☐ **Places**　行きたい場所
☐ **Items**　ほしいもの

● **New Words**　単語と語句　アクセントの位置に注意して，声に出して発音しよう。

☐ countryside [kʌ́ntrisàid]　图 田舎，地方　　☐ *most* [móust]　副〔動詞を修飾する〕最も

The Statue of Liberty 自由の女神像

ニューヨークの自由の女神像の紹介文を読みましょう。
どのような歴史や見どころがあるでしょうか。

➡ 本文の解説はp.203にあります。

① The Statue of Liberty is a huge statue on Liberty Island in New York City, the U.S.A.
自由の女神像は、アメリカ合衆国、ニューヨーク市のリバティ島にある巨大な銅像です。

② In 1876, the United States celebrated its 100th birthday.
1876年、アメリカは誕生100周年のお祝いをしました。

③ After that, the people of France gave the statue to the United States in 1886.
その後、1886年に、フランスの人々がアメリカ合衆国に銅像を贈りました。

④ The statue's official name is "Liberty Enlightening the World," and it is a symbol of freedom and international friendship.
銅像の正式名称は「世界を照らす自由」で、自由と国家間の友情のシンボルです。

⑤ Today, the Statue of Liberty is a very popular place to visit.
今日、自由の女神像は、訪れるのにとても人気のある場所です。

⑥ Over 4 million people visit it each year.
毎年400万人以上が訪れます。

⑦ You can get to Liberty Island by ferry across New York Harbor.
リバティ島へは、ニューヨーク港を横切ってフェリーで行くことができます。

⑧ On the island, there is a new museum about the statue.
島には、自由の女神像に関する新しい博物館があります。

⑨ You can learn a lot about it there.
そこで女神像についてたくさん学ぶことができます。

⑩ If you have a special ticket, you can go inside "Lady Liberty" and climb up the stairs to the crown.
特別チケットを持っていれば、自由の女神像の中に入ることができ、王冠まで階段で上がることができます。

⑪ To get to the crown is not easy. ⑫ There are 377 steps to climb!
王冠にたどり着くのは容易ではありません。   登らなくてはいけない階段が377段もあるのです！

⑬ When you reach the top, there are 25 windows to show you beautiful views of New York City.
頂上に到達すると25の窓があり、ニューヨーク市の美しい景観を眺めることができます。

[163 words] [163語]

"The fourth of July, 1776" is the birthday of the U.S.A.
（「1776年7月4日」はアメリカ合衆国の誕生日です。）

After You Read

1. 自由の女神像は、何を象徴していますか。 （例）自由と国家間の友情。

2. 像の内部に入るには、何が必要ですか。 （例）特別チケット。

Words　単語と語句　アクセントの位置に注意して，声に出して発音しよう。

☐ the U.S.A. [ðə júːèséi]
（the United States of America の略）
アメリカ合衆国

☐ celebrate(d) [séləbrèit(id)]　動 ～を祝う

☐ official [əfíʃəl]　形 正式の

☐ freedom [fríːdəm]　名 自由

☐ international [intərnǽʃənl]　形 国家間の

☐ friendship [fréndʃip]　名 友情

☐ across [əkrɔ́ːs]　前 ～を横切って

☐ harbor [háːrbər]　名 港

☐ ticket [tíkit]　名 チケット

☐ Lady Liberty [léidi líbərti]
自由の女神像のよび名

☐ stair(s) [stéər(z)]　名 階段

☐ crown [kráun]　名 王冠

☐ reach [ríːtʃ]　動 ～に着く

☐ Liberty Enlightening the World
世界を照らす自由〔自由の女神像の正式名称〕

☐ each year　毎年

本文の解説

教科書 p.143

⑤ **Today, the Statue of Liberty is a very popular place to visit.**
to visit は形容詞的用法の不定詞で，「訪れるための」という意味を表します。

⑥ **Over 4 million people visit it each year.**
each は「それぞれの」という意味の形容詞で，**each year** で「**毎年**」という意味を表します。

⑧ **On the island, there is a new museum about the statue.**
〈**There is[are]** ～ (＋ 場所を表す語句) .〉の形の「(…に) ～があります [います]。」という文です。

⑩ **If you have a special ticket, you can go inside "Lady Liberty" and climb up the stairs to the crown.**
if は文と文をつなぐ接続詞で，〈**If** ～ , …〉の形で「もし～なら，…」という意味を表します。

⑪ **To get to the crown is not easy.**
to get は名詞的用法の不定詞で，「王冠にたどり着くこと」という意味を表します。to get to the crown は，主語の役割を担っています。

⑫ **There are 377 steps to climb!**
〈**There is[are]** ～ (＋場所を表す語句) .〉の形の「(…に) ～があります [います]。」という文です。377 steps が複数なので，be動詞は are になります。

⑬ **When you reach the top, there are 25 windows to show you beautiful views of New York City.**
〈**There is[are]** ～ (＋ 場所を表す語句) .〉の形の「(…に) ～があります [います]。」という文です。**when** は文と文をつなぐ接続詞で，〈**When** ～ , …〉の形で「～するとき，…」という意味を表します。to show は形容詞的用法の不定詞で，「見せるための」という意味を表します。

Aboriginal Art　アボリジナル・アート

オーストラリア先住民，アボリジナルの文化の紹介文を読みましょう。
彼らの絵には，どのような歴史や特徴があるでしょうか。

→ 本文の解説は p.207 にあります。

① Uluru is one of Australia's most famous landmarks.
　ウルルは，オーストラリアの中で最も有名な目印となるものの1つです。

② It is a huge rock, like a mountain, and is sacred to the local Aboriginal people.
　それは山のような巨大な岩で，その土地のアボリジナルの人々にとって神聖なものです。

③ Many tourists visit it from all over the world.
　多くの観光客が世界中から訪れます。

④ However, most of them know very little about the original inhabitants of the country.
　しかし，彼らの大部分はオーストラリアの先住民についてほとんど知りません。

⑤ Before Europeans arrived, Australia had a large number of different groups of people.
　ヨーロッパ人が到着する以前に，オーストラリアにはたくさんの異なる集団の人々がいました。

⑥ These groups all had their own languages and cultures.
　これらの集団はすべて独自の言語と文化を持っていました。

⑦ An important part of these cultures was art, especially painting.
　これらの文化の重要な部分は，芸術，特に絵画でした。

⑧ The people had no form of writing, so pictures were used for communication.
　人々は文字を持たなかったので，コミュニケーションのために絵が使われました。

⑨ The pictures often told stories or showed information about the land.
　絵画は，しばしば物語を語ったり，その土地についての情報を示したりしました。

➡ 本文の解説はp.207にあります。

① Look at the two pictures on these pages.
これらのページにある2枚の絵を見てください。

② They are modern works, but they follow the style of traditional Aboriginal art.
これらは現代の作品ですが，伝統的なアボリジナル・アートの様式にならっています。

③ In the picture on the left, you can see many dots.
左側の絵には，たくさんの点が見えます。

④ Early Aboriginal artists drew pictures to use as maps.
初期のアボリジナルの芸術家たちは，地図として使用するために絵を描きました。

⑤ The dots in their pictures often showed important features of the land, such as watering places.
彼らの絵画の中の点は，しばしば，水飲み場といったその土地の重要な特徴を示していました。

⑥ In the picture above, you can see the inside of a kangaroo's body.
上の絵では，カンガルーの体の中を見ることができます。

⑦ It's like an X-ray.
レントゲンのようです。

⑧ In this way, early Aboriginal artists recorded their knowledge of local animals in their paintings.
このように，初期のアボリジナルの芸術家たちは絵画の中にその土地の動物たちの知識を記録しました。

⑨ Modern Aboriginal art is very popular these days.
近年，現代のアボリジナル・アートはとても人気があります。

⑩ It is not only beautiful but shows us the wisdom of early Aboriginal people.
美しいだけでなく，初期のアボリジナルの英知を私たちに示してくれます。

[214 words] ［214語］

After You Read

1. アボリジナル・アートが生まれた背景を表す文に，線を引きましょう。（———）

2. アボリジナルが絵をどのように使っていたかを述べた2つの文に，線を引きましょう。（〜〜〜）

Think　昔の人の知恵を伝えるものとして，あなたなら何を外国の人に紹介したいですか。

（例）木版画の浮世絵などの作品。

●── Words　**単語と語句**　アクセントの位置に注意して，声に出して発音しよう。

教科書 p.144

- □ Uluru　p.150参照
- □ landmark(s) [lǽndmàːrk(s)]　图 目印となるもの
- □ little [lítl]　副 ほとんど〜ない
- □ original [ərídʒənl]　形 最初の
- □ inhabitant(s) [inhǽbətənt(s)]　图 住民
- □ European(s) [jùərəpíːən(z)]　图 ヨーロッパ人
- □ culture(s) [kʌ́ltʃər(z)]　图 文化
- □ especially [ispéʃəli]　副 特に
- □ form of writing [fɔ́ːrm əv ráitiŋ]　書いて表現すること (文字)
- □ land [lǽnd]　图 土地
- □ most of 〜　〜の大部分
- □ a large number of 〜　たくさんの〜

●── Words　**単語と語句**　アクセントの位置に注意して，声に出して発音しよう。

教科書 p.145

- □ page(s) [péidʒ(iz)]　图 ページ
- □ modern [mɑ́dərn]　形 現代の
- □ work(s) [wə́ːrk(s)]　图 作品
- □ follow [fɑ́lou]　動 〜にならう
- □ style [stáil]　图 様式
- □ dot(s) [dɑ́t(s)]　图 点
- □ early [ə́ːrli]　形 初期の
- □ draw [drɔ́ː]　動 〜を描く
  - → drew [drúː]　動 draw の過去形
- □ feature(s) [fíːtʃər(z)]　图 特徴
- □ watering place(s) [wɔ́ːtəriŋ plèis(iz)]　水飲み場
- □ above [əbʌ́v]　前 上の
- □ inside [insáid]　图 内部
- □ kangaroo [kæ̀ŋgərúː]　图 カンガルー
- □ X-ray [éksrei]　图 レントゲン
- □ record [rikɔ́ːrd]　動 〜を記録する
- □ knowledge [nɑ́lidʒ]　图 知識
- □ wisdom [wízdəm]　图 英知
- □ in this way　このようにして

本文の解説

① **Uluru is one of Australia's most famous landmarks.**
one of ～ で「～のうちの1人，1つ」という意味を表します。

② **It is a huge rock, like a mountain, and is sacred to the local Aboriginal people.**
like は「～似た，～のような」という意味の前置詞で，a huge rock を説明しています。

④ **However, most of them know very little about the original inhabitants of the country.**
however は「しかしながら，けれども，それにもかかわらず」という対比・譲歩を表します。
most は「大部分，たいていの人」という意味の代名詞です。

⑤ **Before Europeans arrived, Australia had a large number of different groups of people.**
had は have の過去形です。**have** には「**(友人・親類など) がいる，(動物) を飼う**」などの意味があり，Australia had a large number of different groups of people. は「オーストラリアにはたくさんの異なる集団の人々がいました。」という意味になります。

⑦ **An important part of these cultures was art, especially painting.**
especially は「特に，とりわけ，特別に」という意味の副詞です。

⑧ **The people had no form of writing, so pictures were used for communication.**
used は use の過去分詞です。〈be動詞 + 動詞の過去分詞〉で「～されている」という受け身の文を表します。

本文の解説

④ **Early Aboriginal artists drew pictures to use as maps.**
to use は「使用するために」という意味の，副詞的用法の不定詞です。
early は「初期の」という意味を表します。

⑤ **The dots in their pictures often showed important features of the land, such as watering places.**
～, **such as** … で「～たとえば…」という意味を表します。watering places「水飲み場」が，important features of the land「重要な土地の特徴」の例になっています。

⑧ **In this way, early Aboriginal artists recorded their knowledge of local animals in their paintings.**
In this way で「このようにして」という意味を表します。

⑩ **It is not only beautiful but shows us the wisdom of early Aboriginal people.**
not only ～ but (also) … で「～ばかりでなく…も，～どころか…」という意味で，「美しいだけでなく，初期のアボリジナルの英知を私たちに示してくれます。」という意味になります。ここでは，also が省略されています。

Classroom English

先生 ： What's the date today?　（今日は何日ですか。）

あなた ： It's April twenty-sixth.　（4月26日です。）

先生 ： How was today's class?　（今日の授業はどうでしたか。）

あなた ： It was interesting!　（おもしろかったです。）

● 先生からあなたへ

Any volunteers?　（誰かやってくれる人はいますか。）

Raise your hand if you know the answer.

（答えがわかる人は手をあげてください。）

Get into pairs.　（ペアになってください。）

● あなたから先生へ

May I ask you a question?　（質問をしてもいいですか。）

We need one more handout.　（もう1枚プリントがいります。）

How do you say "*hasami*" in English?　（ハサミは英語で何といいますか。）

❶ Could you say that again?　もう一度言っていただけますか。

❷ Could you speak more slowly?　もう少しゆっくり話していただけますか。

❸ Could you give me a little more time?　もう少し時間をいただけますか。

❹ What does "scissors" mean?　"scissors" とはどんな意味ですか。

❺ How do you spell it?　それはどのようにつづりますか。

❻ I think he is right.　彼は正しいと思います。

光村図書版・中学英語2年